岩波現代文庫

学術 126

朱建栄

毛沢東の朝鮮戦争

中国が鴨緑江を渡るまで

目　次

序　論

朝鮮戦争研究の流れ

「朝鮮戦争が起こらなかったら、国際政治の歴史はまったく違っていたに違いない」と朝鮮戦争問題の専門家は言う(1)。たしかに朝鮮戦争は、ヨーロッパで発生した冷戦を世界的な規模に広げ、東西双方の軍備拡張をエスカレートさせるなど、グローバルな影響を数多く残した。その影響は、東アジア地域において特に大きく、「東北アジアのすべての国をまきこんだ北東アジア戦争」と呼ぶのが適切だと主張する研究者もいる(2)。朝鮮戦争を起点として、中国「封じ込め」を中心におく米国の対アジア政策が二十年以上続いた。また、この戦争は朝鮮半島の分断を固定化し、朝鮮民族に限りない苦痛を与えた反面、米国を、対日早期講和と日米安保体制の樹立に踏み切らせ、日本に再軍備と経済復興をもたらしたのである。

一方、朝鮮戦争は、謎の多い戦争であった。戦争の口火はいかにして切られたのか――朝鮮の南北双方およびソ連、米国はそれぞれ、開戦と戦争の拡大、国際化にいかに係わったのか――中国はいかなる理由で介入したのか、などについて、これまで、さまざまな意見が闘わされてきた。

朝鮮戦争の謎を解く研究はこれまで、大別して二つの段階に分けられる。

第一の段階は朝鮮戦争中(I・F・ストーン『秘史朝鮮戦争』は一九五二年に刊行された)から一九八〇年代の末までである。おびただしい研究成果が発表されているが、今から振り返れば、冷戦期を貫くこの期間中において、諸研究はほとんど二大陣営各自の公表またはそれぞれ所有した資料に偏重して行われたものであり、両者の資料や学術成果を融合しようと試みた一部の優れた研究も現れたものの、資料に限界があり、学者の交流が制限され、研究の視点・視野も限定させられたものだったといわざるを得ない。

八〇年代末以降、とりわけ九〇年代に入ってからは、朝鮮戦争に関する研究の質的な飛躍が遂げられた第二段階である。旧ソ連の崩壊後、数多くの第一級の歴史記録がモスクワから世界に開示され、中国の開放政策にともなって、北京からも資料の公開と研究の進展が見られた。それに、米国での歴史文書公開も続き、それまでの研究における最大の弱点だった資料の不足はかなり補われることになった。また、国と研究者それぞれの立場の相違を乗り越えた研究者同士の交流が活発になり、朝鮮戦争をめぐるグローバルなシンポジウムが何度も催され、その過程で互いに成果を交換・吸収し、学術レベルを押し上げた。

さらに、冷戦の終結やあの戦争が次第に歴史のかなたに遠のいたことにともなって、朝鮮戦争を見据える研究者の視野も一段と広がり、戦争そのものの起因・過程・結果に関する研究に留まらず、その背後にある国際関係全体ないし冷戦時代における位置づけと役割も特に注目されるようになった。

先行研究

一九九一年末に、拙著が出版されたが、当時の条件下においてぎりぎりの可能性を追求して、朝鮮戦争における一連の謎のうち、中国人民義勇軍の参戦問題について考察と検証を試みた。自分の研究は当時において、主に世界各地の先行研究を基礎に、独自の調査と新しい資料の収集を中心に行われた。

諸先行研究の中で、一九六〇年に発表されたアレン・ホワイティングの『中国、鴨緑江を渡る』(Allen S. Whiting, *China Crosses the Yalu—The Decision to Enter the Korean War*, Stanford, 1960)は、中国と朝鮮戦争との関係を研究する第一段階における里程標的な存在であった。これは中国側資料が極めて乏しい時期に行われた研究であり、著者は文末で、「将来、中国側の記録を検証できる時期を待って、この本の価値を問うことにしよう」と述べた。もちろん、筆者はホワイティングと多々見解を異にし、多くの違った歴史事実を指摘したが、それは彼の研究発表以来三十年間の国際政治の状況変化によるところが多く、冷戦時代としては最高峰の研究だった意義を損なうものではない。

ほかに、朝鮮戦争をめぐる北京、ピョンヤン、モスクワの三方の駆け引きを検証したシモンズの『朝鮮戦争と中ソ関係』(Robert R. Simmons, *The Strained Alliance. Peking, Pyongyang, Moscow and the Politics of the Korean Civil War*, Free Press, 1974)、中国参戦の背景についても検討したJ・ハリディとB・カミングスの共著『朝鮮戦争——内戦と干渉』(Jon Halliday/Bruce Cumings, *Korea: The Unknown War*, Penguin Group, 1988)、八〇年代に中国で発表された一部の資料を利用したポラックの論文「朝鮮戦争と中米関係」(Jonathan D. Pollack, The Korean War and Sino-American Relations)(Harry Harding と袁明共編の『中米関係 一九四五—一九五五年』〔*Sino-American Relations 1945-1955*, SR Books, 1989〕所収)などの優れた研究成果もあった。

中国自身に関しては、一九五二年の朝鮮戦争の最中から五九年まで、義勇軍の参戦問題について基礎的な研究が進められていたが、当時の政治条件下において、それは政治宣伝または軍事戦略・戦術研究の側面が強かった。五九年廬山会議での彭徳懐(義勇軍の初代総司令官)の失脚後、このような初歩的研究すら全部中止され、その後二十年間、朝鮮参戦問題は、毛沢東の「英知に富む参戦決断」を強調する以外、ほとんど研究が行われなかった。文革中、彭徳懐、劉少奇らを批判する壁新聞の中で、彼らが朝鮮介入の政策決定の過程で毛沢東に反対した、あるいは毛の指示を執行しなかったなどと非難されたが、これは研究ではなく、依拠する暴露資料そのものも信憑性を疑われる部分が多かった。ようやく七〇年代末、彭徳懐の名誉回復が確実になった頃、軍事科学院など、ごく一部の限られた政府、軍の研究機関において中国参戦の問題について研究が再開された。

八〇年代に入って、彭徳懐の自伝『彭徳懐自述』(人民出版社、一九八一年)、聶栄臻(戦争当時の解放軍総参謀長代理)の回想録『聶栄臻回憶録』(解放軍出版社、一九八四年)をはじめ、当時の義勇軍副総司令官、政治部主任、集団軍司令官、初代の駐朝臨時代理大使など朝鮮戦争関係者の回想録が相次いで出版され、参戦の政策決定の片鱗を窺わせる部分が断片的に明らかにされた。政治改革が盛んに唱えられた一九八七年は、中国の朝鮮戦争研究および資料整理の質的向上を示す年となった。同年十月、軍の研究者が中心になって、中国で初めての、「義勇軍戦史学術討論会」が瀋陽で開催された(3)。

それ以降、『彭徳懐軍事文選』(中央文献出版社、一九八八年)などの貴重な第一次資料が次第に刊行されたが、諸第一次資料の中で、第一級のものは疑いなく、『建国以来毛沢東文稿』(中央文献出版社、略称は『文稿』)であった。一九八七年以来、併せて十三巻内部発行され、前四巻に、朝鮮戦争全期間をカバーした一九四九年から一九五四年までの毛沢東の書簡、電報などの文献の多くが収録された。ただ、たとえ内部発行の『文稿』でも、当時の毛の文献をすべて網羅したわけではないことをここで付け加えておきたい。

それ以外、九〇年代初頭まで、中国と朝鮮戦争との関係に関する研究論文および研究書も徐々に現れた。政府研究部門の編纂した「当代中国叢書」の中で、この問題に関する中国の正統的な見解と言える『抗美援朝戦争』(中国社会科学出版社)が一九九〇年出版された。

今だから話せる単行本版執筆の苦労

本書単行本版の執筆は、右に紹介した八〇年代以来の中国の朝鮮戦争関係の資料整理、回想録の公表および研究の進展の上で行われた。筆者は天安門事件直後の一九八九年八月から九月と、翌一九九〇年三月から四月にかけて、この研究の資料収集とインタビュー調査のため北京、上海などに赴いた。二回の現地訪問のなかで、中国参戦の政策決定をテーマに、軍事科学院、国防大学およびその他の研究機関・大学の学者、研究者と意見交換することができ、さらに、戦争当時、最高指導部の政策決定を知る立場にいた数人の当事者にインタビューすることができた。彼らの好意的な協力があって、この研究を完成させることが可能になった。ただし、立場上、名前の公表を断った者について、単行本版では、研究者の社会的責任として、当時の厳しい政治的雰囲気の中で、これらの研究者・当事者の立場を保護することを優先して、「ある当事者」、「ある研究者」のような曖昧な主語を使った。また同様な理由で、一部資料の出所の説明を省いた。そのような表現が学術的に不適切であることは百も承知であり、実際に出版後、そのような批判も受けた。(4)他方、協力者に配慮したつもりだが、それでも一部の友人に迷惑をかけた。また、単行本版の中国での翻訳出版もついに実現できなかった。

今になって、当時の苦労をある程度明かすことができよう。キーパーソンの一人だった雷英夫(戦争当時は毛沢東に進言する立場にある総参謀部作戦室長)とのインタビューを行うため、「友人の友人の友人」といった複雑な関係を通じてようやく本人と直接に連絡が取れた。だが、軍総後勤部所属の、軍人による出入りチェックが厳しい施設にあるその自宅を訪ねるため、またいろいろと苦労してやっとご本人に会えた。ほかに、本書が引用した複数の資料(出所をぼかした)は当時、マル秘だったものなので、それにアクセスできる友人が原文を写して見せてくれたものだった。

苦労はしたが、今になっても誇りに思っていることは幾つかある。中国の朝鮮戦争参戦の政策決定を考証した最初の研究書として、当時の中国の内部事情、準備状況、決定のプロセスなどに関して行った研究・調査とそれに基づいて見出した結論はほとんど、十年以上経っても歴史の試練を受けられるものであり、後に公表された資料・研究ともほぼ一致したものである。

新しい研究動向

しかし単行本版の出版後、何といっても世界的に朝鮮戦争研究が前述の第二段階に入るという大きな情勢変化があった。ロシアからの第一級歴史公文書の公開および中国における一部の資料公開を受けて、中国と朝鮮戦争との関係について多くの研究成果も生まれている。北京の研究者沈志華はその間、主に旧ソ連の資料を利用して『朝鮮戦争掲秘』(香港・天地図書、一九九五年)、『毛沢東、斯大林与韓戦――中蘇最高機密檔案』(香港・天地図書、一九九八年。なお、同名書は二〇〇三年、中国・広東人民出版社でも出版された)、『中蘇同盟与朝鮮戦争研究』(中国・広西師範大学出版社、一九九九年)などを立て続けに発表し、第二段階における中国側研究者の先駆者、代表者となった。特に同氏が編集した大型資料集『朝鮮戦争――俄国檔案館的解密文件(ロシア公文書館の秘密解除文献)』全三巻が二〇〇三年、台湾で出版されたことは特筆すべき資料整理の成果である(5)。ただ、ピョンヤン側への配慮でこれらの研究と資料集はほとんど香港、台湾および南部の広西で出版された。それに対し、日本語ではいまだに、朝鮮戦争関係の歴史文書に関する簡単な資料集もないのはまことに残念である。

研究の面では、中国において逢先知・李捷『毛沢東与抗美援朝戦争』(北京・中央文献出版社、二〇〇〇年)、張民・張秀娟『周恩来与抗美援朝戦争』(上海人民出版社、二〇〇〇年)、金冲及主編『毛沢東伝(一九四九―一九七六)』(北京・中央文献出版社、二〇〇三年)などの優れた研究書も相次いで出て、特に中国軍事科学院軍事歴史研究部著『抗美援朝戦争史』(全三巻、二〇〇〇年)は、解放軍側の多くの資料を公開して注目を集めている。ほかに、北京の研究者楊奎松、斉徳学、徐焰、在米中国人研究者陳兼、張書広などはこのテーマで研究書を出しており、ロシア研究者E・バジャーノフ夫妻、A・マンスーロフ、A・トルクノフの著作もロシア側の資料を中心に中国の役割を検証しており、同じ時期に、米、日、韓、露、中ないしヨーロッパの多くの学者も関係の論文を多く出しており(6)、多国間の共同研究、国際シンポジウムも盛んに行われた。

筆者は中国とロシア側の資料公開や研究を注目しながら、二〇〇二年四月から半年間、ジョージ・ワシントン大学に席を置いて、ウィルソン冷戦史研究センターはじめ、多くの研究機関を訪ね、資料にアクセスし、また多くの研究者と交流して、より多くの研究成果を享受することができた。そこで、編集者の要請を受けてここで改訂版(文庫版)を出すことになったのである。

中国軍の参戦の影響

朝鮮戦争の三年間、戦場での実際の主役は米軍と中国軍であった。国連軍が仁川上陸に成功し、北上を開始した後の一九五〇年十月中旬、半島北部における残留人民軍のまとまった部隊はわずか四個師団未満にすぎなかった。十三万の国連軍精鋭部隊の北上を阻んだのは、十月下旬に参戦した三十万近くの中国人民義勇軍であった。中国の参戦兵力は西側の推定によれば三年間でのべ五百万であり、(7)中国側が九〇年代以降明らかにした数字では、五三年七月の停戦までに、二十五個歩兵軍団(七十九個師団)とその他の四十数個師団(十二個空軍師団、十六個砲兵師団、十個鉄道・工兵師団、十個戦車連隊および一部の公安部隊など)、併せて二百数十万から三百万が参戦し(ほかに六十万の民間人が朝鮮領に入って後方支援作業に参加)、五三年四月から七月までの兵力投入の最高時には百三十万余りに達している。(8)これは実際、第二次世界大戦後の世界最大の国外派兵でもあった。中国軍は戦線を三十八度線に押し返したが、多数の犠牲者も出した。西側の推定した義勇軍の死傷者は六十万から九十万であり、(9)中国側も、戦闘による死傷者は三十六万六千(内、死者は十三万三千余り)に上り、その他に大量な「非戦闘死傷者」(寒冷、飢餓、病気、事故などによる死傷者)が出ていることを認めている。(10)そこで、この戦争は「朝鮮戦争」と呼ぶより、朝鮮半島という地で繰り広げられた米中戦争と呼ぶのがふさわしい、という見方も出ている。[11]

中国軍の参戦は戦況とその後の国際関係に大きなインパクトを与えたのみならず、中国自身の外交と国内政治・経済にも、重大な影響を与えた。アレン・ホワイティングは、参戦によって、①中国は世界各国から敬意を集めたと同時に、アジア各国に、中国の脅威に対する警戒心を抱かせ、各国内部の共産党活動をより一層厳しく取り締まることを決意させた、②中国の外交政策の行方はこれによって大きく左右され、米国を主要敵と見なし、社会主義対資本主義の対決図式を正しいものとするようになった、などと分析した。[12]

J・ハリディとB・カミングスは、朝鮮参戦による中国への「相矛盾する結果」を次のように指摘している。「中国は多数の人命を失い、被害は大きかった。再建のための資源を奪われた。台湾を奪回して国家を再統一する機会を阻まれた。……その反対に、米軍を破って中国国境から二百マイルも押し返したという事実を世界に示し、このことを通じて国際社会における中国の地位を強化できた[13]」。

中国の研究者はこの戦争への参戦によって中国にもたらされた影響についても多くの見解を出している。[14]

中国は朝鮮戦争介入によって、二大陣営の対立構造にしっかりと組み入れられたことで台湾解放が不可能となり、その後二十年間にわたって、米国の「封じ込め」政策に苦しめられた。国内政治の面でも、参戦後は、四九年の建国前後の発展構想と比べ、かなり違う様相を呈し始めた。中国参戦のイッシュー、なかんずく介入を決めた最高指導部内の対外認識、反応のパターンが、五十年余りの新中国の現代史に大きく投影したことは、時間の経過とともに、より明瞭に見えてきた。もちろん、その認識、反応のパターンは長い歴史的経験の中で累積してきたものであり、一朝一夕に形成されたものではない。だが、朝鮮戦争参戦の政策決定のプロセスはその対外認識と反応のパターンを増幅させ、固定化したものとして、その後の中国指導部の内外政策の基本路線を規定する重要な転換点となったと言っても決して過言ではない。

朝鮮戦争はすでに五十数年前の歴史となり、この戦争が象徴した冷戦の時代も過去のものとなった。現中国指導部の対外認識、反応の構造が、毛沢東時代と比べ大幅に変貌したのは周知の事実である。しかし、国内政治の動揺や、対外関係の危機が生じると、現在なお、朝鮮戦争当時から引き継がれてきたある種の対外反応パターンの痕跡が間々、表面に現れてくる。これは当時の参戦決定の影響の大きさを物語るものである。

本書の研究対象——中国の政策決定

後に多大な影響を残した中国の朝鮮戦争参戦の政策決定のプロセスについて、筆者は以前から、興味をもっていた。そして、この研究、検証を行う過程において、数十万から百万人以上の中国軍の参戦、という政策決定が毛沢東の強い意志により、紆余曲折を経て中国最高指導部内で最終的に行われたことに、幾度も、驚嘆を禁じえなかった。当時、新中国は建国後わずか一年たらずで、国民党残留軍の討伐、破綻した経済の再建、新政権の安定化など、解決を急ぐべき国内問題が山積していた。また、新たな大規模戦争を支える財政能力もなかった。武器装備の後進性もあり、長期にわたった国内戦争後の厭戦気分が普遍的になっていた。なによりも、交戦相手米国は、世界最強の経済・軍事大国であった。このような厳しい条件下で、中国指導部内部では、初めは参戦の可否について意見が分かれ、次いで参戦時期について論争が起こった。五〇年十月上旬、毛沢東は指導部内で、やや強引な手法で参戦の決議を取り付けた。ところが、参戦の前提の一つとなっていたソ連空軍の援護をスターリンが拒否したため、中国は、「一軍対三軍」(後進的装備の陸軍のみで米国の近代的装備の陸・海・空三軍と対抗する)の劣勢で参戦せざるを得なくなった。しかも、参戦すれば、中国本土に対する米国の報復攻撃も覚悟しなければならない。そこで、三たび、参戦の可否が再検討され、ようやく出兵の運びとなったのである。

五〇年十月当時、国連軍総司令官・マッカーサーは中国軍の介入はあり得ないと判断したが、その判断が事実に覆され、マッカーサーの「常識」はもの笑いの種になった。筆者はこの研究を通じて、マッカーサーのこの判断が、「常識」にもとるものではないと感じた。中国指導部内でも、一時的にしろ、大半の指導者が即時参戦に関して慎重な態度を示した。にもかかわらず、最終的に参戦決定が下された。何が、毛沢東および中国指導部を、「常識」を覆してまでついに参戦に踏み切らせたのであろうか。

このような問題意識が筆者に、中国の朝鮮戦争介入の政策決定プロセスの解明に取り組ませたゆえんである。

筆者は最初から研究テーマを中国の朝鮮戦争介入の背景、準備過程と政策決定に絞った。その中で、最も関心を払ったのは、朝鮮半島における戦争準備の段階における北京の役割、戦争勃発前後における中国の動き、そして開戦直後、特に六月二十七日トルーマン大統領の声明発表後の北京の事態把握と軍備進捗状況、十月中旬、大規模義勇軍の鴨緑江渡河にいたる政策決定の具体的プロセスと介入決定の根拠、の諸点である。

文庫版の新味と狙い

本書はこのような中国の朝鮮戦争参戦の準備過程と政策決定を歴史的に再検討しようとするものである。歴史研究の枠組みの中で、単行本版では中国側の資料利用に重点を置いたが、この文庫版ではロシア資料と近年の研究成果を吸収し、研究と検証を試みる。その政策決定プロセスには中国首脳部のある種の思考様式が貫かれているとの認識にもとづいてその思考法の分析にもある程度スペースをさく。また、中国の参戦問題の研究は、ただ一九五〇年当時の範囲に限ってはその全体像を捉えられないと考え、その歴史的淵源、特に四〇年代における中共の対米認識の変遷に対する検証を通して歴史的、実証的アプローチを試みる。研究範囲の下限は第十一章の評価部分を除いて五〇年十月十九日、義勇軍主力部隊の朝鮮領への出動の日までとする。

本研究は社会科学的見地から行うもので、政治的主観的傾向の回避に努める。また、この研究が朝鮮半島における現在の政治対立に与し、もしくは利用されるようなことのないことを願って、朝鮮民主主義人民共和国を「朝鮮」あるいは「ピョンヤン」と称し、大韓民国を「韓国」と呼ぶことにする。

文庫版では主に以下のような大きな変更が付け加えられた。

一、金日成とスターリンが開戦の準備にとりかかる過程における、毛沢東をはじめとする中国共産党側の分析、反応、対応について。そのため、第一章をほぼ書き直した。

二、一九五〇年九月末から十月中旬にいたるまでの、中国首脳部における参戦をめぐる最終的政策決定過程について。ここでも新資料と新研究の成果をかなり補足した。

三、本研究の対象となる各時期における人民解放軍側の動向に関する、この十年に現れた中国側の新資料と新研究成果の追加と言及。

これを二〇〇四年の時点における中国の朝鮮戦争参戦の政策決定に関する最新の研究成果の集成として読んでいただければ幸いである。

(1) Robert Jervis, The Impact of the Korean War on the Cold War, *Journal of Conflict Resolution*, Vol. 24 No. 4(December 1980), p. 563.

(2) 和田春樹『朝鮮戦争全史』、岩波書店(二〇〇二年三月)、二頁。

(3) 中国の朝鮮戦争研究史と研究現状および出版物の紹介は、朱建栄「中国における朝鮮戦争研究」『中国研究月報』(中国研究所)一九九〇年十一月号、八頁参照。

(4) 安田淳書評、日本国際問題研究所『国際問題』一九九二年四月号。

(5) 沈志華編『朝鮮戦争――俄国檔案館的解密文件』全三巻(台湾・中央研究院近代史研究所史料叢刊48、二〇〇三年)、以下は、沈志華『解密文件』と略称する。

(6) 欧米の研究状況について以下の二冊は丁寧な紹介をしているので、参照されたい。和田春樹『朝鮮戦争全史』、沈志華『毛沢東、斯大林与韓戦――中蘇最高機密檔案』(香港・天地図書、一九九八年)。

(7) 平松茂雄『中国と朝鮮戦争』(勁草書房、一九八八年十月)、一九五頁。

(8) 以下の資料から引用。徐焰『第一次較量　抗美援朝戦争的歴史的回顧与反思』(以下は『較量』

と略称、北京・中国広播電視出版社、一九九〇年)、三二〇—三二一頁。杜平『在志願軍総部』(解放軍出版社、一九八九年三月)、六五九頁。「当代中国叢書」韓懐智他編『当代中国軍隊的軍事工作』上巻(北京・中国社会科学出版社、一九八九年六月)、四五二頁。

(9) 国連軍司令部の発表とそれに対するGittingsの分析。John Gittings, *The Role of the Chinese Army* (Oxford Univ. Press, 1967), p. 76.

(10) 『当代中国軍隊的軍事工作』上巻、五一二頁。「非戦闘死傷者」を含めると、義勇軍の死傷者総数は五十二万人(そのうち、負傷者三十八万人、死亡者十四万八千人)になるという別の統計がある。張昆生「朝鮮戦争対台湾問題的影響」、中国ウェブサイト「新浪網」、二〇〇四年四月二日。

(11) 沈志華『毛沢東、斯大林与韓戦』、一一頁。

(12) Allen S. Whiting, *China Crosses the Yalu—The Decision to Enter the Korean War* (Stanford Univ. Press, 1960), p. 166.

(13) J・ハリディ/B・カミングス共著、清水知久訳『朝鮮戦争——内戦と干渉』(岩波書店、一九九〇年二月)、二三一頁。

(14) これについては第十一章の第三節で詳しく紹介する。

第一章　中国と朝鮮戦争の開戦

第一節　一九四九年からの中国の関与

北京指導者が長年沈黙を保った理由

「朝鮮戦争の引き金を引いたのは誰か」の問題については、九〇年代初めまで、冷戦時代の両陣営に分かれる形で、各国の研究者が議論を闘わせてきた。中国側はこの問題について、長年にわたって沈黙を保ち続けてきた。筆者は、中国の朝鮮戦争介入に関する政策決定についてインタビューと資料調査を開始しはじめた時から、この問題を避けて通りえないことを痛感し、取材に応じてくれた周恩来首相の秘書や、朝鮮戦争当時の軍総参謀部情報担当の幹部と外交官などに、相次いでこの問題をただした。意外にも、自分の実名を挙げないという前提の下で、一九五〇年六月二十五日に始まった戦争(以下は略して「六・二五」と呼ぶ)は当初、朝鮮側にとっての「祖国解放戦争」であって、金日成が発動したと

柴成文(1990年)

率直に語ってくれた。ただ、第二節で詳しく検討するが、中国側の当事者は異口同音に、「この戦争の性格、責任およびその全貌に関しては開戦時にどちらがわが最初の一発を打ったか、決定的な要素ではない」と話した。そこで、単行本版ではこの章の冒頭、初代の中国駐朝臨時代理大使を務めた柴成文(五〇年当時の名前は柴軍武)に北京でインタビューした時(一九九〇年三月十五日)の見解を、本人の了承を得て次のように引用した。

「朝鮮戦争で誰が先に発砲したかについては、朝鮮側と韓国側とが互いに責は相手方にあるとしている。この問題については、周恩来総理が一九五三年、政治協商会議において行った朝鮮戦争に関する報告の中でも言及するのを避けたし、彭徳懐が一九五六年、内部で抗米援朝の総括を行ったときにも触れることはなかった。私が書いた書物(『板門店談判』)の中でも意識的に避けた。なぜわれわれが最初の発砲者を誰であるか特定しないのか。敵対する双方が虎視たんたんと対峙していたときに、いずれか一方が相手を挑発して、初弾を発砲させることはいともたやすいことだからである。戦争の勃発要因、背景は政治、経済、軍事など、多方面にわたるもので、それらを統合してみて、初めて真実の歴史を再現することができる。誰が先に発砲したかという問題は、せいぜい戦争の導火線の類といえよう」

「朝鮮戦争についていえば、先に発砲したものが李承晩であれ、金日成であれ、その戦争は内戦であった。われわれはかつて国民党と共産党との内戦で、誰が先に発砲したのかを問題にしたことはない。たとえ中国共産党が先に国民党に対して発砲したとしても、人民を抑圧していた国民党側に正義があったということにはならない」

右の引用で二つのことを説明しようとした。第一、朝鮮戦争に対する中国の基本的な見解。第二、中国側外交官が示唆しようとした開戦の真相である。九〇年代前半まで、中国の公式見解および教科書ではすべて、「李承晩グループ(ソウル政権)が米帝国主義の支持の下で発動した侵略戦争」と性格づけていた。そのような雰囲気の中で、外交官だった柴成文があえて、「かつて周恩来、彭徳懐のいずれも内部総括ではこの問題への言及を避けた」という表現で、金日成側が発動したことを示唆しようとしたことに意義があると感じた。

九〇年代前半以降、とりわけ旧ソ連の崩壊後、朝鮮戦争関連の公文書が多く明るみに出たことにより、「六・二五」は北朝鮮側が発動したことについて、もはや疑問を挟む余地はなくなった。そして金日成がスターリンの支持を取り付けて、その軍事的援助を得て、ソ連人軍事顧問のアドバイスを受けて開戦計画を練っていたことも明らかになった。その中で、中国側がどのように関与したのかについても、旧ソ連の公文書を中心に、韓国、中国、米国などの研究者が検証を行っている。ただ、金日成とスターリンという二人の主役に比べて、毛沢東は開戦準備段階では「脇役」だったこともあって、諸研究は主役への取り組みの過程で一部言及したのがほとんどで、中国側の役割に関しての研究は分散しており、一部の歴史的資料をめぐる解釈ではいまだに対立する分析と見解が残っている。本文庫版(改訂版)はこれらの最新研究成果と資料を踏まえて、中国のかかわりをメインテーマに取り上げたものになる。

「革命は自らの努力に立脚すべき」という毛沢東の認識の形成

中国革命は、ある意味においてレーニンが指導したソビエト革命への軌道修正、およびスターリンから来た教条主義的な内政干渉に対する抵抗で発展したものである。レーニン、スターリンは、無産階級の産業労働者(「プロレタリア」)が都市部での武装闘争を起こして、政権奪取後も彼らを主な支持基盤にする、というのを、社会主義革命を成功させる金科玉条とした。(1) これが中国にも持ち込まれ、二〇年代から三〇年代にかけて中国共産党の指導する革命の指導原則とされたが、それに従って起こした「革命」はことごとく失敗した。その後に、毛沢東を中心とする中国共産党の指導者が、革命を成功させ、ついに政権を奪取したが、彼らが実践したのはスターリン理論ではなく、むしろちょうどそのアンチテーゼであった。すなわち、それは農民を主体とし、「土地改革」を主要なスローガンとし、農村で革命根拠地を作り、農村から都市部を包囲する戦略であった。このような中国革命の路線は三〇年代末に延安でほぼ確立されたが、第二次世界大戦中の一九四三年、ソ連がコミンテルン(世界各国の共産党を同一組織とし、モスクワの指揮下に置くための機関)を解散した後、ようやく日の目を見るようになり、一九四五年の第七回党大会で「毛沢東思想」として確立されるようになった。

この体験は中国共産党に、各国の革命闘争は一定の外部支援を必要とするものの、主に、本国の実際状況に基づき、現実に見合った政策を制定し、そして主に自身の実力で目標を実現していかなければならないことを確信させた。第二次大戦後の数年間に及ぶ実体験は毛沢東に、北朝鮮の革命闘争に対する基本的立場を固めさせることになった。

「抗日戦争」が終わった後、延安にあった中国共産党指導部は直ちに、圧倒的な軍事力を有する蔣介石政権との対決に備えを急いだ。四六年初の一時期、米国による仲介で国民党と共産党の「連合政権」の可能性に期待を膨らませたものの、自分自身の情勢判断と長期戦略をずっともっていたことに変わりはなかった。その独自戦略の柱の一つは東北(旧満州)進出の方針だった。

スターリンはヤルタ密約に基づいて対日戦に出兵したものであり、中国が米国の勢力圏だという暗黙の了解も交わされており、関東軍を撃破した後に駐屯した東北では蔣介石政権としか交渉しない方針も決めていた。日中戦争中から終戦直後(四五年十月に引き上げ)まで、少人数のソ連情報部員が延安にいたものの、ソ連との連絡役を務めていた師哲・党中央書記処弁公室主任は次のように証言している。「ソ連軍がわが国の東北に出動する前、われわれはソ連軍の動向を知らなかった。(中略)ソ連は米、英との秘密協定を順守し、中国国民党政府だけを相手とする政策をとっていた[2]」。

延安の共産党指導部は、それを承知の上で、同じ共産党の軍隊であるはずのソ連赤軍は少なくとも八路軍に銃口を向けないとの期待を込めて、中国西南部に留まっていた蔣介石軍が到着する前に、東北で根拠地を作ろうとの方針を決め、華北、山東地域にあった八路軍が速やかに北進するよう命じ、延安から彭真、陳雲ら中堅幹部をも東北に送り込んだ。毛沢東の軍隊は東北到着後、幾度も赤軍に行動を制限され、東北南部の大都市からも追い出されたが、最後にはソ連と米国、蔣介石との矛盾を利用して足場を作り、そして完全に自分の政治・軍事戦略および独自行動をもって、東北での支配地域を拡大していった。人民解放軍国防大学の徐焰教官が調べたところによると、一九三七年から四五年まで、ソ連は国民党政府に三億ドルの借款などの援助を提供したが、共産党側には武器と物資援助を一切行わず、終戦まで中国共産党が受け取った最大の資金援助は一九三八年秋、コミンテルン駐在代表の王稼祥が帰国した際に持ち帰った三十万ドルであった。そして終戦後、ソ連はバーター貿易の形で東北解放区に物資を供与したが、毛沢東の軍隊に引渡した武器は旧日本軍の歩兵銃三十万丁が最大だった(同じ期間に国民党軍から鹵獲した銃の数は三百万丁)(3)。

毛沢東は一九四六年、ソ連の世界情勢分析や外交路線と異なる「中間地帯論」も打ち出していた。ただ、林彪の指揮する大軍は東北の大半を制圧し、中国内戦の双方の力関係が逆転する形勢が明らかになった四八年夏以降、ソ連の対応も微妙に修正された。同年五月二十二日、赤軍対外作戦部がハルビンに駐在する赤軍に対し、「中国人民解放軍総司令部と速やかに連絡を取れるようにせよ」と命じ(4)、夏以降、小規模な軍事援助と共に、鉄道修復・管理に携わる専門家チームの派遣などに踏み切った。そして四九年一月、スターリンはソ連共産党中央政治局員のミコヤンを中国共産党本部の新所在地・西柏坡に秘密に送り、毛沢東と初めてハイレベルの直接会談を行った。その後の四九年六月、毛沢東は初めて

「対ソ一辺倒」の外交方針を公にした。

朝鮮の革命闘争に対する中国共産党の基本的立場

このような体験をもった中国共産党指導部はそこで、朝鮮半島の革命について早い段階から以下のような対応方針を決めていたと考えられる。

一、人的、物的支援を行うが、北朝鮮で自分の代理人を置かず、帰国した幹部と兵士はすべて北朝鮮指導部の指揮を受ける。

二、朝鮮半島の革命闘争に対して同情するが、直接には介入・関与しない。

上述の方針を決めた背景に、ソ連との付き合いの体験や「革命は自分自身の力に頼る」という信念以外に、中国革命はまだ成功せず余力がなかったこと、ソ連はすでに朝鮮北部に深くかかわったこと、四八年九月の建国以後、内閣首相と労働党委員長を兼任した金日成ら朝鮮人指導者は中国歴代王朝に対する伝統的な警戒感から中国からの関与を望んでいなかったなどの要因も挙げられる。いずれにせよ、このような背景と対応方針によって、中国共産党は朝鮮指導部との接触において常に、受身的な対応をしていた。

十九世紀七〇年代以降、半島の朝鮮族が中国東北に移民を始め、「日韓併合」後、さらに大がかりな移民運動が続いた。金日成も旧満州の吉林市で生まれ、そこで中学校までの教育を受け、その後も旧満州を舞台に反日闘争を行った。終戦後、中国から数十万人に及ぶ朝鮮族が本国に帰り、そのうちには、八路軍の高級将校だった武亭が率いる約千人からなる朝鮮族の連隊も含まれた。中国共産党の軍隊は四六年ごろ、国民党軍の封鎖を迂回して一部は山東から渡海して朝鮮経由で東北部に入った。その後も、地方レベルで中国共産党の勢力と朝鮮との間に物的交流がわずかながら行われていた。

四八年九月九日、朝鮮民主主義人民共和国が建国し、人民軍も正式に発足したが、その後、中国人民解放軍の中にいる朝鮮族兵士の帰還問題が協議されることになった。一説では、林彪の率いる解放軍が全東北部を制圧したことにも刺激を受け、四九年一月、中朝両党と両軍の幹部がソ連人顧問の参加の下、ハルピンで協議の場をもった。中国側からは李立三(当時は中国共産党中央東北局委員、中華全国総工会副主席)、周保中(戦時中は、ソ連極東地方に駐在した国際旅団の旅団長を務め、ソ連赤軍とともに東北に入り、当時は東北軍区副司令官)など、朝鮮側からは崔庸健(建国後の民族保衛相すなわち国防相)などが出席し、中国共産党の軍隊にいる朝鮮族兵士の帰還が主な協議テーマだった(5)。

ただ、中国国防大学の教官徐焔はこの説を否定している。彼の筆者あての書簡では次のように分析している。

「一九四九年初頭、ハルピンで、中国と朝鮮との間に、朝鮮人兵士の帰還問題に関して協定が結ばれ、中国側は李立三と周保中が交渉にあたった、という説があるが、それは事実無根であろう。台湾と韓国の書物で、最初にこのような叙述を読んだとき、作り話だと直感した。その後、私はこの件を、当時東北軍区の主要責任者の一人と、中朝間の連絡に参加したもう一人の人物に聞いたところ、李立三は当時、全国労働組合の責任者として北京におり、周保中は第四野戦軍に追随して南下しており、雲南に向かっていたから、中朝交渉に加わるようなことはあり得ない、ということだ」

いずれにせよ、四九年四月二十日に人民解放軍が長江を南下して国民党政権の首都南京を制圧した直後に、このような協議が正式に始まったことは間違いない。四月二十八日から五月十三日にかけて、朝鮮の民族保衛省副相(国防次官)兼人民軍総政治部主任の金一が訪中し、まず瀋陽で東北の責任者高崗と会談し、続いて北京に入って毛沢東、周恩来らと会談した。金一は、朝鮮族の軍隊を朝鮮政府に引き渡すよう依頼する金日成の書簡を毛沢東に手渡した。北京会談の中心内容も朝鮮族兵士の帰還であった。

毛沢東と金一との会談内容について、ソ連共産党の初代北京駐在代表だったコヴァリョフが五月十八日付のスターリン宛電報で次のように報告している。

「昨日〔五月十七日〕、毛沢東同志は私に以下のことを伝えるよう依頼した。

朝鮮軍の政治部主任金一同志は北朝鮮から訪れてきて、全権をもって中国共産党中

央と以下の問題を討論した。①東方の情勢。②情報局設立について。③北朝鮮への軍隊幹部と武器の支援について。（中略）

朝鮮に軍隊の幹部と武器を支援する件では、そのような援助は可能であると毛沢東同志は話した。中国の東北には百五十万人の朝鮮族がおり、彼らから二個の朝鮮人師団（それぞれ一万人の兵士を有する）が編成されている。うち一個師団は戦闘経験があり、中国東北で国民党軍との戦闘に積極的に参加した。この二個師団は要求があれば、いつでも北朝鮮に引き渡すことができる。朝鮮の同志たちが目下それを必要としない場合、われわれはこれらの部隊の維持と訓練を保証する。このほかわれわれは二百人の将校を養成した。彼らは目下追加教育を受けており、一カ月後には朝鮮に送ることができる。南北朝鮮の間で戦争がおこれば、われわれは力のかぎり援助を行う。とくに上記師団のために食糧と武器を援助する用意がある」[6]

三万五千人以上に上る朝鮮人兵士の帰還

会談後、毛沢東の指示に従い、高崗・東北局書記の直接の組織・関与によって、東北軍区の管轄下にあった、全員が朝鮮人からなる第一六四師団（李徳山師団長、瀋陽駐屯、総員一万八二一一人）と第一六六師団（方虎山師団長、長春駐屯、総員一万三三二〇人）の二個師

総参謀長代理聶栄臻(朝鮮戦争当時)

団は四九年七月から八月にかけて朝鮮に帰還した。七月末に朝鮮領に入った中国人民解放軍第一六六師団はそのまま朝鮮人民軍第六師団に編成され、八月四日、韓国軍と対峙する最前線の甕津半島で三十八度線を越えて韓国軍の二個中隊を全滅させた。そして八月に北朝鮮領に入った中国軍第一六四師団は人民軍第五師団に編成された。これで人民軍の正規軍兵力は一気に三個師団から五個師団に増強され、南北朝鮮間の軍事的バランスにも影響を及ぼし、実際に金日成が直後の八月中旬、南朝鮮に対する防御の方針から武力解放」の方針に切り替える転換点となった。(7)

次に中華人民共和国建国後の五〇年一月、中朝間で、人民解放軍に残っていたほかの朝鮮人兵士の帰還をめぐる交渉が行われた。

開戦当時の中国軍総参謀長代理・聶栄臻の回想録によれば、五〇年一月、金日成が金光侠副首相らを中国に派遣し、解放軍第四野戦軍内の一万四千人の朝鮮人兵士を帰国させる交渉をしたという。それを受けて、一月二十一日、解放軍総参謀部が会談結果にもとづき

本格派文庫宣言

岩波現代文庫

朝鮮人兵士の帰国に関する案を中央人民革命軍事委員会（以下、「中央軍委」あるいは「軍委」と略称する）に報告し、一月二十三日に軍委が許可を下して、その後、一万四千人の朝鮮人兵士を武器装備ごと帰国させた。朝鮮の同志はこれについて極めて満足の意を表したと、同回想録に書かれている。(8)

朝鮮人部隊の帰還の詳細について、中国軍国防大学の徐焰教官から、さらに次のような書面証言を得た。

「朝鮮人部隊の帰還問題の前後の交渉は複雑で、関係文書は現在にいたっても公開されていない。これらのことは多くは口頭で決定したので、実際、保存書類もあまり残っていない。が大体の状況はこうである。

彼らの帰国は数回に分けて行われた。韓国の戦史に書かれている内容は一部は根拠があるが、すべてが正確とは言えない。当時の中国側の担当者にも確認したが、解放戦争〔一九四六年から四九年〕期間中、東北には、主に延辺で成立した二個独立師団と南満の李紅光支隊〔日中戦争で戦死した朝鮮人英雄・李紅光に因む命名〕と呼ばれる朝鮮人部隊があった。第四野戦軍が遼瀋戦役後南下したとき、一個独立師団を同行させ〔第一六五師団、後の朝鮮人民軍第七師団〕、その他の朝鮮人部隊は東北に残った。一九四九年後半、中国全土の勝利を目前にして、東北に留まった各独立師団も再編成しなければならなくなった。その中の朝鮮人は帰国希望が認められて、数回にわたり朝鮮に戻ったが、その帰還が中朝間の正式な交渉や協定によるものなのかどうか、確認できていない。彼らは帰国後、人民軍の第五、六師団に編成された。第四野戦軍が広西戦役に勝利した後、第一六五師団は北上し、河南省に駐屯して、戦略予備隊に属した。このとき、金光侠が訪中して朝鮮人部隊帰還問題の交渉にあたったのである。中国党指導部はこの師団をまるごと朝鮮に引き渡すことに同意し、その他の部隊にいる朝鮮人も組織的に帰国させた。それによって、一九五〇年に入ってからの帰国兵士は、第一六五師団の一万一千人と、他の部隊からの四千人で併せて一万五千人であった。『聶栄臻回憶録』に一万四千人とあるのと大差ないと思われる」

金光侠の訪中後に帰還した人数と四九年夏に帰還した二個師団を合わせると、三万五千人以上に上り、朝鮮人民軍はこれで一気に三分の一以上拡張することになった。

ただ、その後の史料公開によれば、五〇年に入ってからの朝鮮人部隊の帰還は、中国側が進んで提起した、とのことである。五〇年一月初め、中国南部で国民党軍の残存勢力への掃討作戦を指揮していた林彪・第四野戦軍司令官がモスクワにいた毛沢東に電報を送り、総勢一万六千人以上の朝鮮人兵士(四個大隊、二十七個中隊と九個小隊に編成されていた)は「華南地域に進軍した後、精神的な動揺が生じ、(北朝鮮に)帰国を求める動きが出ている」「戦争は間もなく終結するので、朝鮮人を一個師団または四から五個の連隊に合併して朝鮮に送るよう」要請した。(9) 毛沢東の許可を得て、北京は直ちにピョンヤン側と連絡を取り、「作戦行動が終了したことにかんがみ、中国の軍隊にある朝鮮人部隊は次第に任務が少なくなった。朝鮮政府側が希望するなら、彼らを引き渡すことは可能になる」と金日成に伝えた。それを受けて金日成は、これらの朝鮮人兵士を朝鮮人民軍の編成に従って、中国現地で一個の歩兵師団と二個の連隊を構成し、残りはオートバイ連隊と機甲旅団への補充要員とするよう申し入れ、さらに人民軍作戦部長の金光侠を協議のため中国に派遣すると伝えた。一月十一日、毛沢東の留守を預かって北京で執務した劉少奇は同時に林彪と朝鮮の両方に電報を打ち、朝鮮側が幹部を中国に派遣して再編成を行い、四月以降、この部隊を連れ帰ることに同意した旨を伝えた。そこで、前述の金光侠の訪中と一連の協議が行われた。この部隊は最終的に四月十八日に元山に到着した。(10)

中国はなぜ朝鮮人兵士の帰還に同意したか

問題は、中国はなぜこれほど多数の朝鮮人兵士の帰還に同意したか、である。しかも彼らの帰還で朝鮮人民軍の軍事力が著しく増強し、南北朝鮮間の軍事力対比が大きく傾くことになるのを、北京は知らないはずはなかった。中国の朝鮮戦争研究の専門家沈志華は次のように解釈した。

「一連の状況から見て、中国軍にいた朝鮮人兵士の帰国は決して、中国指導者がその時点で軍事的手段によって朝鮮半島を統一する行動に賛同し、または支持していたためではない。一九四九年の朝鮮人師団の帰国は、毛沢東が、北朝鮮が南朝鮮からの攻撃を懸念し、国際主義の立場に立って朝鮮の革命政権への同情と支持を示すためだったと考えられる。一九五〇年の朝鮮人師団の帰国は、朝鮮人兵士の帰国願望による一面もあれば、中国では戦争はすでに終わり、指導者は軍人の復員と軍事費削減の問題に取り組んでいた背景があったと考えられる(11)」

この分析に、筆者は基本的に賛成である。四九年五月の毛沢東・金一会談、およびその後の毛沢東・スターリン会談の内容から見て、中国は、開戦の計画と準備にかかわっていないし、早期の武力統一にも賛同していなかった。

ただ、間もなく中国全土の制覇を実現しようとする毛沢東ら指導者は、マルクス・レーニン主義というイデオロギーに対する信仰や、革命家的な理想主義もあって、同じ共産主義革命家の朝鮮に対して「国際主義的な義務」を尽くすべきだ、という考えをもっていたため、当面は朝鮮半島での全面戦争と早急な統一に賛同していなかったが、革命勢力の強化そして最終的に朝鮮の共産主義者によって半島を統一することを支持しようとしたことも容易に考えられる。ただ、これと直接の戦争企画参加とは別である。

一九四九年十二月十六日にモスクワに到着した毛沢東は、五〇年二月の帰国までスターリンと何度もの会談を行い、最後に「中ソ友好同盟相互援助条約」に調印し、東北と新疆におけるソ連の権益を保証する秘密合意にも達した。それらの会談の中で中ソ双方の指導者が金日成の南進計画について詳しい協議を行ったのかどうか、また協議の中で毛沢東はどのようなスタンスをとり、中国が事前に南進の計画にかかわったことを意味するかどうか、などをめぐって、研究者の間で意見が分かれている。

中ソ指導者が南進について「協議」をしたとする説(略称「協議説」)の根拠は以下のようである(12)。

(1) 毛沢東の訪ソ中に一万六千人の朝鮮人兵士の帰還問題が林彪より毛沢東に提起され、ソ連側にも伝えられ、さらにソ連経由で北朝鮮と連絡が取られた。このような背景を考えれば、「南進」問題が両首脳間で全然討論されないはずはない。実際に、スターリンと毛沢東の間で行われた三回の公式会談以外に、二人の首脳と通訳のみが参加した秘密会談もあったようで、そこで金日成の計画について協議された可能性がある。

(2) 一九五〇年一月四日付『プラウダ』は前年十一月十六日に劉少奇(国家副主席)がアジア・オセアニア労働組合会議(北京)で行った、「武装闘争こそは多くの植民地・半植民地の民族解放闘争の主要な闘争形態である」と呼びかけた演説が掲載されており、これは中ソ両国が共同でアジアの武装闘争を支持した状況証拠になる。

(3) ロシア人学者ヴォルコゴーノフは、旧ソ連の公文書から得た資料として、スターリンは五〇年一月十九日にピョンヤン駐在のシトゥイコフ大使からの「金日成が南進のことでスターリンと協議したい」と伝えた電報を受けて、「一週間余りの躊躇を経て」毛沢東に、「確実に勝利が得られるならこの問題を検討する価値がある」と意見を求めた電報を送ったとしている。

毛沢東・スターリン会談では「南進」は協議されなかった

それに対し、ほかの多くの研究者は、毛沢東・スターリン会談で朝鮮半島の情勢を討論したものの、南進の問題を詳しく協議しておらず、毛沢東は消極的な態度だった、と見ている。

(1) 米国在住の中国人学者陳兼と、韓国人学者金学俊は、スターリンは毛沢東との会談で朝鮮半島問題に触れた可能性はあるが、半島での軍事行動に言及した証拠は一切ないし、それどころか、スターリンはすでに、ピョンヤンにいた金日成と南進計画について討論し始めたが、その詳細は毛沢東に一切明かされなかった、と論じている。(13)

(2)　ロシア人研究者ゴンチャロフらは、中ロ双方の当事者などに調査した結果に基づいて、スターリンは、金日成が南部に対して行動を起こす意図があるとして探りを入れたが、毛沢東は金日成を助けるべきだとしながらも、「朝鮮はいま、複雑な局面に直面している」と話して興味を示さず、細かい討論にいたらなかったと検証している。(14)

(3)　北京の研究者楊奎松は、中国側資料に基づいて、毛沢東はスターリンとの首脳会談で、「朝鮮ではいま、北が南を攻撃することではなく、南が北を攻撃することが問題だ。南のほうの力は北を大きく上回っているからだ。米軍もそこにいる。北側がとる姿勢は常に警戒の備えを保つことだ」と話したとしている。(15)

(4)　前述の「スターリンが毛沢東に、金日成の南進について協議を提案した」とする電報に関して、中国人学者沈志華は、その時点で毛沢東がモスクワにいたので、スターリンが毛沢東に電報を打つこと自体考えられないと、資料の信憑性に疑問を提起している。(16)

筆者は、中ソ首脳会談では金日成の南進計画について具体的な討論が行われず、毛沢東は五〇年五月の金日成訪中まで計画の詳細を知らされなかった、との説に賛成である。劉少奇の四九年十一月演説は、中国共産党がアジア各国の革命を積極的に支持・支援する意思表明だと受け止められるが、確かにその一面はあるだろう。それはスターリンが自分に都合のいいようにイデオロギーを解釈したという内情を知らない状況下の「プロレタリア国際主義」信奉の結果であり、建国初期における革命者の純粋な理想主義精神によるものでもあるが、毛沢東はその後の対外的実際の行動ではかなり慎重だったことに留意する必要もあろう。そして朝鮮半島に限っていえば、それは中国共産党の対外的支持・支援を行う対象外だったことを特に指摘しておきたい。

四九年六月から八月まで、劉少奇が訪ソした際、中ソ両共産党の世界革命支持に関する分業範囲が話し合われ、スターリンから次のように言われた。

「革命の中心は西から東に転じつつあり、今、中国と東アジアまで及んだ。そのため、あなた達は大きな成果を収めるとともに、責任も一段と大きくなった。今後、中ソ両党は分業しよう。あなた達は東方と植民地・半植民地国家の仕事を多くし、東南アジア各国と密接な連絡を樹立し、この方面であなた達の役割と影響を大いに発揮しなさい。われわれ〔ソ連〕は西側に対して義務を引き受け、仕事を多くする」

ただ、スターリンがここで具体的に言及したのは東アジアの中でも、ベトナムなどの東南アジア地域が中国の責任範囲だ、ということで、朝鮮半島はその範囲外であり、それにはやはりソ連側が責任をもつ、という意味であった。(17)

朝鮮半島がソ連の管轄地域だということを、中国側はよく「納得」していた。その北半分は赤軍が自ら出兵して占領した戦略的要衝であり、米軍と対峙し、米軍事戦略の橋頭堡日本を牽制する最前線であり、ソ連が極東で太平洋に進出するための海洋戦略にとって不可欠な側翼であるためと理解された。その点をよく知っているからこそ、毛沢東は朝鮮半島の戦略問題についてスターリンから真剣に相談を持ち込まれるはずはないと考えていたのである。

ただ、北京指導部は果たして金日成が進めた南進の軍事的準備およびソ連側の対応を全然知らなかったのか。必ずしもそうは言いきれない。中国から三万五千人以上に上る百戦錬磨の精鋭部隊が送還され、それによって朝鮮人民軍の実力は一挙に倍増していた。ピョンヤンやモスクワの動向をキャッチする様々なルートもあったはずだ。単行本版は、北京の複数の研究者から得た情報に従って、五〇年三月頃、朝鮮指導者の一人、朴正愛(当時は朝鮮労働党中央常務委員、党中央書記を務め、五三年からは党の中央副委員長に昇格)が北京を訪れた際、関係の動向を断片的に伝えたと書いている。ただ、これは金日成が正式に派遣した特使ではなかったようだ。

五月に入って、金日成が北京を訪れ、南進計画を正式に毛沢東に伝えた。一方的にその軍事計画が伝えられ、中国の軍事戦略にも影響を及ぼしたことをめぐって、毛沢東が内心不満をもったと裏付ける資料もある。この検証は第二節に譲るが、中国指導部は朝鮮革命に同情し、支持・支援も行ったが、開戦前まで、南進の軍事準備にかかわっておらず、具体的な戦闘計画も知らされていなかった、という判断は成り立つと考えてよいだろう。

第二節　開戦の再定義――「六・二五」が唯一の分岐点だったのか

再び柴成文証言

中国軍の研究機関が新しく出版した朝鮮戦争史は今もなお、次のように「六・二五」を定義している。

「一九五〇年六月二十五日早朝、三十八度線で長く続いた小規模な武装衝突と摩擦が、ついに質的な変化を起こし、朝鮮における大規模な内戦が全面的に爆発した(18)」

中国自身が相当の人的援助を行い、ソ連が軍事行動の計画作りまでかかわったことを知っていながら、中国側当事者と大半の学者は、なぜいまだに開戦は国内戦争だと強調するのだろうか。

ここでは再び、初代朝鮮駐在臨時代理大使柴成文の証言を引用する。

「朝鮮戦争を見るとき、国内戦争の段階と、国際戦争の段階とを区別して考えなければならない。戦争勃発後、国連軍側の十六カ国が参戦し、中国が介入し、ソ連もまったく手を染めていなかったわけではない。この国際戦争の責任は誰にあったのか。それはトルーマンが引き起こしたものだ。中国は、この考えを百年後も変えることはないだろう。他人の家で喧嘩が起こったとき、なだめにいくのではなく、その喧嘩に加わる。それも、自分が手を出すだけでなく、他の大勢の仲間を引き連れて、喧嘩に加わる。内戦が勃発するや、米国は直ちに出兵を決定した。その決定後、初めて国連に提起され、討議された。それについてユーゴスラビア代表は、まず朝鮮の南北双方に談判を勧告するよう提案したが、米国に拒否された。だから、国際戦争の責任は完全に米国にあると言える」

「一歩譲って、仮に朝鮮側が先に発砲したとしても、それは朝鮮半島における内戦においてのことである。その後の国際戦争に関しては何ら責任を持つものではあるまい」

朝鮮戦争を中国の内戦と比較し、またその国内戦争の段階と国際戦争としての段階を区別することは、英・米のリベラルな学者、J・ハリディとB・カミングスも同様な見解を示している(19)。柴成文は朝鮮戦争の勃発を中国の内戦に譬え、ハリディとカミングスはそれと米国の南北戦争との類似性を主張した。朝鮮半島内部における当時の情勢から見れば、このような比較は一理があると言えよう。朝鮮南部は混乱していた。革命がいつ起こっても不思議でない情勢があるように思われた。同じ民族として、その革命を促進するために、

「祖国解放戦争」を発動するのは当然非難されるべきではない。

もちろん、朝鮮戦争と中国内戦、あるいは米国の南北戦争との間に大きな違いもあった。その置かれた外部環境である。他の両者に対し、朝鮮戦争当時、世界は東西冷戦の最中にあり、米ソ間、特に米国側は、相手に対し極度の猜疑心を持っていた。そのような状況下において、片方が「国内戦争」として、「祖国解放戦争」を起こした場合、相手側の目にどう映るかを考えるべきであろう。特に当時の北側の軍隊はソ連製武器で装備され、ソ連軍事顧問がその軍事作戦の指導にあたっており、それが米国に、「共産主義が侵略、拡張を開始した」ように判断させる可能性は実際存在していた。結局、朝鮮側は、国内戦争としての一面を重視しすぎ、それに対し、米国は当時の国際環境の影響を過大評価したところに、朝鮮内戦が国際戦争へ拡大した悲劇的一要因があるように思われる。

ただ、「六・二五」は金日成の南進で勃発した、という事実が明らかにされた今日でも、朝鮮戦争の性格、段階をどう考えるかは、依然重要である。それは冷戦史の真実解明に一歩近づくことになるし、今日や将来の国際関係を見るうえでも問題の国内的要因と国際的要因を見分けるのに示唆と教訓になるだろうと思われる。

統一戦争は四九年から始まった?

朝鮮戦争が五十年以上前のものになったことは、われわれに新しい視角でこの戦争を捉え直す適切な時間的、心理的な距離を与えてくれた。今になって考えれば、「六・二五」のみを戦争の起点と見なすこと自体、それは米国が主導した冷戦時代における朝鮮戦争に関する一面的な分析枠組みのせいではなかったのだろうか。仮に国際紛争という角度から見れば、五〇年六月二十七日にトルーマン米大統領が介入の声明を発表し、七月に入って国連軍が半島に上陸し、そして十月に中国軍が参戦したことで、初めて本格的に国際戦争に突入したことになる。

だが、南北双方に分かれた同じ朝鮮民族同士の、再統一を目指した国内戦争という角度から見ると、その起源は「六・二五」よりはるかに前に、再統一を目指した国内戦争は四九年にすでに始まっていたといっても大げさではない。ただ、その段階では南北双方の実力およびその軍事行動は三十八度線を拮抗点とした脆弱な均衡を打ち破っていなかった。「六・二五」はせいぜい、そのような量的変化から質的変化に切り替わった転換点というべきであろう。

四八年八月から九月にかけて、それぞれソウルとピョンヤンを首都(または臨時首都)とする大韓民国と朝鮮民主主義人民共和国が誕生した。この二つの国は奇妙にも同じ統一の方針、目標を掲げ、同じ統一の手段(平和統一を目指すが、武力も辞さず)をとっていた。

それまで半島の未来に関しては完全に米ソなどの外来勢力に牛耳られていたが、それぞれの建国によって、自主的に統一を推進する可能性が現れた。四八年末、一部の軍事顧問を残したものの、ソ連軍は北朝鮮から引き上げた。米軍が南朝鮮から撤退することも早晩のこととなった。そこで三十八度線を挟んで南北朝鮮の軍隊による摩擦が急増し、自分の側が主導する統一路線の実現を目指して政治的・外交的駆け引きおよび探りを入れる攻撃を繰り返した。

四九年前半の段階では、南北朝鮮の軍事力バランスにおいて、南側が優位であった。李承晩政権はすでに六万人の正規軍を有するが、旧日本軍兵士だった韓国人は十五万から二十万人いるので、六週間以内でさらに十万人の軍隊を動員できると、李はソウルを訪れた米陸軍長官のロイヤルに話した(二月八日)。一月から、韓国軍による北方への越境攻撃が頻発し、四月十五日までの三カ月間、その回数は三十七回に上った。シトゥイコフ・ソ連大使はこのままでは北側がそれに対抗できないとしてモスクワに防御装備の緊急供与を求め、米軍のプレゼンスが李承晩の軍隊の北進を阻止するものになると考えたソ連人軍事顧問は、すでに撤退した軍艦の一部を元山港に戻して、それによって米軍も踏みとどまらせて韓国軍の動きを牽制する策も考えた。四月と五月の時点で、韓国軍が一段と大きな対北軍事行動を起こすだろうという情報はピョンヤン、モスクワで緊張を呼んだ。最後に、米側の制止や韓国軍の準備不足で大規模な北進は現実にならなかったが、この期間、ソ連側と金日成政権との間で協議された主な内容は、いかに韓国軍の北進を撃退し、自分の防御体制を強化するか、であった。

六月に入っても、三十八度線を挟む均衡は南に傾斜していた。同月中旬にシトゥイコフがモスクワに送った電報は、月末に予定された米軍の撤退は「国土統一の問題を軍事的方法で解決することを目指している南朝鮮反動派に行動の自由を与えるだろう」と分析し、「南朝鮮当局がこれまでになかったような大規模な軍事挑発に出る可能性がある」と指摘した。[20]七月十七日、韓国国防長官申性模が仁川で、「われわれの軍隊は大統領の命令を待つのみとなっている。命令さえ下れば、われわれは一日のうちにピョンヤンと元山を占領するだろう」と語った。

もちろん、金日成は守勢に立たされていたが、自分が主導する南北統一路線を放棄したわけではなかった。四九年三月三日にモスクワに到着した金日成はスターリンと数回会談し、その席上、「全国土の武力解放」「攻勢をとる」と提起したが、スターリンから「南進はだめだ」ときっぱりと言われた。[21]

七月末に帰還した中国人民解放軍第一六六師団(人民軍第六師団)の戦闘力は金日成の予想を超える強力なものだった。この師団が八月前半、甕津半島で南下して局地戦の完全勝利を収めた後、金日成はシトゥイコフ大使に何度も攻勢に転じることへの同意を求め、時には激論にもなったが、九月二十四日、ソ連共産党中央政治局はシトゥイコフ大使に指令して、南朝鮮でのゲリラ戦をやってもよいが、アメリカ人に介入の口実を与えないよう、南進の軍事行動を絶対思いとどまるべきだと伝えた。

その後も金日成と李承晩の南北両政権は武力統一の計画を進めながら、軍事衝突を繰り返していた。李承晩大統領は五〇年の新年挨拶で、「新しい一年、われわれは自分の力で南北朝鮮を統一しなければならない」と語った。そのため、朝鮮戦争後、朝鮮側が「六・二五」の責任を弁解するために、その直前までの李承晩政権による「北進」の計画、言論およびその実際の軍事行動を数多く列挙した。列挙された事例は大半、嘘ではなかったのだろう。

中国側はこの過程で、北側による民族解放戦争の準備に同情し、支持し、朝鮮人部隊の帰還を含めたかなりの支援を行った。しかしそれは共産主義イデオロギーの拡張とか、社会主義陣営の拡張とかを念頭に置いたものではなかった。第三世界における民族解放運動に対する支持と支援はその後の毛沢東時代を通して一貫していた。スターリンのソ連は少なくとも五〇年一月以前は、中国と同じような認識と態度だったといえる。歴史資料が証明したように、スターリンはその時点で、東アジアにおける米国の勢力圏に進んで挑戦を起こそうとしていなかった。そして五〇年一月におけるソ連側の態度の変化は、国際情勢の変化による部分も大きいが、ここでは特にもう一つの側面、すなわち、金日成が信念と巧妙な努力によって、中ソ間の隙間と情勢変化をうまく利用し、南進の軍事的準備を着々と強化し、ついにスターリンを味方に引き入れ、毛沢東をも反対ができないようにさせた、ということを指摘したい。

スターリンと毛沢東を動かした金日成

四九年四月二十日に中国人民解放軍が長江を南下して蔣介石政権の首都南京を制圧した後、金日成はソ連大使に「反攻の能力を強化するための武器装備の援助を大幅に増やすよう」懇願するかたわら、金一特使を中国に派遣した。五月前半、金一一行は北京で毛沢東と会談した。その会談の結果に関する評価は金日成によって恣意的に解釈され、スターリンを説得するための材料に利用された。

ロシア公文書には、同じ毛沢東・金一会談について、中国共産党側に派遣されたソ連の代表コヴァリョフとピョンヤン駐在大使シトゥイコフからそれぞれモスクワに報告した電報が残されている。しかし会談の内容に関する叙述はかなり異なっていた。

コヴァリョフは北朝鮮の軍事戦略に関する毛沢東の判断を、中国側の説明に基づいて、次のようにスターリンに報告した。毛沢東は、韓国軍の北進に反撃しなければならないが、日本軍が介入してくる場合、慎重に対応し、一時後退して、侵入する敵軍を包囲・殲滅する戦術を取るべきだと進言するかたわら、「米軍が去り、日本軍が来なければ、この情勢の下では南朝鮮への攻撃を企てずに、より適当な情勢の到来を待つべきである」と述べた。その理由は「マッカーサーが日本軍と武器を迅速に朝鮮に運んでくる可能性があり、一方、中国軍は長江以南に進出中で朝鮮を支援できないためだ」と説明した。[22]

ところが、金日成がソ連大使を通じてモスクワに報告した会談内容はコヴァリョフの電報と完全に違っていた。それによれば、毛沢東は、北朝鮮は軍事行動に周到な準備をすべきで、「朝鮮の戦いでは早期決着と持久戦の二つの可能性があるが、持久戦はあなたたちにとって不利だ」「あなたたちは心配しなくてもよい。ソ連はすぐ隣にあり、われわれは東北にいて、必要があればわれわれはひそかに中国軍兵士をあなたたちのところに派遣することができる。みんな黒い髪の毛だから誰も見分けがつかない」と話した、となっている。[23]

和田春樹は「これは明らかに金日成が中国側の慎重論をスターリンから隠す意図からでた説明である」とコメントするが、まさにその通りだ。金日成は、毛沢東の「賛成」をもってスターリンにその南進軍事戦略への支持を取り付けようとする狙いがあったのだ。中国から帰還した人民軍第六師団の甕津半島での戦闘勝利を理由に、金日成は再度、ソ連大使の説得を試みた。一ヵ月ぐらいの駆け引きを経て、ソ連側は南への大規模軍事攻撃に依然反対したが、ついに、北の支援による南朝鮮でのゲリラ作戦や解放区作りを認めさせた。

十月一日の中華人民共和国樹立で、金日成は引き続き、ソ連を揺さぶり続けていく。シトゥイコフ大使から何度も冷たい顔をされたが、めげずに働き続けた結果、五〇年一月末になってスターリンの態度をとうとう変えることになった。

スターリンが一転して金日成の南進計画を支持するように変わった背景について、世界各地の学者が数多くの研究論文を発表しているため、ここでは詳述しない。要約すれば、一月十二日のアチソン米国務長官の声明(米国の絶対的防御ラインを説明する中で韓国、台湾に言及しなかった)への誤った判断、中華人民共和国の建国、中ソ同盟の締結に鼓舞されたなどの理由がよく指摘されている。ここではもう一つの側面、中ソ両共産党の歴史を知り尽くし、スターリンの心理をもある程度読み取った金日成が、「マーガリン式〔バターに似ているが真のバターではないにせもの〕の共産主義者」と嘲笑された毛沢東に対するスターリンの警戒心をうまく利用したことを特に検証したいと思うのである。

転換点は一月十七日の宴会?

毛沢東の訪ソ中に当たる一月十七日(その直前、欧米の新聞は中ソ首脳会談はうまくいっていないと盛んに報じた)昼、ピョンヤンで催された李周淵大使の北京赴任送別宴会には、朝鮮側からは金日成、朴憲永、中国側からは通商代表(実際は東北地方政府からの代表)温仕禎など、ソ連側からはシトゥイコフ大使、イグナチエフとペリシェンコ両参事官が出席した。モスクワに送られたシトゥイコフ大使の電報はこの宴会における金日成のパフォーマンスを次のようにリアルに伝えた。

「昼食会は親しく、友好的な雰囲気の中で行われた。(中略)その間、金日成と彼の隣に座った中国の温代表は何度も熱烈に中国語で会話した。一部の言葉から彼らが中国で収められた勝利と朝鮮の状況について話し合っていることが理解できた。宴会のあと、応接室で金日成は駐中国大使李周淵に彼の中国での活動について助言と指示を与えた。そのさい金日成は朝鮮語で話しながら、時々ロシア語で、毛沢東は彼の友人で、つねに朝鮮を援助してくれるのだから、李は中国で大胆に行動すべきだと語った。

李周淵が去ると、金日成は興奮した顔でイグナチエフとペリシェンコ両参事官に語りかけ、中国が解放を実現したいま、朝鮮南部の人民を解放することが日程に上っていると言い出した。続いて彼は次のように語った。「(中略)最近私は全国統一の問題をどのように解決するかを考えて、夜も眠れない。もしも南朝鮮の人民の解放と祖国統一の事業が先延ばしされるならば、私は朝鮮人民の信頼を失ってしまう」。さらに金日成はこう述べた。「モスクワを訪問したさい、スターリン同志は、南を攻撃してはならない、李承晩の軍隊が北部を攻撃した場合には、南朝鮮への反攻に移行してよいと自分に言った。しかし、李承晩は今日にいたって攻撃を起こさないため、南朝鮮人民の解放と国家統一は先延ばしになっている」。そのため、彼(金日成)は、もう一度スターリン同志のところを訪問し、南朝鮮人民を解放するための人民軍の攻撃行動に指示と許可を得たいと考えている。(中略)続いて彼は、もしいまスターリン同志と会うことができなければ、毛沢東がモスクワから帰国した後、彼と会うつもりだと表明した。金日成は、毛沢東が中国の戦争が終わったら、援助すると約束してくれたと強調した(明らかに金日成は一九四九年六月の朝鮮側代表金一と毛沢東との会談を念頭においていると見られる)。金日成は、ほかにも毛沢東と話す問題がある、たとえばコミンフォルム東方情報局の創設の可能性についてである、と語った。(中略)金日成は昼食会のあと、少々酔った状態であり、この会話はすべて興奮状態の中で行われた。しかし、彼がこの会話をはじめたのは偶然ではなく、あらかじめよく考えぬいたものであることのように見える。その目的は自分の気持ちを訴え、これらの問題に対

するわれわれの態度に探りをいれることのようである」(24)

金日成はわざと中国語で「熱烈に」中国代表と交流し、またわざとロシア語で「毛沢東は彼の友人で、つねに朝鮮を援助してくれる」と漏らす。そして南進統一の問題で訪ソしてスターリンの指示を仰ぎたいが、もしスターリンに会えなければ、毛沢東の帰国を待って毛に会うつもりだと言う。そこで再度、毛沢東が中国での戦争が終わったら、援助すると約束してくれたと強調した。また、毛沢東との間ではコミンフォルム東方情報局の創設問題についても協議したいと言及した。

シトゥイコフ大使は、金日成は「少々酔った状態」だが、「彼がこの会話をはじめたのは偶然ではなく、あらかじめよく考えぬいたものであることのように見える。その目的は自分の気持ちを訴え、これらの問題に対するわれわれの態度に探りをいれることのようである」と分析したが、酔っ払いの状態を装えば、万が一ソ連側に怒られたら「酒後のうわ言で記憶にない」として逃げられるし、一方、これはスターリンへのメッセージだとソ連大使に感じさせる度合いもうまく計算した。金日成は小国の知恵をもって渾身の力で大国指導者を動かす一流の演技をここで披露したのである。

スターリンは確かにこの電報で心を動かされたようだ。全世界の共産主義勢力を自分の指揮下に置きたいスターリンは、チトーの独立路線を容認できなかったし、毛沢東が単独でアジアの雄になるのも望んでいなかった。しかし建国後の中国に対して、かつてのように中朝連合を阻止することも簡単ではなくなった。残された方法は自分がアジア革命における指導権を取り戻すことだった。そこで一月三十日、スターリンは「毛沢東に知られないように」と断った上で、次の電報をピョンヤンのソ連大使宛に打った。

「私は金日成同志の不満を理解する。しかし、彼は、南朝鮮に対してこういう大きな行動を起こすには十分な準備が必要だと理解すべきである。あまりに大きなリスクがないように、慎重に計画しなければならない。彼がこの件で私と話したいのなら、私はいつでも彼と会い、話し合う用意をする。以上のメッセージを金日成に伝え、私はこの件で彼を助ける用意があると伝えてほしい」(25)

このメッセージに接した金日成はきっとひそかに大笑いをしていたのだろう。なぜなら彼の演技は最高の効果をもたらすことができたからである。

金日成の北京訪問

二月に入ってから、ソ連と朝鮮との間で軍事援助が大幅に強化され、ソ連軍事顧問の全面参加で、南進の軍事計画も策定され始めた。四月初め、金日成、朴憲永両指導者が再度モスクワを訪れ、十日、スターリンらソ連指導者と一連の会談を行った。公表された旧ソ連公文書によれば、スターリンは「国際環境と国内状況の変化」を、金日成の南進統一路線支持に切り替えた理由に挙げた後、三段階の攻撃計画などを詳しく進言し、その上で、米軍介入の問題を真剣に検討し、中国指導部に承認してもらわないといけないと何度も金日成に念を押した。それに対し、金日成は、幾つかの根拠を並べて米軍は介入しないだろうとの判断を力説し、毛沢東は前からわれわれと同じく朝鮮全土解放の立場であり、その同意を取り付けるのに問題はないし、一方、統一は自分の力で十分に成し遂げられると強調した。(26)

実際には、毛沢東は金日成がスターリンの前で請け負ったような絶対に支持する立場ではなかった。その前後の金日成の言動から見て、彼はこの点をはっきりと知っていた。しかし金日成は、「毛沢東が同意した」というカードを、スターリン説得に使う必要性があったのだ。この手腕は彼と毛沢東との会談で再度披瀝されることになる。

四月、金日成は中国駐在の李周淵大使に、北京を訪問したい意思を中国指導者に伝えさせたが、自分がソ連を訪問していることを中国側に知られないように工夫した。

五月十三日、飛行機で北京に到着した金日成、朴憲永は当日夜、さっそく毛沢東との会談に臨んだ。金日成は、ソ連指導者との会談結果を伝え、スターリンがその武力統一計画に同意したこと、実施が可能であることを強調し、最後の決定を下す前に中国側の同意を求めに来たと語った。それに対し、毛沢東は、「あなたたちの李周淵大使はこの件で私と何度か話しているが、当面はまだだめだと私は答えた」との表現で反対意見を示した。金日成は、「ソ連がわれわれのために周到な準備を行っており、スターリンもこれに同意した。中国の同志が頭を縦に振るだけでよい。われわれは〔中国から〕いかなる助けも要らない」と、今度は「スターリン・カード」を使って毛沢東の説得を図ろうとした。毛沢東は即答を与えず、「これは重要な問題なので、自分はソ連大使経由でスターリンに確認する必要がある」と話して、会談を切り上げた(27)。

スターリンに確認を求めると話したのは、「あなたの話を完全には信頼していない」というニュアンスを込めていたことは明らかだ。会談も速く中断した。スターリンからの返事を待つ翌日、会談は行われず、金日成一行は故宮の見学に案内された。

五月十四日夜、スターリンからの返事が届いた。

「毛沢東同志

朝鮮の同志たちとの会談で、フィリッポフ〔スターリンの暗号名〕とその友人たちは国際情勢の変化にかんがみ、統一を実現したいという朝鮮人たちの提案に同意するとの意見を表明した。ただ同時にもう一つのことを強調した。この問題は最終的には中国と朝鮮の同志たちが共同で解決しなければならないものである。もしも中国の同志たちが同意しないなら、あらためてこの問題を検討しなおす必要がある。詳細な会談内容は朝鮮の同志たちより貴下に説明される。

フィリッポフ」[28]

中国の専門家は、この電報は丁重な口ぶりのようだが、実際には有無を言わせないものがあり、また、毛沢東の意見を聞く姿勢を見せているが、暗に責任を中国に被せる狙いも込められたと見ている。もしも毛沢東が南進計画に同意しなければ、朝鮮半島統一を遅らせる責任を中国側に着せることになるし、毛沢東が同意すれば、南進に関する最後の決定は中国と北朝鮮の双方が下したことになる。だが、当時の内外情勢の下で、毛沢東は受け入れる以外に選択肢はなかった。[29]

五月十四日毛沢東は金日成と二回目の会談を行った。この会談の記録はいまだに公表されていないが、会談内容に関して、朴憲永と周恩来がそれぞれ、ローシチン・ソ連大使に伝えた内容が別々にモスクワに報告されている。

朴の説明によれば、毛沢東はスターリンと金日成が合意した三段階の統一計画に「全面的に賛意を表し」、戦術的な提案もいくつか行い、さらに、「現在、日本が紛争に介入してくることは多分ないだろう。万が一米軍が参戦すれば、中国は北朝鮮に軍隊を送って支援するだろう」と述べた、となっている。[30]

周恩来の説明はちょっと違っていた。ローシチンの電報および中国側の資料・証言を総合すると、毛沢東は会談で、「われわれはもともと台湾の解放を優先し、その次に朝鮮問題を解決すると考えた。朝鮮の統一問題がモスクワで承認された以上、朝鮮の統一を先に実現することに同意する。ただ、日本の軍隊の介入や米軍の介入の可能性についても考慮すべきだ。もちろん、米軍が参戦すれば、中国は北朝鮮を支援するため軍隊を派遣するだろう」と話した。それに対し、金日成は、米軍の参戦はほとんどありえないとし、「米国は戦わずして中国から引き揚げた。朝鮮においても慎重になっている」と断言した。しかし毛沢東はやはり慎重な対応を求め、次のように述べた。

「帝国主義のやることについてわれわれは断定的に言うべきではない。われわれは彼らの参謀長ではない。少し備えを行うことはやはり必要だ。われわれは鴨緑江にそって三個軍団を配置するつもりだ。帝国主義が干渉しなければ、妨げにならない。帝国主義が干渉しても三十八度線を越えなければわれわれは干与しない。しかし三十八度線を越えれば、われわれは必ず軍隊を送る」

これに対して金日成は感謝を表する一方、そのような必要はないと婉曲に断った。(31)

また、師哲(当時、中共中央政治秘書室主任、ロシア語通訳)は、「金日成が北京を秘密訪問したとき、中南海内の私の部屋に泊まった。私と家族はそのためしばらく天津に行か

された」という証言を残している。(32)

いずれにせよ、金日成はこれで、スターリンからの支持と支援を取り付け、毛沢東からも協力の承諾を得た。朝鮮人革命家が求め続けた自分の手による半島の統一はいよいよ早期に実現する見通しが立った。その次の一ヵ月余り、金日成はソ連側の大量支援を得ながら、「六・二五」に向かってまっしぐらに走っていった。

「六・二五」の主導者は一体誰だったのか

もう一度、「六・二五」前のソ連と中国の対応に関して歴史的な評価をしたい。九〇年代に入って旧ソ連の公文書が大量に公表されたことにより、スターリンが世界戦略でこの戦争を発動した、少なくとも金日成と共謀して「南侵」をしたと、一般的に考えられるようになった。しかし、中国側の学者と研究者はその前も今も、「六・二五」を金日成の主導と見なし、毛沢東はもちろん、スターリンでも、逃れられない支援の責任、金日成にゴーサインを出した責任は負うべきだが、ソ連または中ソ主導の共産主義拡張の戦略によるものではなかったと見ている。

陳毅元帥の息子、軍の研究者陳暁魯は一九八九年、自身の行った調査の結果をまとめて、筆者に次のように語っている。

「毛沢東としては、朝鮮での開戦を望んでいなかった。しかし金日成は、スターリンがすでに彼の計画に同意した旨を述べた。当時のスターリンの権威と、北朝鮮へのソ連の影響力に鑑み、スターリンが同意した以上、中国としては反対することは不可能だった」

――毛沢東はなぜ朝鮮が「祖国解放戦争」を行うことについて消極的な反応しか示さなかったのだろうか。

「それは第一に中国自身が山積する問題に直面しており、その上他の問題にかかずらう余裕がなかったためだ。さらに重要なことは、毛沢東は米帝国主義の侵略性に対して非常に深い懸念を抱いていたからだ。当時、毛沢東の考え方はトルーマンとたいして違いはなかった。すなわち、米国の指導者は社会主義国家は結束の堅い一枚岩と考えていたため、朝鮮半島に起こった戦火を共産主義陣営が対外拡張を始めたシグナルと見なし、過剰の反応を起こした。毛沢東も米国と西側資本主義諸国は結束の堅い一枚岩大陣営で、西側の勢力圏である朝鮮半島の南部で戦争が起これば、米国の干渉を招く可能性がかなり高いと考えて、開戦に慎重な態度をとっていたのだ」

――それならば、スターリンと毛沢東はなぜ朝鮮が「祖国解放戦争」を行う計画を阻止できなかったのか。

「朝鮮で戦争を行う問題には、スターリンもあまり積極的ではなかったようだ。少なくとも主導的な意志はなかったようだ。なぜなら、スターリンは第三次世界大戦を惹起することを恐れ、米ソ間に直接衝突が生ずることを何よりも恐れていたからだ。しかし、当時、社会主義各国の関係、特にソ連とアジア社会主義国家との関係は、西側が宣伝していたように、スターリンの命令一下、誰もが服従するといった図式ではなかった。もちろん、スターリンには大国主義的なところもあるが、ソ連とアジアの諸社会主義国家との関係は比較的平等なものであった。そのため、金日成が進んでスターリンに開戦の計画を打ち明け、支持を求めたことには、スターリンも非常に困惑したと考えられる。かつて中国革命にブレーキをかけたことが、結果的に錯誤であったと証明され、スターリンは、一九四九年末ソ連を訪問した毛沢東に陳謝の意を表明したばかりであった。今、朝鮮が戦争を行おうとしている。しかもそれは国内解放戦争である。もし金日成が戦争を始めても米国の大規模な干渉を惹起する恐れがないことが証明されれば、スターリンはそれを阻止することはできない。彼は中国での轍を朝鮮で踏みたくはなかった。

毛沢東の心理もおそらくスターリンと似たものであったろう。スターリンが中国革命にブレーキをかけたように、中国も朝鮮人民の革命と解放戦争を阻止するわけには

行かない。スターリンが開戦に関してすでに同意した状況下ではなおのことである」(33)

一方、「六・二五」直前までの中国首脳部の対応に関して、柴成文元大使も以下の見解を述べてくれた。

「一九五〇年六月に開催された二つの会議〔六月六日から九日まで開催された中国共産党七期三中全会と、六月十四日から二十三日まで開催された政治協商会議第一期二次会議〕は経済再建、土地改革および解放戦争の最終的勝利獲得に全力で取り組んでいた。七期三中全会で、毛沢東主席は「四方に出撃してはならない」と呼びかけた。これは国内政策に対する指導方針だが、彼の全体的な戦略思想でもあった。中国は朝鮮半島で戦争をする意図も、そこで行われる戦争を支持する意図もまったくなかった。戦争には事前の準備が必要だ。戦争を行う場合、情報の収集と、それのもたらす利害得失についての周到な検討をするのは中国共産党の特徴である。しかし「六・二五」当時、中国はピョンヤンに大使館は設けておらず、東北地方政府の通商事務所があるのみだった。しかもその事務所の責任者・温仕禎も瀋陽で休暇中で、ピョンヤンにいた中国の代表は、この事務所の所員・倪蔚庭、新華社通信ピョンヤン支局長・丁学松だけであった。他に何人かの通訳はいたが、彼らはみな朝鮮人であった」

中国首脳部にも誤った情勢判断はなかったか

毛沢東が五月中旬に、金日成から全面開戦に関する通報を受けたにもかかわらず、戦争が勃発するまで、中国は国内経済建設優先の既成方針を変更しておらず、しかも開戦後も、人民軍の戦いにあまり関心を示さず、米国の介入だけに注目していた。それはなぜだろうか。

筆者はこう推論する。「六・二五」以前、中国首脳部は当然、朝鮮での戦争が中国に及ぼす影響について相当詳しい分析を行い、対応策を検討していた。そのとき中国首脳部の得た結論と判断として、少なくとも次の三つが挙げられる。

一、スターリンが同意し、朝鮮も速やかに軍事的勝利を収めることができると確約しているからには、中国は朝鮮の「祖国解放戦争」を阻止するわけには行かない。

二、中国のすべての報道と軍事配備を従来の軌道で進め、朝鮮に関する報道は重大な取り扱いをしないよう留意する。朝鮮問題に立ち入り過ぎると、朝鮮内戦に対して各種の義務が生じるのみならず、米国に中国共産党が朝鮮内戦を支持しているかのように思わせることになる。それによって、米国が中国に報復し、台湾問題の早期解決に影響を与えることのないようにするためである。

三、ピョンヤンは、米国が朝鮮の内戦に直接介入する可能性は低いと判断しているが、それはほぼ信じてよい[34]。たとえ米国が介入するとしても、短期間のうちに戦争が終わるものなら、介入規模は大きなものにはなるまい。朝鮮人民軍に配属された一部の主力部隊は中国軍の中堅・第四野戦軍から帰国したものであるため、「祖国解放戦争」の勝算はかなり高いはずだ。中国東北地方はソ連軍の影響の及ぶ地域であり、朝鮮の後方に位置しているので、大きな脅威を受ける可能性は薄いため、そこへ特別に増兵する必要は認められない。また、台湾解放の計画に影響を及ぼすこともあるまい。むしろ、朝鮮で戦争が起これば、米国の軍事力と注意力を分散させることになり、中国の台湾解放作戦にプラスになるかも知れない[35]。

中国は今まで一貫して朝鮮戦争の開戦の責任について言及することを避けてきた。それは一つには、国内戦争と国際戦争の二段階を分けるべきだという持論によるものだった。一九四九年の段階から五〇年六月二十五日を過ぎた数日間までを「国内戦争」と定義し、トルーマン声明と国連軍の介入をもって初めて国際戦争に変質したと考えるため、「六・二五」がその後の戦争の推移にとって決定的に重要なものではないとの見方である[36]。九〇年代以降、一部の中国人研究者はこの戦争を三段階に分ける見解も出している。すなわち、北朝鮮人民軍が大規模に南下する第一段階(約一週間)と、国連軍が介入する第二段階(四カ月近く)と、中国軍の参戦で米中戦争に突入した第三段階(三十三カ月)である[37]。ただ前述の推論により、もう一つの可能性が出てきた。つまり中国は、開戦は不本意ではあるが、それを阻止できないという前提のもとで、戦争が中国に及ぼす影響を分析していく中で、米国の干渉の可能性および台湾問題解決への影響を過小評価していた。これは明らかに間違った判断であった。そこで、中国は、開戦の予知や責任問題に一切触れないことにより、この誤りを巧妙に隠蔽しようとしたのかも知れない。

第三節　中国軍の配置替え

国内重視の軍事戦略

「六・二五」より前の中国側の対応について全面的に検証する場合、四九年十月の中華人民共和国建国以後の国内政治・軍事戦略および全国的な軍隊配置と移動などの角度から見なければならない。

戦略方針から言えば、五〇年前半、中国の最高指導部には、大陸の国民党残留軍、土匪の掃蕩、チベット解放および海南島、台湾などの沿海島嶼の解放を考える以外に、さらに大きな戦争を起こしたり、介入したりするつもりも、余裕もなかった、と言いきってもよかろう。国内の軍事行動が目を離せない状態にある一方、数十年間累積してきた経済の破綻も、緊急課題として新政権の前に立ちはだかっていた。

新中国成立の二ヵ月後、共産党は国土の三分の一をまだ掌中に収めていなかったにもかかわらず、毛沢東は戦略的見地から、「人民解放戦争が全国的規模で基本的な勝利を収めた」と判断し、政策の重点を五百万余りの解放軍の処置と経済再建問題に移した。四九年十二月五日、毛沢東は全解放軍に対して「一九五〇年の軍隊の生産建設参加に関する指示」を出し、「解放軍各部隊は、引き続き戦闘あるいは離脱不可能な業務に服務しているもの以外は、全員、一部の生産任務を負担せよ」と呼びかけ、それをもって「新民主主義の経済建設を早めよう」と言った。[38]この指示は特に「人民解放軍が生産活動に参加することは一時的なものではなく、長期的経済建設の観点から出発すべきものだ」と指摘している。北上した数個軍団を含め、各地の戦闘任務に携わっていない部隊はみな、連隊長以上の幹部会議を開き、この中央軍委名義の指示をいかに実行するかについて検討したと言われる。

五〇年四月二十一日、毛沢東はまた、党中央を代表して各大軍区の首脳に対し「軍隊将兵の復員についての指示」を打電した。その内容は、中南軍区に対し四月から八月までの四ヵ月間に、五十三万人から六十万人の兵士の復員を指示し、華南軍区に対し、軍隊と地方武装力百万人の残留を指示し、また西南軍区に対し、八十万人の残留を、西北軍区に対し、削減可能な人員数の報告とその復員業務を四カ月以内に処理完了するよう指示した。(39)五月、周恩来を主任とし、聶栄臻を副主任とする党中央の軍人復員委員会が組織され、中央軍委主席(毛沢東)と政務院総理(周恩来)の名義で、復員工作条例が発布された。全復員兵士の目標人員は百四十万人であった。

当時、人民解放軍の総人員数は多く(五百四十万人)、その中には間もなく整理の対象とすべき百万あまりの転向軍(共産党支持を宣言し、解放軍に編入された元国民党軍)を含んでいるので、解放軍が一部生産建設に従事し、百四十万人を削減しても、軍の戦闘力に及ぼす影響はあまりないと思われる。むしろ、長期的には兵力を精選して戦闘力を高めるとも解釈できる。しかし、右の二項目の指示と、五〇年六月に開かれた二度の会議で発表された演説、決議から見れば、当時、指導部の基本的構想として国外で戦争を始める意図も、外国の「解放戦争」を支持する意図もなく、関心はもっぱら経済再建と政治の安定に向けられていたと言える。

兵力削減、経済再建強化と同時に、毛沢東は一部の軍隊の配置替えについても考えていた。四九年後半、解放軍の主力部隊が大挙南下、西征した際、毛沢東は華東、華中地区での兵力が不足することを憂慮し、十月三十一日に各野戦軍の首脳に秘密電報を打ち、「全国の国防の重点区域は天津、上海、広州を中心とする三角地域である」と指摘し、「現在、華北地方は楊成武の三個軍団とその他の六個二級師団が北京、天津、山海関を結ぶ一線に配置されているにすぎず、いったん有事の場合、兵力が不足することは必至であろう」と書いている。そのため毛沢東は命令を発し、楊得志集団軍の十万人を陝西の宝鶏、天水一帯に駐屯させ、「随時、華北地方への迅速な救援が可能な態勢」を取らせた。また、第四野戦軍精鋭の三個軍団を河南省に移駐させ、「随時、華北に増援できる準備」をさせた。さらに、第四野戦軍のその他の主力部隊も南方の鉄道沿線に配備し、「南北移動を機動的に行い得る態勢」を取ることを命じた(40)。

「国防機動部隊」の設置

五〇年一月二十六日、毛沢東はモスクワから、中国南部で作戦任務についていた第十三集団軍の華中・河南省への配置替えを正式に発令した。この部隊は不慮な事態に対応するための「国防機動部隊」と呼ばれた(数ヵ月後、国防の緊迫性が低減したと判断されたので「戦略予備隊」と改称した)。

「国防機動部隊」に指定された集団軍、軍団の幹部は、相次いで回想録を発表し、これらの部隊の配置替えの時期、場所、任務を明らかにした。

当時の第十三集団軍(第三八、三九、四〇軍がこれに属する)の政治部主任・杜平は回想

杜平（1989年）

録で次のように述べている。

「第十三集団軍は一九四九年末の中央軍委の計画にもとづき、河南省に駐屯した。第三八軍は軍団長梁興初、政治委員劉西元とし、信陽に駐屯した。第三九軍は軍団長呉信泉、政治委員徐斌洲とし、漯河に駐屯した。第四〇軍は軍団長温玉成、政治委員袁昇平とし、洛陽に駐屯する予定であったが、まだ海南島解放のための渡海作戦に従事しており、集団軍の指揮下に戻っていなかった」

杜平の回想録はさらに次のように述べている。各部隊は河南省に進駐後、集団軍直属部隊は鄭州で煉瓦を焼き、駐屯地の建物を作った。第三八、三九両軍団は農業、水利、食料輸送などの任務にあたった。一九五〇年五月一日前後、杜平は両軍団の第一回党代表大会に、それぞれ参加していた。「会議の中心内容は作戦の経験をまとめ、先進分子を表彰し、部隊が生産に取り組むよう動員することだった[41]」。

第三八軍副軍団長江擁輝の回想録は次のように証言している。当軍団は、湖南省の桃源一帯で匪賊撲滅に従事している第一一四師団を除いて、他の師団は皆五〇年春、広西の柳州一帯から北上し、河南の信陽周辺に移駐した。同時に生産委員会が組織され、駐屯地で開墾、生産、食料輸送の任務を命ぜられた、という。(42)

十三集団軍は北上したものの、注意すべきは、配置替えした河南省も、中南軍区に属していたことである。つまり、北京の「戦略予備隊」ではあるが、林彪の管轄圏内の移動にすぎなかった。なお、配置替えした当集団軍は欠員が多く、五〇年二月から四月までの間に、河南省に移駐した部隊は九個師団中の四個(第三八軍一一二師団と一一三師団、第三九軍一一六と一一七師団)だけで、第四〇軍は海南島攻略戦に参加した後、七月まで広東省に留まっていたのである。

五〇年一月九日、毛沢東から林彪と東北局(東北地方の共産党最高権力機構、以下「西南局」なども同じ)宛の電報には次のように書かれている。「第四野戦軍から十数万人を東北および熱河に移動し、農業生産に当たらせ、華中、華南地方の土地不足問題を解決する案に同意する」。また「全国国防軍の統一編成調整問題についてはわれわれは未だ具体的な見解をもっていない。今年春または夏に全国軍事会議を開き、この件について討議したい」となっている。(43)

この電報は、「十数万人を東北および熱河に移動」する計画は第四野戦軍の提案によるものであり、北京指導部による、特定の何らかの事態(例えば朝鮮戦争への呼応、あるいはその場合の防御)を想定した対応ではないことを示唆している。配置替えの主要目的は食料難を解決するため、農業生産に従事することであった。ところが、各地で国民党残党が一斉に「蜂起」する事態が発生(五〇年二月)して以後、第四野戦軍は中南部地方の土匪撲滅の任務と海南島進攻の準備などに兵力を分散させられ、結局この移動計画は一部しか実行できなかった。東北へは、五〇年四月から五月にかけて、わずか三個砲兵師団(第一、二、八砲兵師団)が中国の中部と南部から配置替えしてきて、歩兵師団の東北または山海関付近の熱河地域への移動は見られなかった。三個砲兵師団の移動理由については、ある軍研究者によると、中国南部は河川、悪路が多く、潰走する国民党軍に対する追撃戦では、砲兵は「無用の長物」になってしまい、また、人口密度の高い南部で演習も行いえないからだ、という。これらの理由は納得できないものではないが、予想される朝鮮戦争に備え、東北国境地帯の防空任務を担当するための移駐もありうるであろう。ただし実際は、三個師団とも、東北に移動してから黒龍江省と吉林省で水利工事と農業生産に参加していた。

開戦直前の中国全軍事態勢

ここで、筆者の入手した諸文献資料と調査結果を総合して、五〇年前半「六・二五」ま

図 1　朝鮮戦争勃発直前(1950 年 5 月〜6 月)の解放軍の全国配備状況

での中国東北、華北地域の軍事力配備の状況を整理してみよう。

東北(旧満州)軍区――総兵力は合わせて二十二万八千人。その内訳は、次の通りである。

黒龍江省チチハル付近に駐屯し、間もなく軍団番号が撤廃される予定であった、農業に従事していた四二軍

警備任務を担当する五つの地方軍区に所属する五個警備師団、一個公安師団、一個騎兵師団および地方軍区に属する一部の地方部隊

五個砲兵師団(その中の三個は農業生産に参加するため、中南部地方から移動してきたもの)など

そして五〇年初めに制定された軍定員削減計画では、東北軍区の兵員数は十万人までと決められていた。五〇年当時の解放軍総兵力は五百四十万であり、野戦軍の軍団数は五十七個あるが、東北は各大軍区の中で兵力がもっとも少ない地域であった。(44)

華北軍区――総兵力四十万人。内訳は次の通りである。

元国民党董其武軍で、転向した後、改編されたばかりの二個軍団

警備と土匪討伐の任務を担当する五個独立師団、八個騎兵師団および一部の軍事機関など

華北軍区は、東北軍区に次いで全国で二番目に兵力の少ない地域であった。

山東地方(華東軍区所属)――地方部隊(五個警備旅団と一個公安師団)のみ駐屯し、第四野戦軍を始め各野戦軍の主力部隊の駐在、移駐は見られなかった。

それ以外に、中央軍委の直接支配下には、京(北京)津(天津)衛戍司令部の三個軍団(もとの楊成武の第二十集団軍、四九年四月、中共中央は国民党軍が渤海から急襲する可能性があるとの判断から、同集団軍を山西省より召喚し、唐山、天津、灤平にそれぞれ一個軍団を配備させたもの)、および一個鉄道兵団、二個公安師団、一個戦車師団と少数の海軍、空軍部隊など、併せて三十数万人が置かれていた。

ちなみに、当時、西北軍区は六十万、西南軍区は百万、華東軍区は百三十万、中南軍区は百五十万の大兵力を、それぞれ擁していた。

東北ならびに華北地域に駐屯したこれらの部隊は警備担当以外、主に農業に従事していた。「戦略予備隊」も農業に従事していた。よしんば、毎日軍事訓練を行ったとしても、新しい戦争の準備をしているとは言えないであろう。華北地域の戦略的地位(首都北京の所在地)と、地域面積の大きさから見て、軍事知識に疎い人にも、この種の軍事配備がもっぱら防御を目的としたものであることは明白である。防御の対象は、主に米国を後ろ盾とする蔣介石軍の沿海地域、特に渤海湾からの上陸である。

以上の検討を総合して判断すると、五〇年前半の中国軍の配置替えは、朝鮮半島の事態の推移からの影響をほとんど受けることなく行われていた、と言ってよかろう。朝鮮「祖国解放戦争」の準備を予知していないから影響を受けなかったのではない。北京では、予想される影響について検討した結果、朝鮮半島で戦火が起きても、中国に大きく波及することはなかろう、との結論に達していたと思われる。その年の初めに、毛沢東の「先見の明」により「戦略予備隊」と京津衛戍部隊が北京周辺に配備されたが、これらの部隊で中国東部の防衛は十分と判断された。東北地域はソ連軍の影響下にあり、朝鮮の背後に位置し、なおさら危険が少ないと見られた。そのため、七月上旬、中国最高首脳部が新たな軍事決定を下すまで、第十三集団軍を含むあらゆる解放軍部隊の配備は、五〇年初頭以来の、一貫した方針からそれていないように見えた。確かに中国は朝鮮戦争が起こることを望んでいなかった。そして、たとえ戦争が起こっても、直ちに米国がその矛先を中国に向け、数カ月後には中国が巻き込まれ、国内の既定方針を乱されることになろうとは、当時の中国指導部は予想していなかったのである。

ただ、実際の配置換えまで影響が及んでいなかったものの、五〇年五月以降、毛沢東・金日成会談を踏まえて、集団軍首脳のレベルまで、これから起こる朝鮮統一戦争による影響が念頭に置かれたと見られる。当時の第十三集団軍政治部主任・杜平の証言に興味深いものがある。

五〇年六月初め、彼が漢口に赴き、上司である第四野戦軍司令官・林彪と政治委員・羅栄桓に業務報告をしたとき、羅が彼に「第十三集団軍は全国の「戦略予備隊」であるから、突発的な状況に対する備えがなければならない」と話した。杜平は直ちに部隊に戻り、部下に羅の指示を伝え、幹部たちは次のような認識が得られた、という。

「現在、米国の第七艦隊は絶えず極東海域を航行し、南朝鮮、台湾からわが国に進攻する可能性が大きい。かつて日本帝国主義が中国を侵略した道を再び辿ろうとしている(45)」

この記述に間違いがないとすれば、林彪、羅栄桓ら、大軍区首脳は、おそらく六月初めの段階で、多かれ少なかれ、朝鮮戦争勃発の可能性を中央軍事委から通報されたと思われる。そのため、戦略予備隊である第十三集団軍幹部に対し、農業優先の方針を変更し、軍備を強化し、「突発的な状況」に備えるよう命令したと推測される。

(1) 正確に言えば、これはスターリン時代の御用学者が「レーニン・スターリンの革命理論」として作り上げたものである。

(2) 師哲『在歴史巨人身辺——師哲回憶録』(北京・中央文献出版社、一九九一年十二月)、三〇五頁。邦訳『毛沢東側近回想録』(劉俊南・横沢泰夫訳、新潮社、一九九五年一月)。以下は師哲回想録と略称する。

(3) 徐焰『一九四五年　満州進軍——日ソ戦と毛沢東の戦略』(朱建栄訳、三五館、一九九三年)。ソ連軍の中国共産党軍隊への対応に関する記述は同書第十章を、援助に関しては「エピローグ——影響と歴史的評価」を参照。

(4) 米研究者が台湾の公文書館で入手した文書によるもの。Brian Murray, *Stalin, the Cold War, and the Division of China : A Multi-Archival Mystery*, CWIHP (Cold War International History Project) Working Paper, 1995, No 12.

(5) 以下の本を主に引用した。Chen Jian, *China's Road to the Korean War : The Making of the Sino-American Confrontation*, New York, 1994.

(6) コヴァリョフからスターリンへの電報、一九四九年五月十八日。沈志華『解密文件』(上)、一八九頁。

(7) 以下の研究書を参考にした。沈志華『毛沢東、斯大林与韓戦』(香港・天地図書、一九九八年)、二一三—二一四頁。陳宏『跨過鴨緑江』(北京・藍天出版社、二〇〇三年)、一五三—一五四頁。和田春樹『朝鮮戦争全史』、四二—六一頁。

(8) 聶栄臻『聶栄臻回憶録』(解放軍出版社、一九八六年第二版)、七四八頁。

(9) スターリンからピョンヤンにいるソ連大使シトゥイコフへの電報、一九五〇年一月八日。沈志華『解密文件』(上)、二八〇頁。

(10)　陳宏『跨過鴨緑江』、一五四頁。沈志華『毛沢東、斯大林与韓戦』、二一五頁。

(11)　沈志華『毛沢東、斯大林与韓戦』、二一五―二一六頁。ホワイティングも同じ見方をしていた。

(12)　以下の三説は、和田春樹『朝鮮戦争全史』、沈志華『中蘇同盟与朝鮮戦争研究』(中国・広西師範大学出版社、一九九九年)などから引用。

(13)　参考文献――Chen Jian, *China's Road to the Korean War: The Making of the Sino-American Confrontation.* 金学俊「北朝鮮指導者と朝鮮戦争の起源」、「アジアの冷戦」香港国際学術討論会(一九九六年一月)提出論文。

(14)　Sergei N. Goncharov, John W. Lewis, Xue Litai, *Uncertain Partners: Stalin, Mao and the Korean War*, Stanford University Press, 1993.

(15)　青石「金日成阻止了毛沢東進攻台湾的計劃」、香港『明報月刊』一九九四年七月号、八六頁。

(16)　沈志華『中蘇同盟与朝鮮戦争研究』、一〇九―一一〇頁。

(17)　金牛「劉少奇秘訪克里栂林宮――来自俄国档案的秘密」、中国中共党史学会編『百年潮』誌一九九七年五月号、六三頁。前出青石論文、同『百年潮』一九九七年一月号、四三頁。

(18)　中国軍事科学院軍事歴史研究部『抗美援朝戦争史』第一巻(北京・軍事科学出版社、二〇〇〇年)、二五頁。

(19)　前掲ハリディ/カミングス『朝鮮戦争――内戦と干渉』、八三頁。

(20)　シトゥイコフからヴィシンスキーへの電報、一九四九年六月十八日。沈志華『解密文件』

(上)、二〇三頁。

(21) 『ソウル新聞』一九九五年五月十五日。

(22) 前出、一九四九年五月十八日付のコヴァリョフからスターリンへの電報。

(23) シトゥイコフからヴィシンスキーへの電報、一九四九年五月十五日。沈志華『解密文件』(上)、一八七頁。

(24) シトゥイコフからヴィシンスキーへの電報、一九五〇年一月十九日。沈志華『解密文件』(上)、三〇五—三〇六頁。

(25) スターリンからシトゥイコフへの電報、一九五〇年一月三十日。沈志華『解密文件』(上)、三〇九頁。

(26) 『ソウル新聞』一九九五年五月二十四日から引用。

(27) 参考資料——前出青石論文、香港『明報月刊』一九九四年七月号、八八頁。清源「韓戦秘密檔案的公開」、香港『明報月刊』一九九四年九月号、六八頁。Sergei N. Goncharov, et al., *op. cit.*, p. 146.

(28) ヴィシンスキーからソ連の北京駐在大使館への電報、一九五〇年五月十四日。沈志華『解密文件』(上)、三八四頁。

(29) 陳宏『跨過鴨緑江』、一五七—一五八頁。沈志華『中蘇同盟与朝鮮戦争研究』、一一三頁。

(30) ローシチンからスターリンへの電報、一九五〇年五月十六日。A・V・トルクノフ『朝鮮戦争の謎と真実——金日成、スターリン、毛沢東の機密電報による——』(邦訳、下斗米伸夫・金成浩、草思社、二〇〇一年)、一一二頁から引用。

(31) 以下の資料を参考にした。前出青石論文、香港『明報月刊』一九九四年七月号、八一頁。前出清源論文、香港『明報月刊』一九九四年九月号、六八頁。A・V・トルクノフ『朝鮮戦争の謎と真実』、一一二—一一三頁。

(32) 師哲の一九八九年の証言による。以下同。

(33) 北京での取材記録、一九八九年十月十二日。

(34) S・シュラムも、毛沢東が開戦の計画に「黙従」したのかも知れないと指摘し、「もし彼がそうであったとしても、米国が介入しないこと、北朝鮮が自分の力でその仕事を成し遂げることができる、という想定の上にたっていたということがありうる」と述べている。S・シュラム著、石川忠雄・平松茂雄共訳『毛沢東』(紀伊国屋書店、一九六七年九月)、二一六頁。

(35) 人民軍が朝鮮半島を制圧したら、蔣介石に対する解放軍の作戦に有利で、日本が再び大陸に向かうのを阻止することもできる、と中国首脳部が考えていたようだ、とホワイティングも推測している。Whiting, *op. cit.*, p. 45.

(36) たとえば外交学院教授の謝益顕は著書の中で、「中国は朝鮮戦争の最初の段階を内戦と見なす——米国の朝鮮侵略と三本の戦線からの中国接近——米国の北朝鮮政権打倒の意図と中国軍参戦」などの小見出しを付けて関係内容に言及している。『折衝与共処——新中国対外関係四十年』(河南人民出版社、一九九〇年六月)、二四—二五頁。

(37) 沈志華『毛沢東、斯大林与韓戦』、一一一—一一二頁。ただ、著者は実際にはまず細かく五段階に分け、その上で戦争の性格に従って、三段階にまとめるという分析方法を取っている。

(38) 中共中央文献研究室『建国以来毛沢東文稿』(以下、『文稿』と略称する、中央文献出版社、一九八七年十一月)第一巻、一八二頁。

(39) 同右、三一〇頁。

(40) 『毛沢東軍事文集』(北京・軍事科学出版社、中央文献出版社、一九九三年)第六巻、三五—三六頁。

(41) 杜平『在志願軍総部』(解放軍出版社、一九八九年三月)、七—一〇頁。

(42) 江擁輝『三十八軍在朝鮮』(瀋陽・遼寧人民出版社)、一頁。

(43) 『文稿』第一巻、二二二頁。

(44) 『抗美援朝戦争史』第一巻、六三—六四頁など。

(45) 杜平『在志願軍総部』、一〇—一二頁。

第二章　米国の介入に対する分析

第一節　強烈な対米アレルギーの由来

トルーマン声明発表後の対応

ホワイティングは朝鮮戦争勃発後、四十八時間経過して初めて中国は反応を示したと語っている。(1) 実際に二十五日以後の二日間、中国は朝鮮戦争のために特別の会議を開くこともなく、国境地域での軍隊の移動においても何ら異常は認められず、最初の公式な態度表明は六月二十七日付党機関紙『人民日報』の社説(題名「朝鮮人民は侵入者を撃退するために戦う」)であった。

だが、トルーマンの声明発表後の反応はまったく異なる様相を呈した。米国空・海軍の朝鮮戦争介入、第七艦隊の台湾海峡進駐、フィリピン、ベトナムにおける反共産主義勢力支援を盛り込んだトルーマン声明は、ワシントン時間二十七日正午近くに発表された。これは北京時間二十八日早朝一時頃になる。United States Information Service(USIS)の発表にもとづいて、声明公表後わずか十時間後、新華社通信は北京で「トルーマンの常軌を逸した挑戦的声明」と題する報道を出し、それに続いて周恩来首相兼外相は激しい反発を示す声明を発表した(一四八頁参照)。同日午後、中央人民政府委員会第八次会議が開かれ、その席上、周恩来が当面の国際情勢と、彼のトルーマン声明に対する声明について報告を行い、毛沢東も激しい発言を行った。同会議において中央政府は直ちに米国の介入による新しい情勢への対策を決定した。ここで留意すべきは、右の一連の反応がすべてトルーマン声明発表後二十時間以内に行われたことである。

二十八日(遅くとも二十九日)中に、解放軍の総参謀部はトルーマンの声明を分析した上、周恩来首相に即刻、軍事オブザーバーをピョンヤンに派遣するよう提案した報告書を提出した。周恩来と毛沢東の協議を経て、朝鮮に軍事オブザーバー・グループを派遣することが、異常な速度で決定され、六月三十日夜、周恩来は柴成文を召喚し、彼を軍事オブザーバー・グループの首席代表に任命した。(2) また、遅くともこの日までに、対台湾、チベット政策に大幅な調整が決断され、そしてトルーマン声明が発表されてわずか十日後、中央指導部は全面的に軍隊配備の調整ならびに東北辺防軍の創設を決定するにいたったのである(第三章参照)。

中国首脳部はなぜ、トルーマン声明に接してから慌しく動き出したのか。六月末、七月初めの段階で中国が示した反応の主な原因は台湾進攻計画が調整を余儀なくされたからだと主張する研究者がいる(3)。台湾問題はいうまでもなく中国の政策決定の中で深慮を要する重要問題の一つである。ただ、トルーマン声明発表後に示された中国首脳部の激烈な反応の最大の要因は、米国の戦略的意図に対する重大な判断にもとづくものだったと筆者は考える。言い換えれば、中国は、かねてから警戒していた米帝国主義の「対中進攻計画」が実行に移されたと判断したため、直ちに「十分な対応」をしなければならなかった、ということである。

このように米国の「侵略的意図」と「帝国主義の本質」だけに着目する思考様式の背後には、かつて中国が米国との交渉において「愚弄」された痛恨の記憶と、歴史的経験から来る、米国の対中政策に対する一貫したきわめて強い不信感が働いているのである。

痛恨の記憶

ここでは、日中戦争後半から一九四六年までの中国共産党と米国のさまざまな接触、協力関係を検証しながら、毛沢東ら首脳たちの脳裏に刻まれた対米不信の記憶の形成を振り返ってみたい。

一九四四年八月十五日、中共中央機関紙『解放日報』は米軍視察団の延安到着を歓迎する社説を発表した。社説のゲラを読んだ毛沢東は、「米軍視察団」の呼び名の下に、わざわざ「……の戦友たち」という言葉と、「これは中国の抗日戦争以来、人々を最も興奮させる大きなできごとである」との一句を付け加えた。(4) 一時的にしろ、反ファシズム戦争の枠組みの中で、米国は中共の「清新」なイメージに、中共は蔣介石に対する批判も含めて米国の民主主義のスローガンに、それぞれ大きな期待をかけた。

だが、この「相思相愛」の関係は長く続かなかった。一九四四年末から四五年初頭、米国の日本に対する島づたいの「蛙跳び」作戦が成功し、特に四五年二月のヤルタ会談でソ連が対日参戦を約束したことにより、中国戦場の重要性が低下し、米国は蔣介石政府への肩入れを強めた。このときから、中共と米国との関係はぎくしゃくし始めた。それと相前後する四四年十月、ギリシアで、イギリスのギリシア派遣軍司令官スコービー将軍による共産党系のゲリラ部隊武力弾圧事件が発生した。そこで、四五年二月から、中共首脳部は各解放区に対し、対日作戦で予想される米軍の中国上陸を歓迎する一方、上陸後の米軍が解放区に攻撃を加える可能性を警戒すべき旨の通達を出した。(5) さらに、四五年四月に開かれた共産党第七回党大会で、毛沢東は米軍の干渉を予想して全党員に対し、中国における「スコービー危険」を警戒するよう呼びかけている。(6)

しかしその時点で、毛沢東は米国の全政策を敵視したわけではなかった。そのため、終戦直後、中国国内の内戦防止、政治改革に対する米国の役割に、中国共産党は再び、期待を膨らませた。四五年八月末、毛沢東はハーレー大使の斡旋で重慶に飛来し、蔣介石と和平交渉を行った。十二月訪中したジョージ・C・マーシャル将軍の内戦調停に対し、中共は歓迎の意を表した。

四六年一月十日、毛沢東の名義で発表された「国内における軍事衝突防止に関する中共中央の通知」は、マーシャル調停を信頼して、「中国の平和的、民主的新段階は間もなく始まる」と述べている。(7) 二月一日、毛沢東の提案で、劉少奇が起草した党幹部向けの「当面の情勢と任務に関する指示」は、「武装闘争は全般的に言えば、すでに停止した」、「平和的、民主的な建設の新しい段階にすでに入っており、中国(共産党)の主要な闘争手段は今、武装闘争から非武装的な、大衆的な議会闘争に変わったので、党のすべての任務はこの新しい情勢に適応しなければならない」と強調している。(8) さらに二月二十九日、毛沢東は党中央を代表して、「中国の民主的舞台へ邁進する踏み台はすでに準備が完了した。そのなかで、マーシャル特使が中国の内戦停止、団結・平和と民主の前進を促進した功績は埋没されまい」という公開談話を発表し、米国の役割を高く評価した。(9)

だが同年四月から五月、蔣介石軍は米国から東北に空輸を受けた七個軍団という軍事的優勢を頼んで進攻し、東北の戦略的要地・四平の城下まで攻めてきた。これ以上後退すれば、東北地域の中心部のほとんどを失う瀬戸際に立たされた毛沢東は、米国が国民党に圧力を加え、停戦を実現させることに望みをかけた。しかし、四平、長春が相次いで攻略され、中共軍は重大な挫折を被った。そして六月、全面内戦が勃発した。

現在、中国の戦史研究者の多くは、四平の戦闘が毛沢東の対米感情のターニング・ポイントであると見ている。期待が裏切られた毛は四平の陥落を蔣介石と米国が結託した陰謀だと見なした。四六年三月のチャーチルのフルトン演説発表により、全般的な国際環境も米・英・ソの戦時協力関係から東西対立へと変わっていくなかで、六月二十二日、毛沢東は、米国の国民党政府に対する軍事支援政策を譴責する初めての公式声明を発表した。そして七月、毛はある党内会議において、「われわれは蔣介石と長年にわたり戦ってきたので、それに関しては豊富な経験を持っている。彼らのいかなる陰謀、トリックもわれわれを欺瞞することはできない。しかし、米帝国主義と付き合うのは今回が初めてだ。経験がないので、「愚弄」された」と、反省を行ったといわれている。(10)

同年七月から九月までの共産党中央機関紙『解放日報』はたて続けに、対米批判の社説と特別論文を掲載した。「〔国共〕和平交渉の初期、われわれはどれほど熱望を抱いていたか。……われわれはハーレー〔中国大使〕とウェデマイヤー〔太平洋戦争時の中国戦区の米軍指揮官〕のときおよびマーシャルのとき、二回も〔米国に〕期待をかけた。しかし現在、われわれは米国政府の政策の帝国主義的本質を、露ほども疑わなくなった」。「もし米国政府が再度、「中立」の笑顔を装い、平和と民主のため、もう少し譲歩せよと、アドバイスするならば、われわれはアドバイザーにこう言おう。おまえは詐欺師だ！」。わずか半年前に、米国に幻想をもっていた中国共産党指導部のこのような厳しい批判のなかに、「愚弄」されたことに対する痛恨の念が滲み出ているのが読み取れる。

以後、毛沢東をはじめ党指導者の大半は、米国のすべての政策と動向を「帝国主義の仕業」として、中国に関するあらゆる発言と提案を深い猜疑心をもって見るようになった。毛沢東は、四九年一月起草した内部指示「当面の情勢と一九四九年の党の任務」の中で「米国が直接出兵し、中国の若干の沿海都市を占領し、われわれと交戦する可能性を、われわれは常に作戦計画の中に入れている。この考えは現在なお、放棄してはいない。万が一、事変が到来したとき、手をこまねく状態に陥らないように注意すべきである」と指摘し(11)、対米警戒心を剝き出しにしている。

四九年八月五日、米国務省は「米国と中国との関係」と題する白書(中国白書)を発表した。同白書は国民党政府の政策を批判し、共産党の政策にある程度の理解を示したにもかかわらず、八月十四日から九月十六日までの一カ月間に、毛は、米国の中国白書を痛烈に揶揄し、批判する文章を続けて五編も執筆している[12]。その狙いは国内の親米思想の排除などいくつか挙げられるが、執筆者の潜在意識の中に、一九四六年に米国に「愚弄」されたという心の傷が起因となった対米アレルギーも働いていたとも推察される。共産党指導部が一九四六年の事件に固執する心理は、義勇軍が朝鮮戦争に介入した後も、引き続き現れている。一九五〇年十二月二十二日、国連総会が「朝鮮戦争停戦三人委員会」成立についての決議を採択したことに対し、周恩来は批判的声明を発表し、次のように述べている。

「三人委員会成立—即時停戦—和平交渉—大挙進攻、このマーシャルの公式は中国人民にとって目新しいものではない。なぜなら、一九四六年マーシャルはかつて蔣介石を援助し、この公式通りに、一年余り繰り返し事を運んだことがある。最後は失敗を認めて中国を去りはしたが、中国人民は一九四六年の教訓を忘れはしない。しかも、勝利を収めた上で、今日再びこのような欺瞞にはまるようなことがあるだろうか。マーシャル将軍はその慣用の術を国連で再び用いることはできはしないだろう[13]」

くしくも、一九四六年、中国で調停に携わったマーシャルが、朝鮮戦争勃発後、国防長官の任にあり、再び中国と関係のある軍事問題の指揮についていたのである。これはいっそう中国の対米不信を強める結果となった。

無論中国共産党指導部の対米アレルギーは、一九四六年に始まったことではない。中国近代史上、外国帝国主義列強の欺瞞、圧迫を再三受けてきた歴史的教訓、レーニン、スターリンの理論から学んだ「帝国主義の本質を見定める」という「思想訓練」、また竹内好が指摘したような中国人の「帝国主義」の捉え方の特徴――「帝国主義の本質」は、絶対わがほうのために考えることがなく、譲歩もあり得ず、わがほうが負ければ必ずさらに戦争を拡大するものだという絶対的な認識(14)などにより、対米警戒心が形成されるにいたったのである。その中でも、一九四六年の事件が毛沢東の対米不信を硬化させる直接的要因であったことは間違いない。

建国前後の対米認識

このような強い対米警戒心があるからこそ、四九年、解放軍が国内戦場で決定的な勝利を手中にし、米国が国民党政府から次第に手を引く姿勢を多く示したにもかかわらず、共産党指導部は、米国の軍事干渉を強く意識した全中国解放の軍事戦略を展開したのである。

同年四月二十日、第二、第三野戦軍が大挙、長江を越えて南下した「渡江戦役」の際、毛沢東は華東、華北地域に大兵力を配備し、また、長江を突破した後も、第二野戦軍は四九年九月まで、長江下流に留まり、「米帝国主義の予想される武装干渉を防止」しようとした(15)。実際、五月二十三日、毛沢東は第二野戦軍に次のような電報指示を送っている。

「第二野戦軍の当面の主要任務は第三野戦軍に協力し、米国の予想される軍事干渉に対処することである。このための準備があってこそ、米国が干渉せんとする野心を制止することができ、米国に危惧の念を抱かせ、その出兵干渉の可能性を排除することができる」[16]。

「渡江戦役」直前の四月十七日、周恩来は、米国の中国内戦介入を想定して、その対策をこう述べている。

「米軍が本当に中国へ侵略してきて大都市を占領すれば、われわれは農村から都市を包囲する戦術を取る。すべての必需品(トイレットペーパー、アイスクリームを含め)を米国本土から調達させ、大都市の供給という重荷まで背負わせる。……最後には米国は自分で引き上げるよりほかないだろう[17]」

四九年の中国共産党首脳部の全般的対応について、別の軍側研究者は次のように分析している。

「米国の武装干渉の潜在的可能性に対処するために、一九四九年一月の中央政治局会議で、指導部は次のような措置を取ることを決定した。すなわち、軍事面では米国が逡巡しているときに乗じ、主力部隊を集中して、まず東南沿海地方を占領し、海への主要な出口を封じ込める。全国的な勝利を収めた後も、天津、上海、広州の三大沿海都市に重点的な防御陣を設置し、また全国の総予備隊を創立し、米国ならびに蔣介石の進攻に対処する準備を行う。一方、積極的に海軍、空軍を組織し、台湾の解放に備える。……外交の面では、高度に統一した指導体制を作り、解放軍が南下進攻するとき、すべての在留外国人と外国領事館員、特に米英の外交官に対する保護を命じた。外国の軍隊、軍艦に対しては中国側からの攻撃を禁じ、極力、衝突と事態の拡大を回避し、外国が中国の内政に干渉する口実を与えないようにした(18)」

一九七八年公表された四〇年代末の米外交文書には、四九年前半における黄華(周恩来の代理)とスチュアート米大使との秘密接触などの記録が出ている。たしかに当時、中国共産党は秘密裏に米国側といろいろな接触を試みていた。けれども、その主な意図は、いぜん、国民党を孤立させ、米国の武力干渉の可能性を減少、緩和させるところにあった。解放軍が南京を占領した後、黄華はスチュアート大使に秘密裏に接触し、米軍の青島からの撤退を要求した。後に、米軍は実際に撤退している。さらに、スチュアート大使は米国軍艦が上海から呉淞江外に撤退することも約束した。前述の論文によると、スチュアートのこれらの姿勢から、中国最高指導部は米国の武力干渉の可能性がひとまず遠ざかったと判断した。その判断に立って、中国は米国が蔣介石への援助を停止し、国民党との関係を断絶することを条件に、中国と米国との接近を提案したが、拒否された。直後の六月三十日、毛沢東が「向ソ一辺倒」を宣言し、また建国してわずか二ヵ月後(十二月)に訪ソし、中ソ同盟条約を締結した。この条約締結の狙いはやはり、米国および米の扶植する日本の対中侵略の可能性に対抗することであった。現に、この条約は朝鮮戦争時、「米国が戦争を拡大し、中国まで侵略の手を伸ばすことを阻止した主な要素」となったと、中国の学者は見ている。(19)

五〇年に入って、国民党に対する中国共産党の戦いは決定的な勝利を収めた。米国は一段と台湾を離れ、中国に近づく姿勢を見せた(一月五日のトルーマン声明ならびに一月十二日のアチソン声明)。しかし、中国が米国の対中戦略の意図に懐疑を抱く基本的な姿勢は変わらなかった。四月、外交部副部長・李克農は内部でこのように語った。「蔣介石は捲土重来の野望を一日も早い第三次世界大戦の勃発に託している。全般的状況から見れば、第三次世界大戦は短期間内に起こることはあるまい。しかしわれわれは絶対に警戒を怠ってはならない。米帝国主義が蔣介石を支持し、十万ないし二十万の軍隊を派遣して東南沿海諸都市を占領し、攪乱戦術に出ることは極めて可能性の高いところである」。(20)

一方、五〇年前半における中国の戦略目標の一つは、できる限り米国と蔣介石との関係に楔を打ち込み、可及的速やかに台湾を攻略するかたわら、国連加盟を実現することであった。もちろんこれも、米国に対する甘い期待を基盤としたものではない。これは、中央人民政府新聞総署署長・胡喬木が一月二十日、米国のアチソン国務長官の一月十二日付対中和解的談話を激しく非難する文章を発表したことからも分かる。実は、この胡喬木の名義で発表された文章は一月十九日午前五時、毛沢東がモスクワで自ら執筆して北京に送ったものなのである。[21] ただし、中国指導部には、基本的に米国不信の前提に立っているが、なるべく米国との関係を悪化させることなく、台湾解放を睨みながら、国連加盟問題でも米国の黙認を得ようとするもくろみがあったように見える。

もし、後に米国の朝鮮戦争介入、第七艦隊の台湾海峡派遣がなかったならば、一九五〇年初頭の国民党軍の沿海都市爆撃、米韓相互防衛協定の調印などの動きは、中国共産党指導部にはそれぞれ偶発的な事件と解釈され、徐々に記憶の中から薄れていったろう。しかし、六月二十七日、トルーマン声明が発表されるや、毛沢東ら指導者は直ちにこれらの事件を一連の因果関係をもつものと見なした。それに加えて、数年来の米国との直接交渉から得た教訓から、即刻最悪の事態を想定したのである。

第二節　「最大のわな」

「三路向心迂回」戦略

六月二十七日のトルーマン声明に対する中国指導者の反応は、驚愕より緊張が大きかった。中国の軍側研究者は、トルーマン声明は「中国指導者から見れば、これは朝鮮内戦を国際化し、中国に対して軍事侵略を発動することにほかならない。(22)一九四五年以来ずっと危惧していた米国の軍事干渉がついに発生したのだ」と見ている。

休戦協定が調印されてから五年後、周恩来首相は次のように朝鮮戦争の「不可避性」を述べている。

「朝鮮戦争はわれわれが予想できるものではなかったが、完全に予想できないものでもなかった。われわれ中国の勝利は、米帝国主義の予想を超えたものだったためである。(中略)四八年または四九年の時点になっても、かれらは中国を分割するという幻想をもっていた。その後、全ての幻想が破滅した。蔣介石が大陸を逃れ、米帝国主義の侵略勢力が大陸を追い出されたことは、かれらがまったく予想しなかったことだ。六億の人民〔当時の中国人口〕が立ち上がり、勝利し、帝国主義の奴隷に二度とならなくなったことに、かれらはなおさら悔しがった。そのため、米帝国主義は中国大陸を追われたことに、そのまま引き下がるはずはなく、必ずわれわれと勝負をしようと決めていた。この点についてわれわれは早くから見通していた」

「勝負をする場所は台湾海峡の可能性もあったし、朝鮮あるいはインドシナの可能性もあった。とにかく、勝負するのは不可避だった」(23)

当時の中国政府の公開発表を読み直してみると、中国指導部がトルーマン声明を歴史的経験、長期戦略と結びつけて分析する思考方式をとっていることに気づく。「アジアでの覇権を求める米国は、中国大陸で共産主義政権の樹立を到底容認するはずはない」との思考法にしたがい、中国はトルーマン声明に接すると、直ちに、それは中国侵略を目指した「三路向心迂回」(三方向からの中国進攻)戦略だと理解した。(24) 当事者の柴成文は、当時の軍側のこの判断を次のように筆者に証言した。

「六月二十七日のトルーマン声明は、朝鮮戦争介入を命じただけでなく、台湾海峡を封鎖し、インドシナにおけるフランスの進攻を支持するとも宣言した。これは「三路向心迂回」戦略に違いない。朝鮮半島、台湾、インドシナそれぞれの侵略ルートで中国を目指すものである。当時、米国は世界第一の強国であった。それに対し、わが国は建国してわずか数カ月、チベット、台湾、新疆など、未解決問題を多く抱えていた。世界最強国が三路に別れて中国の中心部を目指して進攻してくることに対し、われわれが最悪の事態を想定しないわけはなかろう。米国は反共を口実に、民族解放運動をすべて共産主義拡張運動に帰したが、その実、世界の覇権を求めていたのだ」

周恩来は、トルーマン声明に対する六月二十八日付声明の中で、朝鮮での侵略は「米国があらかじめ予定したステップであり、その目的は台湾、朝鮮、ベトナム、フィリピンを

侵略するために口実を作るためであり、米帝国主義がアジアに干渉する一歩進んだ行動である」と批判している。(25)

最近の中国軍側研究書は当時の北京首脳部の認識を次のように分析している。

朝鮮、ベトナム、台湾は米国のトルーマン政権がアジア大陸を侵略する三つの重点であり、米国が中国大陸に直接な軍事的脅威を及ぼす三つの前哨基地である。アジアの地図を開いてみれば分かるが、アジアにおける米国の侵略行動が目指す最終目標は中国大陸である。

中国の安全保障が三つの方向からの脅威にさらされた。このような厳しい情勢に直面して、党中央は漠然と座視するわけにはいかない。毛沢東は、米国が朝鮮と台湾を侵略した後、さまざまなシナリオを考え、最悪な可能性にも備えた。しかし彼は、どんなことが起ころうと、「二十三年間の経験を持つ党と軍隊は恐れるものはない」と確信していた。彼は、「トルーマンが命令を下し、朝鮮、台湾、ベトナム、フィリピンをその命令に服従させようとしている。われわれはフィリピンを除いて、米国の意のままにさせるわけには行かない。すなわち、その命令を打破しなければならない。台湾は必ず取り戻すものだ。ベトナムと朝鮮についても座視するわけには行かない(26)」。

いくつかの解釈

ここで五十年来、朝鮮戦争勃発に対する中国の一貫した認識の背後にある心理的矛盾について考えてみたい。中国は朝鮮が先に「祖国解放戦争」を発動したことを知っていたにもかかわらず、なぜ今日まで米国が侵略戦争を仕掛けたと主張するのであろう。一つには、本書第一章で触れたように、中国は朝鮮戦争を国内戦争と国際戦争という二つの段階に分けて、中国を参戦に導いた直接的原因である米国の干渉を、国際戦争としての朝鮮戦争の発端と見なしているからである。しかし、この解釈ですべてを説明することはできない。

筆者はその主な原因は別のところにあると考える。六月二十七日、トルーマン声明発表後、中国の最高首脳部には次のような基本的認識が生まれた。つまり、蔣介石が大陸を追放されてから米国はずっと中国への巻返しの機をうかがっていたが、ピョンヤンが戦端を開くのを今や遅しと待って、アジア、特に中国への巻返し計画を実行しようとしたのだとの見方である。五〇年初め、米国はアチソン声明によって台湾を防衛圏外に置いたので、中国への巻返しを実行に移すには、一つのきっかけが必要なのであった。朝鮮が「祖国解放戦争」を発動したことは、結果的に米国のわなにはまったことになる。同年十一月末、「クリスマス攻勢」を発動した国連軍が中国軍の迂回要撃を受けて大敗したとき、マッカーサーは、国連軍が大きなわなにはまったと言ったが、中国の指導者は内心、最初にわなを仕掛けたのは米国側ではないかと思っていたと推察される。しかし、たとえ米国が故意にピョンヤンを挑発しなかったとしても、事前に開戦の可能性を察知していながら、素知らぬ顔をし、ピョンヤンが発砲するや直ちにこれを口実に大挙介入したと、中国指導部は考えた。[27] ピョンヤンはまさに米国のわなにまんまとはまり、米国にアジアに対する全面的侵略を実行するきっかけを与えてしまった、ということである。

だが、中国はこの考えを公表できない。米国がわなを仕掛けたと非難することは、金日成がみずからわなに陥ってしまったことを意味するからである。そして、中国はこれを米国の「予定された計画」と見なして後、ピョンヤンがいつ、どこで、なぜ先に発砲したのかという問題も、相対的に重要性が薄れた。そこで中国は盟友としての朝鮮を困惑させることなく、一方、戦争勃発原因に対する中国の認識をもできるだけ正確に表現する方法を捜した。そこで到達したところは、米国が朝鮮戦争を仕掛けたと主張することである。中国から見れば、米国の一貫した戦略、敏捷な反応、介入の規模など、すべてこの点を裏付けているのだ。

中国が歴史的経験などの諸要素にもとづいて米国の介入を「最大のわな」と見なした、という仮説によって、次のいくつかの問題を解明することができるように思われる。

一、中国が六月二十五日、朝鮮戦争勃発時、ほとんど反応を示さなかったのに対して、トルーマン声明発表後、急遽、軍事計画の調整を含め、さまざまな対応策を立てたのはなぜか。——中国は米国の干渉を一貫した意図の現れだと見なしていたので、米国が武力介入をしてきた以上、その背後には「きっとただならぬ決意がある」と判断した。[28]そのため、米国が中国侵略を開始したという最悪の事態を想定して、短期間内にできる限りの対応策を立てなければならないという緊迫した雰囲気に包まれ、慌ただしく動きだしたのである。

二、七月から八月にかけて、朝鮮人民軍が一挙に洛東江あたりまで快進撃した情勢に対して、中国が常に悲観的観測をし、終始米国の大規模な反撃の可能性を危惧したのはなぜか。——戦略的決定の下での介入であれば、米国はやすやすと後退し、失敗を認めることはないだろうと中国が判断したからである。

三、朝鮮戦争勃発後、中国が直ちに南方国境、台湾、チベットに対する政策を調整し、早期に朝鮮半島で米軍と交戦することを決意したのはなぜか。——米国の介入が中国侵略をめざしたものであれば、中国は早晩、米国と一戦を交えなければならないと考え、早い時期において対米軍作戦の構想を立て始めたのである(第三章参照)。

中国式の思考様式

米国の意図に対して中国がどのように判断していったかをまとめてみると、少なくともその背後に次の三つの思考様式があるように思われる。

一、歴史的経験を極めて重視する。この歴史的経験には、最近百年以来西側列強との付き合いで得られたものから、一九四〇年代中期以降の米国との折衝を通して得られたものまでを含む。義勇軍が参戦した十一月下旬以後、中国のマスコミは米国が「一貫して」中国に対し侵略、欺瞞、圧迫してきた最近百年の歴史を紹介するキャンペーンを行い、一部の新聞は一七八四年から一九五〇年十月までの「米帝国主義の中国侵略年表」を連載した(年表中、一九四五年から四六年までの記述が特に詳しい)[29]。これは政治的意図にもとづき、国内の対米敵対感情を盛り上げるためのものであったと同時に、中国が国際問題を考える場合、自国と相手国との歴史的経験を基礎に判断する思考様式の現れでもある。

二、「一貫性」を重視する。中国外交部アジア局長・陳家康が五〇年七月初めにこのように分析している。

「アチソンの三月十五日の演説は細心の注意を払って読むべきだ。米国はわが国の周辺に集められるだけの兵力をすべて考えている。対アジアの何らかのマーシャル計画の実行も考えている。六月二十七日のトルーマン声明はさらにこの点を裏づけるものだ。……国連安保理事会における六月二十七日の決議はつまるところ、より多くの国を集め、米国と共に軍事行動を取らせようとするものである。……イギリス当局が香港啓徳空港に在留中の七十機の〔中国〕帰還希望の飛行機を差し押さえ、パイロットも釈放しようとしない。これらは皆、何らかの信号である」[30]

これらの動向だけでなく、五〇年一月の米韓相互防衛協定の締結、二月の国民党空軍の上海爆撃などもみな、米国の朝鮮戦争介入との関連で分析される。中国では文化大革命時のみならず、今日にいたっても、ある指導者が失脚すると、直ちに彼の経歴上の「非」がすべて暴かれ、「一貫して共産党に反対した」というレッテルが貼られる。打倒された劉少奇、林彪もそうであったし、失脚した趙紫陽も一時的にしろ、それに類した批判を受けた。このような一貫した意図の下の行動だとする思考様式で、米国の朝鮮戦争と台湾海峡介入を分析すれば、個々の現象に隠れている「ささやかな兆しから流れを感知する」という鋭敏な洞察力を働かせうるし、国内の思想を簡単明瞭に統一する説得力も持つが、反対に、それが多様性に富む問題を一定方向に押しやり、実態を正確に把握し切れないことにもなりかねない。

三、戦略的意図を重視する。トルーマン声明が触れた三地点での対応を、直ちに「三路向心迂回」戦略として考え、世界戦略の全般に着目して、中共中央は朝鮮戦争を「国際闘争、少なくとも東方における国際闘争の焦点」と判断した。戦略上、中国は朝鮮内部の存亡よりもアジアの勢力均衡構造を重視し、また、米国の軍事介入を単に朝鮮戦場において捉えるのではなく、かつての日本の大陸侵略ルートに沿って進攻するものと見なし、朝鮮半島を踏み台として、中国本土を目指すものだと結論づけた。偶然の一致なのだろうか、それより七十年前の清朝の左宗棠将軍も、同じ分析法でフランスのインドシナ進出を見ていたのである。[31]このような戦略的思考は自己中心的な「中華思想」の側面がなきにしもあらずで、時には、具体的分析に欠けるきらいもあるが、ともかく、中国指導部はこのように米国の戦略意図を分析して、早期に朝鮮半島を米国との交戦の場に選んだ。半島は地理的に狭く、山地が多く、米軍の機械化兵力が十分に展開できないのに対し、中国に近く、またソ連からの支援も得やすいとして、そこに強力な中国陸軍を投入し、中国の決意と実力を示そうとした。[32]勝利を得ることまでは考慮していなかったろうが、米国と五分五分に戦えば、米国首脳部の中国軽視の先入観を崩すことができ、それによって、中長期的に国家建設の安定した環境を作り上げることができると判断したのである。[33]

中国指導者は米国が公式発表した声明、談話については速やかに入手し、「歴史的な分析」を行ったうえで対処措置を次々と打ち出したが、米側の政策決定過程の細部(ホワイトハウスと東京のマッカーサー司令部との意見相違など)についての理解度は低かったようである。周恩来の軍事参謀が率直に語ってくれたところでは、トルーマンとマッカーサーとの間に、時々不協和音が起こったが、中国にはどちらがより米国の軍事行動に影響力を持つか判断しかねたので、より反中国的な厳しい意見を重視して、最悪の事態を予想し、自己の政策を決定した、という。ただ、後に公開された資料によると、ホワイトハウスとマッカーサーの主張にはそれぞれ軽重、緩急の相違はあるものの、大筋において、中国に危惧を抱かせるマッカーサーの発言、構想の大半は、ホワイトハウスも内心同様に考え、もしくは結果的に追認した。これも事実である。

(1)　Whiting, *op. cit.*, p. 54.
(2)　柴成文・趙勇田『板門店談判』(解放軍出版社、一九八九年八月)、三四―三六頁。
(3)　第十一章第一節参照。
(4)　劉宏煊「認清本質　未雨綢繆――抗美援朝戦争前党和毛沢東対美帝的認識及其対策」『抗美援朝研究』(人民出版社、一九九〇年十二月)、二一頁から引用。
(5)　前掲徐焔『較量』、八―九頁。
(6)　『毛沢東選集』第三巻(日本語版、北京・外文出版社、一九六八年)、三三一頁。
(7)　『解放日報』、一九四六年一月十一日。
(8)　前出劉宏煊論文、二四―二五頁から引用。
(9)　同右、二五頁から引用。
(10)　何迪「一九四五年―一九四九年中国共産党対美政策的演変」『歴史研究』一九八七年第三号、

一八頁。

(11) 中国人民解放軍軍事科学院編『毛沢東軍事文選(内部本)』(北京・戦士出版社、一九八一年十二月、蒼蒼社復刻版、一九八五年)、三二八頁。

(12) これらの五編の文章(いずれも『毛沢東選集』第四巻所収)は次の通りである。「幻想をすてて、闘争を準備せよ」(一九四九年八月十四日)、「さらば、スチュアート」(八月十八日)、「なぜ白書を討論する必要があるのか」(八月二十八日)、「『友情』か侵略か」(八月三十日)、「観念論的歴史観の破産」(九月十六日)。

(13) 『新華月報』第三巻第三号、五五一頁。

(14) 竹内好・野村浩一編「講座中国」第一巻『革命と伝統』(筑摩書房、一九六七年)、一〇頁。

(15) 葉飛『葉飛回憶録』(解放軍出版社、一九八八年十一月)、五三七―五三八頁、また徐焰『較量』、一一頁。

(16) 『葉飛回憶録』、五七一頁。

(17) 『周恩来選集』上巻(人民出版社、一九八〇年十二月)、三二三頁。

(18) 陳暁魯「一九四九―五五年的中国対美政策」、「内部発行」雑誌『未定稿』一九八七年第十五号、九頁。

(19) 同右。

(20) 柴成文他『板門店談判』、三八頁。

(21) 『文稿』第一巻、二四五頁。

(22)　前出陳暁魯論文、一〇頁。

(23)　中国人民義勇軍の幹部大会における周恩来の演説、一九五八年二月十七日。前掲『抗美援朝戦争史』(第一巻)、五八頁から引用。

(24)　柴成文は、トルーマン声明発表後の六月三十日、周恩来がこのような分析を行ったと証言している。柴成文他『板門店談判』三五―三六頁。五〇年十一月六日、中国軍の出動を初めて公式に認めた『人民日報』社説も、米国のこの「三方向からの中国進攻戦略」を参戦の背景として説明している。

(25)　『人民日報』一九五〇年六月二十九日。

(26)　『抗美援朝戦争史』第一巻、六〇頁から引用。

(27)　一九五〇年当時、ＣＩＡソウル支部で中国担当責任者だったジュン・シングロープが一九九一年に発表した回想録『危険な任務』(*Hazardous Duty*)によると、戦争勃発直前、北朝鮮に潜入したＣＩＡ情報員が「南侵」の動きを察知し、これを東京の米軍司令部に報告した、という。『読売新聞』一九九一年七月二十八日。また、Ｉ・Ｆ・ストーンが戦争最中の一九五二年発表した『秘史朝鮮戦争』(I. F. Stone, *The Hidden History of the Korean War*, N. Y. Monthly Review Press, 1952)(内山敏訳、青木書店、一九六六年)も、米国の事前察知を主張している。

(28)　『抗美援朝戦争史』(第一巻、三〇頁、三八頁)も、次のように分析している。米国務院と国防総省の共同チームが五〇年四月七日付でトルーマン大統領に提出した「ＮＳＣ68号文書」はすでにアジアでの巻き返し戦略を決めており、「朝鮮戦争勃発後に米国がとった一連の行動はいずれも「NSC68」とその他の既定の軍事戦略を実施に移したものだ。朝鮮戦争はある意味では米政権に、政策を行動に転換する契機を与えたに過ぎない」「米国は一週間に満たない間、極東地域において朝鮮への侵略を中心とする軍事配置を完了し、島嶼防衛権を基点とする配備を大陸のへッジ地帯を拠点とする配備に変え、その軍事基地を一挙に数百キロ推進し、アジア大陸まで推し進めて、ソ連を封じ込め、中国を包囲する新しい軍事的配置を形成したのである」。

(29) 胡縄「美国在歴史上怎様侵略中国」(『時事手冊』第三号)を始め、五〇年十一月からこの種の文章は数多く発表されている。「美帝侵華年表(一七八四―一九五〇)」は『長江日報』(十一月十七日)などに掲載。『新華月報』第三巻第二号参照。ちなみに一七八四年に「エンプレス・オブ・チャイナ」号が、アメリカ商船として初めて広州に到着した。

(30) 柴成文他『板門店談判』、三八頁。

(31) 清仏戦争(一八八四―一八八五年)前、左宗棠は、フランスがベトナムを占拠しようとした狙いは中国雲南、貴州の鉱産物の掠奪にあるとし、フランスは「不以奪越疆為止境」(ベトナム領を奪って止める境と為さず)と分析している。『左文襄公全集』「書牘」巻二六。

(32) 前述の一九五八年二月十七日の義勇軍幹部大会における周恩来報告は、中国が進んで朝鮮半島を選んで米国と対決した理由を説明した。北京の多くの研究者はこの分析を引用している。例えば前出劉宏煊論文、三〇頁。

(33) ロス・テリルも、「朝鮮での人民解放軍の素晴らしいパフォーマンスはワシントンに深い印象を与えた。もしこれがなかったら、おそらく中米両国は五〇年代、台湾海峡で戦争をしたかも知れない。あるいは六〇年代、インドシナで交戦したかも知れない」と述べている。Ross Terrill, *A Biography Mao*, Harper & Row, 1980, p. 209.

第三章　東北辺防軍の創設と召集

第一節　軍事戦略の変更

政府第八次会議（六月二十八日）

六月二十八日に開かれた中央人民政府委員会の第八次会議の中心議題は、米国が朝鮮、台湾海峡などに介入した事態に対する情勢判断、対策を検討することであった。会議では、予定されていた土地改革法、労働組合法の採択も行われたが、中心議題に関し、次の三項目が含まれている。①周恩来首相が当面の国際情勢と、トルーマン声明に対する彼の同日の声明について報告を行うこと、②政府委員がこの事態と対策について討議すること、③毛沢東が総括演説を行うこと、などである。[1]

この会議で、初歩的な情勢判断にもとづいて政府の対応策も討議され、決定された。採択された当面の政府方針は主に、①経済再建を中心とする国内の重点政策は継続する、②

1950年6月28日，中央人民政府委員会第8次会議で総括演説を行う毛沢東

当面、朝鮮支援の任務は東北地方政府に責任を持たせる、③全国的規模で「米帝国主義の台湾、朝鮮侵略に反対する運動週間」を開催する、という三項目の内容であった[2]。

「経済再建を中心とする国内の重点政策の継続」という決定については、当時の状況から見て次のように理解することができよう。つまり、会議参加者の間で、米帝国主義の意図に対して十分な心構えをすべきではあるが、その介入が中国にとって一体どのような影響を及ぼすかは、しばらく――数日間、あるいは数週間、引き続き見守る必要がある、というコンセンサスに達した。そのため、事態の展開がもう少しはっきりするまで、「とりあえず」今までの政策方針を変えないこととしたと思われる。

トルーマン声明が朝鮮半島問題を中国の台湾解放問題と連結させた以上、朝鮮への物質支援の問題は当然、北京指導部が全般的視野から考慮すべき問題になっている。その全権を東北人民政府主席の高崗に任せた理由は、一つは、戦争初期、中国が負担する朝鮮支援の業務はそれほど多くないためだと考えられる。もう一つは、開戦前から中国指導部は、朝鮮半島の戦争になるべく義務を負担しないように決めていた模様で、東北に責任を持たせることにより、中国全体が戦火に巻き込まれることなく対応しようとしたからだと思われる。兵站業務を東北地方政府に一任したからといって、この業務を中央政府が重視していないことにはならない。一九七九年、ベトナムに対し「自衛反撃戦」を発動したときも、物資支援から軍事作戦の指揮まですべて広西、雲南という両地方単位によって行われた例がある。これは決して鄧小平が中越戦争を全国的戦略行動と見ていなかったことを意味するものではない。

事実上、義勇軍が朝鮮に出動するまでの三ヵ月間、朝鮮に対する後方支援、朝鮮の高級幹部の訪中の接待などはほとんど高崗が一手に引き受けていた。高崗は中央人民政府の副主席を兼任しており、毛沢東とは頻繁に電信連絡も取っている。朝鮮が中国東北地方と隣接していることから、全権を一任せよと言わんばかりの高崗の自負と、微妙な縄張り意識も絡まっていたと思われる。

もう一つの決定——反米キャンペーン週間の実施——については、後の章で触れるが、これはいろいろな方程式を踏まえた意味深長なステップと言える。対外的には、中国が台湾、朝鮮問題に対する関心、反応を示す権利があることを表明し、また、同じ社会主義国の朝鮮に対して熱くも冷たくもない声援になる。対内的には、これは後の軌跡から見て、対米交戦前に行われた国内思想教育キャンペーンの一環であり、これと同時に進められた軍内部の宣伝教育は、義勇軍出動前の軍隊動員工作の一部分であった。

総じて、六月二十八日での中国指導部の反応は、当時の経験者の表現を借りれば、「全面的な政策方針にも支障を来すことなく、有事の場合慌てることもないようにする妥当な措置」であった(3)と言えよう。

六月二十九日から七月初頭までの数日間、中国指導部の情勢認識に変化の兆しが見られた。全国的政策方針を継続する上で影響が生じても、朝鮮戦争への対策を立てなければならないと決断するに至ったのである。この変化の具体的な経緯と背景については、未だに不明な点が残っているが、米国、国連側の動向を重視したことが大きな原因だと思われる。七月初めには、朝鮮人民軍が破竹の勢いで南下中であったにもかかわらず、中国は米国の速やかな反応とその兵力の移動(六月三十日の陸軍参戦に関する米大統領決定、七月一日の米陸軍第二十四師団の釜山上陸など)をより重視した。米国の一連の慌ただしい動きから、中国は日増しに自国への脅威が増大しつつあることを懸念した。

北朝鮮へ情報部員を急派

解放軍総参謀部は六月二十七日のトルーマン声明を分析した後、速やかに中央軍事委員会(中央軍委)に対し、軍事オブザーバー・グループをピョンヤンに派遣するよう提案し、ただちに許可された。三十日夜、周恩来は、もともと西南軍区情報部長で、東ドイツ駐在の大使館に派遣される予定だった柴軍武(柴成文)を呼び、「朝鮮で戦争が起こり、トルーマンが朝鮮への派兵、台湾への侵略を宣言しただけでなく、アジア侵略を一段と進めるために全面的な計画を立てた。かれらは朝鮮問題を台湾問題、極東問題と連結して捉えているので、われわれは金日成とコンタクトを取るため〔朝鮮に〕人を送る必要がある」として、彼に対し軍事オブザーバー・グループ派遣の背景を説明した。ただし、外交の機微を熟知する周恩来は、派遣名義について、「オブザーバー・グループ〔中国語表記「軍事観察組」〕の名義はいうまでもなく、連絡グループの名義も使わず、大使館員の名義で行ったほうがよいと思う」と指示し、柴成文をピョンヤン駐在臨時代理大使に任命した。新設の大使館の主要な任務は、両党、両軍の間の連絡を保ち、戦場の変化を迅速につかむこととされた(4)。

中央軍委情報部はまた、武官訓練班から軍事幹部五名を選出し、間もなく撤廃予定のピョンヤン駐在東北通商事務所所員一名を残し、更に電信翻訳員二名、無線係員一名を配属して、新しい大使館員全員は七月八日(東北辺防軍創設会議の翌日)、北京を出発した。外交官の身分があるのは、柴成文(政務参事官、臨時代理大使)、倪蔚庭(参事官)、薛宗華(参事官)、張恒業(一等書記官)、朱光(武官)、王大綱(副武官)、劉向文(副武官)の七人である。このうち、元貿易事務所の倪蔚庭を除いて全員が元高級軍事情報部員である。(5)

大使館員一行は七月十日早朝、ピョンヤンに到着した。即日、朝鮮外相・朴憲永らと会見した後、午後五時、金日成と会見した。金は柴成文に対し、「戦争開始直後、周恩来首相に、軍団、師団級の幹部を派遣するよう要請した。あなたが来てよかった。歓迎する」と言ったそうである。金はまた、通信兵に命じ、柴成文・臨時代理大使と直通の電話を架設させ、総政治部副部長・徐輝に中国側の連絡に当たらせ、定期的に戦場情勢を紹介することを約束した。中国大使館の軍事情報収集の業務はこの日から始まった。柴成文は絶えず北京に各種の報告書を送り、中国首脳部に重要な情報を提供した。八月初め、柴成文は金日成と会見し、直接、戦争の情勢、見通しを聞いた。当時、ピョンヤンの公式報道は楽観的なものばかりだったが、金日成は柴に対し、全体的情勢での優勢を強調しながらも、一部戦術の誤りを認め、「わが軍は夜戦の特長を発揮しきれず、砲兵の活用も十分ではない。そのため、大田戦役以降、戦況の進展が緩慢である」と語った。柴成文は直ちにこの実情を北京に連絡した。(6)

しかし柴成文が九〇年代初めに証言したこの内容は、朝鮮との連携が本当はあまり機能していなかった実態に関する説明を遠慮したふしがある。

　スターリンが七月八日付で北京駐在のロシア大使ローシチンに電報を送り、その中で、「朝鮮側は、中国の代表者が彼らのところにいないとの不満を述べているが、その必要があると認められるなら、代表者を早く派遣すべきだ」と毛沢東に伝えるよう命じた。(7)

　スターリンが中国に、金日成と密接にコンタクトを取るよう求めたことにはわけがある。中国と朝鮮の間の提携は極めて乏しく、北京指導者の目には、金日成が中国の役割を軽視し、スターリンにのみ伺いをたてたようにも映った。一方の朝鮮側は、ソ連にすべて相談を持ちかけていながら、後には当時の中国の行動を「大国主義的」として不満を漏らしていた。(8)旧ソ連外交官の証言によれば、戦争直前にいたるまで、中国のピョンヤン駐在代表と朝鮮当局との関係はしっくりせず、時々ソ連大使館による仲介を必要としていた。(9)ある朝鮮の兵站部門責任者は、開戦前、あらゆるソ連製武器も中国経由の陸路を避けて海路を使って輸送され、目的は中国の情報部門にその開戦準備の詳細を把握されないためだったと振り返っている。(10)

　柴成文一行への扱いも柴本人の後の証言によれば、中国人を信用していなかったものだった。彼は、周恩来から金日成宛の「この代表を全面的に信用してよろしい」と記された親書を携行してピョンヤンに到着したが、朝鮮側は柴臨時代理大使をもてなし、金日成との間の直通電話も架設したものの、実際の戦場状況をほとんど通報せず、後に聶栄臻・総参謀長代理は柴成文の送った情報に「友軍〔朝鮮人民軍のこと〕」に関するものがあまりにも少ないと叱ったほどだ。そして延安派で中国から帰国した徐輝・総政治部副主任と武亭・第二集団軍司令官は中国外交官と話を交わすことでも厳しく制限された(11)。

ただ、朝鮮への情報部員の早期派遣は後の中国の参戦をめぐる政策決定に一定の役割を果たしたのも事実だ。柴一行が早期に人民軍の戦力、戦術についての分析を北京に送ることにより、中国指導部は朝鮮軍の実力、持続力をある程度判断でき、他の情報と照合して、介入時期決定のための一つの判断基準を得た。柴成文らはピョンヤンでほとんど連日、米軍機の爆撃を受け、近代戦争の中で空爆が陸戦に与える影響の度合いを体験し、それを北京に報告することによって、中国指導部は対空襲作戦の準備に早期に力を入れ、自国の空軍の育成を早めるなどの政策決定にとっても、貴重な根拠を提供したことになる。また、ソ連が装備した朝鮮人民軍の戦力、戦術などを、中国軍のそれと対比して、北京に東北辺防軍の訓練の目標、弱点補強の目安を与えた。それは、後述するが、第十三集団軍の幹部が毛沢東に対し、朝鮮介入の延期を申し入れるときの重要な根拠にもなったのであろう。

ソ連側との意見交換

開戦前、中国とソ連の間では、朝鮮戦争をめぐる意見交換が極めて少なかったが、「六・二五」以後、そのような接触と意見交換が急に増えたことは、公表された旧ソ連公文書から明らかになっている。七月一日付でローシチン・ソ連大使がモスクワに送った電報によれば、周恩来は米軍の戦略的意図は中国への攻撃と、東側「民主主義陣営」との本格的な武力衝突に向けた準備であると指摘した(12)。七月二日、周恩来はローシチン・ソ連大使を呼んで会談し、インドの調停、中国の国連加盟問題などをめぐって意見を交わした後、朝鮮半島の政治・軍事情勢に対する中国共産党首脳部の評価および米軍の行動に対する判断を、モスクワに伝えるよう依頼した。伝達してもらった内容は以下の通りである。

一、日本駐在の十二万人の米軍のうち、およそ六万人の兵力は朝鮮に投入する可能性がある。これらの兵力は釜山、木浦、馬山などの港に上陸してから鉄道に沿って北上すると考えられる。それゆえ、朝鮮人民軍は迅速に南下し、これらの港を占領する必要がある。

二、米軍部隊が上陸する可能性がある以上、ソウル防衛のため、仁川地区に頑丈な防壁を作らなければならないと、毛沢東は指摘した。(中略)

三、万が一米軍が三十八度線を越えた場合、中国は朝鮮人に変装した部隊を派遣して人民軍の作戦を支援して米軍と戦う用意がある。そのために、中国は東北地区に十二万人からなる三個軍団の兵力を集結させる予定である。

この会談で、周恩来は、朝鮮指導部は米国の軍事介入の可能性を過小評価しており、毛沢東はそれについて一九四九年五月と五〇年五月、二度にわたって警告した、として金日成への不満も表明した。[13]

七月五日、スターリンはローシチンへの電報で、中国首脳部の分析とすでに行った対応措置に同意するとして、「九個師団を中朝国境に集結して、敵軍が三十八度線を越えたときに義勇軍の形で参戦する構想が妥当であり、これらの部隊のために空中支援を提供するよう努める」と周恩来に伝えさせた。[14] さらに七月十三日、「中国軍の九個師団を朝鮮国境に配備する決定は行われたかどうか。貴下がその決定をすでに下していれば、われわれはそれらの部隊を支援するため、百二十四機のジェット戦闘機師団を派遣する用意がある」と確認を求めた。[15]

ただ、ソ連と朝鮮との情報交換と協議に比べ、その時点における北京とモスクワの連絡がかなり少なかったのも事実だ。九〇年代に公表された旧ソ連公文書の中で、九月末までのハイレベルの連絡は、ここで引用した七月五日、十三日の電報以外は、中国への空中援護、支援を提供することに関係する七月八日、二十二日、二十五日および八月二十七日の四つの電報しかなかった。

その時点で、中国国内への空中援護はともかく、中国軍の朝鮮領出動に関するソ連空軍の支援はまだ理論上の、仮定的な話で、スターリンは、米軍が鴨緑江の近くまで攻めてくることを決して想像していなかったのだろう。マッカーサー軍の仁川上陸で情勢が一変し、その後、中国軍の出動に対するソ連空軍の支援問題はほぼ白紙に戻して再検討されることになった。これで分かることは、九月より前、朝鮮戦争のプロセスに関して中国はまだ傍観者の立場にあって、主に独自な情報収集ルートに頼り、独自な情勢判断を行い、そして自分自身のかかわり方についても独自に複数のシナリオを作成していた。

中ソ首脳間のやり取りおよび中朝間の関係の実態から、次のいくつかのことが明らかになる。

一、中国と朝鮮指導部との連絡は極めて不十分で、中ソ朝三者の連携に関してはその時点でなおさら、形成されたとは言えなかった。そのため、スターリンは金日成を代弁して中国に申し入れをし、周恩来もモスクワを通じて金日成に戦場の情勢分析と対処意見を伝えなければならなかった。

二、毛沢東と周恩来はソ連側に対し、金日成がその戦略と戦術の制定について中国側の意見に耳を貸そうとしなかったと不満を述べ、米軍の大規模介入の可能性をソ連側も低く見ていたため、金日成への申し入れを述べる形で、ソ連の甘い情勢判断と対応にもくぎを刺した。北京のこの種の厳しい情勢判断は前述の通り、中国自身の一九四五年以来の対米体験に基づく根強い対米不信に由来するものだった。

国防軍事会議(七月七日)

このような厳しい情勢認識と対米警戒感はさっそく、七月七日の国防軍事会議開催へと導いた。

毛沢東の指示にもとづき、七月七日午後、周恩来(軍事委副主席)が召集したこの「米国の朝鮮武装侵略後の情勢分析と中国の国防増強対策」をテーマとする国防軍事会議の出席者は、次の通りである。

朱徳(解放軍総司令官)、聶栄臻(総参謀長代理)、林彪(第四野戦軍兼中南軍区司令官)、羅栄桓(総政治部主任)、楊立三(総後勤部部長)、蕭華(総政治部副主任)、滕代遠(鉄道兵団司令官)、李濤(総参謀部作戦部部長)、蕭勁光(海軍司令官)、劉亜楼(空軍司令官)、許光達(装甲部隊司令官)、蘇進(砲兵副司令官)、譚政(中南軍区第三政治委員)、賀晋年(東北軍区副司令官)、万毅(第四野戦軍砲兵司令官)など。[16]

会議が始まると、周恩来はまず、毛沢東の朝鮮戦争情勢分析を伝え、東北辺防軍創設および「万が一の出国参戦に備える」必要性を力説した。討論を経て、現「戦略予備隊」である第十三集団軍を基礎とする東北辺防軍の創設が決定された。席上、羅栄桓は第十三集団軍の黄永勝現司令官に替えて第十五集団軍の鄧華司令官を任命するように推挙し、可決され、参戦する場合、「義勇軍の服装に改め、義勇軍の旗を使用する」ことも定められた(17)。

この会議の決議において、新しく創設された東北辺防軍の二大任務が規定された。すなわち、

一、わが国の東北国境の安全を守るため、迅速に朝鮮に隣接する鴨緑江以北地域に出動し、待機すること、

二、朝鮮戦場の情勢いかんによっては、朝鮮民主主義人民共和国を援助するため、準備を整え、随時、鴨緑江を渡河する態勢に入ること、

の二点である(18)。

当日二十四時、毛沢東が昼間に召集された会議の決議事項を許可する書簡を、聶栄臻・総参謀長代理宛に送っている。『文稿』に収録されているこの書簡の脚注の中で、当会議の決議事項は次のような五項目にまとめられている。

一、軍隊の移動計画。四個歩兵軍団、三個砲兵師団は七月末までに全員、安東(今の丹東、以下同)、輯安(今の集安)、本渓などの地域に移動し、集結すること。

二、指揮機関の構成。粟裕を東北辺防軍司令官兼政治委員に、蕭華を副政治委員に任命

することと。
三、兵站業務の準備。
四、兵員補充の準備。総後勤部が実施計画を作成し、期限内に完成すること。
五、政治動員。祖国防衛というスローガンの下で動員を行い、具体的計画は総政治部が通達を起草して指示すること。(19)

そして七月十日、七日の会議とほぼ同メンバーの二回目の会議が開かれ、すでに毛沢東の認可を得た「東北国境防衛に関する決定」の実施について検討が行われた。十三日、同決定は中央軍委名義で発布された。

おそらくこの二回の会議では朝鮮戦場の情勢に対し、人民軍が半島の北半分に撃退されるという最悪の事態を予想したため、鴨緑江沿岸にいつでも作戦に投入できる機動部隊を直ちに配備する決定にいたったと推察される。この時点では、中国最高当局は軍事面にのみ注意力を集中し、鴨緑江を渡河することの政治面、外交面での意味を十分に検討する余裕がなかったのかも知れない。したがって、率直に東北へ集結する大軍の任務の一つを、「随時、鴨緑江を渡河する態勢に入ること」と規定した。あるいは、取りあえず軍事計画を立てて、後に政治、外交上の「技術的問題」を考えても遅くはないという認識が会議にあったのかも知れない。それに比べ、八月以降、首脳部内の検討、論争の焦点は、国境としての鴨緑江を渡河すべきか否かの政治、外交問題に集中するようになったのである。

「東北辺防軍」結成に関する決定(七月十三日)

七月十三日に発表された東北辺防軍の指揮機関の顔ぶれは次の通りである。

辺防軍司令部

司令官兼政治委員―粟裕(もともとは台湾攻略作戦の責任者)、副司令官―蕭勁光、副政治委員―蕭華、後勤(兵站)担当司令官―李聚奎。

第十三集団軍

司令官―鄧華、政治委員―頼伝珠、参謀長―解沛然(すなわち解方)、政治部主任―杜平。間もなく第一副司令官に洪学智(八月九日)、副司令官に韓先楚(七月十九日)が追加任命された。

七月中旬の時点で決定された辺防軍所轄の兵力は、第十三集団軍(三八、三九、四〇軍)と四二軍、砲兵第一、二、八師団および一部の高射砲部隊など併せて二十五万五千人であった。九月六日、さらに中南軍区から五〇軍を編入し、併せて五個歩兵軍団、三個砲兵師団以上の規模を有した[20]。

同決定は兵站や作戦準備に関して以下のような内容を含めた。

一、歩兵銃と機関銃の弾薬は五単位(一単位は一作戦に必要な量を意味する)を準備し、砲弾は二十単位を準備し、それぞれまず二単位と五単位を集結地域に輸送する。

二、第四野戦軍と東北地区から自動車一千台と、馬車四千輛を調達して輸送に宛てる。

三、三十一万人と三万頭牧畜(馬など)、一千台の自動車、四千輛の馬車を想定して三ヵ月分の食料、ガソリンを準備する。集結が完了するまではまずその一ヵ月分を準備する。

四、総後勤部が朝鮮人民軍の服装様式に従って義勇軍の服装(一人当たり夏服と冬服各一着)を設計・量産する。

五、四万人の負傷者を収容できる治療施設と五千台の担架を準備する。

六、各部隊の不足兵員の補充については、中南軍区から除隊予定総人数を十万人減らしてこれに宛てる。さらに必要な場合、東北地区で農業生産に従事している地方師団をこれに補充する。(21)

七月十三日の決定は、実際の軍組織(第十三集団軍など)の上に、辺防軍司令部を据え、この司令部は北京の指示にしたがい、軍組織を動かす指揮系統を構想した模様である。(22)しかし、この指揮系統はついに日の目を見ることはなかった。粟裕は、重病のため青島で療養中を理由に赴任しなかった。また、蕭勁光は海軍司令官として、蕭華は総政治部の常務責任者(羅栄桓主任が病気)として、手元の仕事から離れられず、いずれも赴任しなかったのである。そこで十日後の七月二十二日、周恩来、聶栄臻が毛沢東に、この司令部設立を「当面の困難事」であると報告し、辺防軍各部隊を暫時、東北軍区の統一指揮下に預け、将来、粟裕、蕭勁光、蕭華の三人が赴任して以後、司令部を再度設置するよう提案し、毛沢東はこれに同意した。(23)

七月二十二日付周恩来、聶栄臻の毛沢東への報告と、八月八日付毛沢東の粟裕宛の病気慰問の書簡(24)を根拠に、これまで、粟裕は重病のため東北に赴任できなかったといわれている。しかし、実は、粟裕はある原因で病気と称して赴任を回避したのだ、という説が北京の研究者間で出ている。その原因とは、第三野戦軍系統の粟裕は、当時最強を誇る第四野戦軍の第十三集団軍を指揮するにあたって逡巡したからだ、ということである。彼以外の辺防軍首脳部人事は、副司令官蕭勁光、副政治委員蕭華を含めて、ほとんど全員第四野戦軍人脈によるものだった。また、東北の高崗系列の幹部がよそものを暗に排除する気配もあったのかも知れない。実際、辺防軍司令部の設立があやふやになると、八月初め、中央軍委は、東北軍区司令官高崗に対し、暫時、東北辺防軍司令官を兼任するよう命令書を出した、といわれる。粟裕が翌年から北京で副総参謀長などの職についていることから見て、五〇年夏、東北へ赴任できないほど健康状態が悪かったとも思えない。

林彪の役割

七月七日の会議から十三日の決定が発表されるまでの経緯は、中国の朝鮮戦争介入のプロセスにおいて、次のような意味を持つものと考えられる。

一、米国の戦略的動向と、朝鮮半島の軍事情勢およびその展望について慎重な分析、検討を行った六月末の段階を経て、中国指導部はついに、あらゆる政治的、軍事的業務を既成方針通りに運営する、という六月二十七日以前の考え方を修正した。五〇年初め、中央軍委から、台湾進攻作戦の正、副総指揮官に内示されていた粟裕と蕭勁光がそれぞれ、東北辺防軍の正、副司令官に任命され、「戦略予備隊」の第十三集団軍は、東北に移動することになった。七月七日からの一週間を起点に、東北への大軍集結を中心とする新たな軍事配備の構図が形成された。

二、東北辺防軍が創設された時点から、その仮想敵国は米国であった。中国指導部は米軍との交戦を念頭に置き、義勇軍が介入するまで(おそらく介入後も)、韓国軍をあまり眼中においていなかったようである。韓国軍の戦闘力を軽視したこともあろうが、主な原因は、毛沢東が大国間の軍事戦略に注意力を集中していたためだと推察される。七月七日の会議には、各軍種、兵種部隊の責任者が出席した。また、辺防軍の創設にあたって四個歩兵軍団以外に、砲兵、高射砲、工兵、対戦車砲、戦車等の部隊を編入させ、歩兵とほぼ同時に東北各地に集結させた。トルーマン声明発表のわずか十日後に、鴨緑江を渡河し、米軍と対戦することを想定したこの軍事構想の制定から、北京指導部は米軍との交戦を優先的に考慮していたことが分かる。

三、七月七日の会議は、毛沢東、周恩来の主導で召集され、第三野戦軍系統の粟裕が辺防軍司令官に任命されたが、粟裕は着任せず、軍隊の東北への配置替えは事実上、第四野戦軍の主導で進められることになった。朝鮮援助事務の責任者に指名されている高崗は広い意味で、四野系統に属する。また、七月七日の会議の出席者の半分以上が四野系統の幹部であった。

林彪(1950年代)

さらに重要なことに、七月七日の会議以降、林彪が辺防軍の軍事作戦の準備に大きな権限を与えられた、ということがインタビューと資料分析を通して分かってきた。洪学智の証言によると、八月初めまでの段階で、林彪はすでに、中南軍区司令部所在地の武漢から北京の中央軍委へ本拠を移していた[25]。考えてみれば、四野に東北出身者が多く、国内戦争時は東北戦場を中心に戦い、東北の地理、気候を熟知し、適応しやすいことから、四野人事を中心に東北地区の対米戦争準備を進めるのは当然のようであるが、ここでこの点を取り上げたのは次の二点を説明するためである。①朝鮮参戦の準備過程における第四野戦軍司令官・林彪の中心的な役割は、今まで中国の軍事史研究で黙殺されているが、それは歴史の真実ではない(26)。②四野人脈で戦闘準備が進められたにもかかわらず、十月初め林彪が義勇軍総司令官の就任を拒否し、第一野戦軍系統の彭徳懐が急遽召喚された。このことは参戦の政策決定がいかに慌ただしく、波乱に満ちたものかの一端を窺わせている。

四、七月七日の会議の立案から十三日の決定が発布されるまで、毛沢東が政策決定の最高責任者であることは間違いない。しかし毛本人は、七日と十日の会議に出席していなかった(それに対し、十月初めからは、毛は、各軍団、各師団の配備地点、移動時間まで一々自ら指示を与えている)。それについては、二種の解釈が可能である。①毛沢東は大軍を速やかに集結する必要性をみずから提起したが、鴨緑江渡河と、それに続く交戦については、緊迫した問題とは見ておらず、むしろ、戦争状態に入る前の内外環境整備と軍事力配備の重点の移動に関する構想に時間を費やしていた。②毛沢東はこの時点では、ほかに国内政治・経済政策および土地改革方針の見直し、台湾、チベット、ベトナムに向けた軍事戦略の建て直しなど、より重大な戦略調整に取り組まなければならなくなっていた。

五、右の第四点と関連があるが、辺防軍の発足は直ちに朝鮮戦争介入、対米軍交戦の決定が下されたことを意味するものではない。それはあくまでも「備えあれば憂いなし」の性格を持つものである。たしかに毛、周が主導で戦闘準備を進めているが、党の最高決定機関である政治局はまだ参戦の可否を討論にかけていない。実際に十月の参戦決定につながる政策決定のプロセスは、やはり八月に入ってから初めて開始されたというべきであろう。

第二節　鴨緑江北岸への大軍集結（七月下旬）

中央軍委の命令一下、東北辺防軍は迅速に集結を開始した。今までこの集結の過程については外部には概略しか伝わっていなかったが、一九九〇年以降に出版された当時の集結部隊の責任者らの回想録が、われわれに多くの貴重な証言を提供した。二〇〇〇年に出版された『抗美援朝戦争史』（いわゆる中国軍側がまとめた正史）はそれらの証言を裏付けた。

これらの資料に基づいて、この辺防軍の集結過程を改めて検証してみたい。

七月十三日の中央指導部決定は、各大軍区首脳レベルにのみ通達されていたようである。

杜平は七月十四日、直接伝達すべき事項があるとの通知を受けて、翌十五日鄭州駅で、北京から武漢に赴く途中の譚政・中南軍区第三政治委員からこの決定を初めて耳にした。譚政は彼に対し「東北移動後は大規模な激戦を覚悟する必要がある」と語ったそうだ。

そこで杜平は直ちに武漢に駆けつけ、第四野戦軍首脳部(林彪)主催の軍事会議に参加した。七月十九日、中央軍委から杜平他に、一日も早く上京し会議に出席せよ、という電報が届いた。その電報には「国境守備は緊急事であり、その任に当たることは名誉なことである。至急上京され、指示を受けられたい」とあった。

ところが、六月二十五日まで、大きな戦争に備えるような指示がなかったため、訓練不足、装備不十分などの問題が、大軍の緊急移動に支障を来した。河南省に駐屯していた第十三集団軍はもっぱら農作業に取り組んでいたので、軍用装備のほとんどが農業生産に転用されていた。軍用シャベル、鋤は農業用鍬となり、軍馬の鞍は駄馬の鞍となり、軍馬は荷駄の運搬に当てられた。武器は錆つき、雀が巣を作った大砲の砲筒もあったという。杜平は、当集団軍が東北に移動後、なかなか戦闘状態に入れなかったことについて自己批判する電報を、北京の羅栄桓・政治部主任宛に打っている。電報の中で彼は「農業生産から戦闘準備態勢への転換に際して、諸部隊の心構えが出来ていなかったのは、われわれ指導部が生産だけに取り組み、部隊は本来戦闘隊であるという教育を十分に行わなかったこと

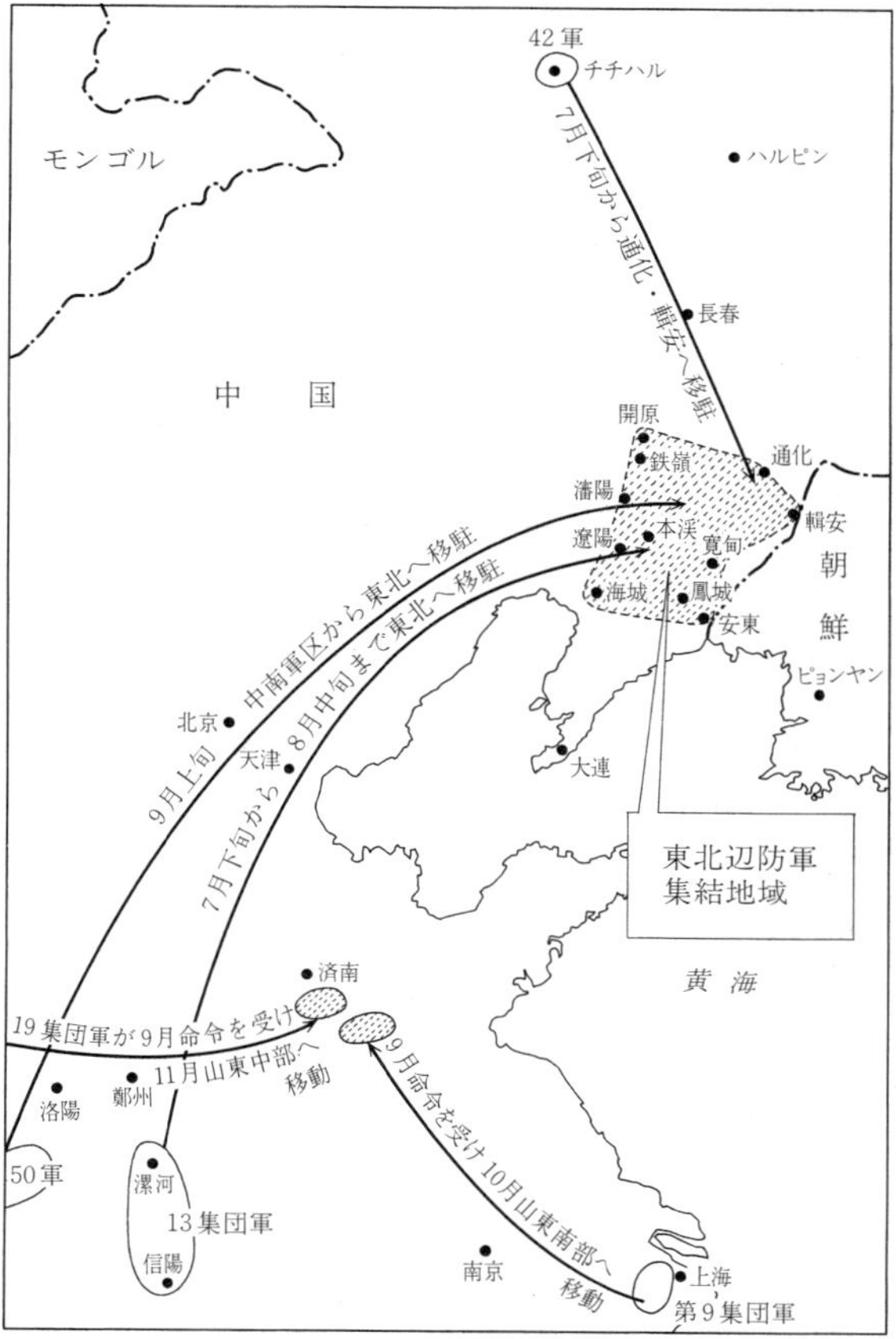

図2　参戦に備える中国軍の配置替え(1950年7月〜9月)

と大きな関係がある」と認めている。(27)

第十三集団軍の各部隊は七月中旬から鉄路北上し、それぞれ東北の指定集結地に到着し始めた。その時期と集結地は次の通りである。

第四〇軍は駐屯地だった南部の広州、台山から最初に移動し、その一部を乗せた列車は七月十二日に広州を離れて北上した。ただ、移動途中、鉄道の倒壊という予想外の事態に出会い、漢口に一時停留してから再出発し、ようやく七月二十六日以降、安東に到着した。

第三八軍は主力部隊が河南省信陽、横川地区に駐屯し、所管の第一一四師団は湖南省桃源地区で国民党残留軍の掃討作戦に従事していたが、七月中旬に集合してから北上し、七月二十四日以降、鳳城に到着し、八月に開原、鉄嶺一帯に移駐した。

第三九軍は主力部隊が河南省漯河、周口地区に駐屯し、所管の第一一五師団は広西の宜山地区で掃討作戦を行っていたが、合流後に北上に向かい、七月二十五日以降、遼陽、海城に配備された。

間もなく、第四二軍も、黒龍江省チチハルでの農業生産にピリオドを打ち、辺防軍に編入され、通化、輯安へ集結し、さらに三個砲兵師団、四個高射砲連隊等部隊もそれぞれ、安東、鳳城、通化、輯安等各地に集結した。第十三集団軍司令部も七月二十七日から広州を離れて北上し、八月四日、鴨緑江沿岸の安東に到着した。他の研究者によると、砲兵を含む一部の部隊は八月に入ってから到着し、八月中旬に、やっと二十六万近くの部隊が本渓、鳳城、遼陽、安東、通化、輯安、寛甸、などの各地に全員集結することができた、という。(28)

第三八軍副軍団長の江擁輝は、次のように集結過程を証言している。移駐命令を受けて、農業生産に従事していた軍団の各部隊は七月中旬以降、集結次第、大隊ごとに汽車で東北地域へ出発した。将校たちが家族に別れを告げる時間も与えられないほど、緊迫した雰囲気が漂っていた。第一一四師団は湖南省の国民党軍残存部隊との戦闘前線で北上命令を受け、急遽軍団の主力部隊の後を追って、東北の指定集結地へと急いだ。(29)なお、第三九軍一一五師団も、広西の柳州、宜山から七月二十日頃出発し、八月五日東北に到着した、という証言がある。(30)

ホワイティングの著書に述べられた、一九五〇年五月から七月までの中国軍の配置替えの状況分析によれば、林彪の率いる第四野戦軍六万の部隊が海南島ならびに南部各地を制圧後、五月中旬から七月中旬までの間に北上し、元来の「ホームグラウンド」東北に移動したことによって、すでに北部にあった他の部隊と併せて十八万の精鋭部隊が一カ月以内に朝鮮前線に出動できる状態に入った、とある。また、六月下旬から七月初めに、陳毅

(元帥、六〇年代の外相)の率いる第三野戦軍三万余の部隊が山東に進駐し、従来山東にいた第四野戦軍部隊の三万と合流、さらに、七月から八月までの間に、第三野戦軍の主力部隊がことごとく山東に到着した、と述べている(31)。

第一章で触れたように、第四野戦軍の第十三集団軍四個師団は「戦略予備隊」として、五〇年二月から四月、河南省に配置替えをした。しかし、その後は五月ごろ三個砲兵師団が東北に移動した以外、大部隊の山東、東北地域への配置替えは行われなかったのである。東北辺防軍を組織するための部隊二十数万が東北に向かったのは、厳密に言えば七月中旬から八月中旬までの間であった。また、宋時輪の率いる第三野戦軍第九集団軍(第二〇、二六、二七軍)が、九月九日の中央軍委の配置替え命令発布後、十月中旬、上海地域から津浦鉄道沿線の山東南部に移動するまで、山東省には地方軍区の部隊以外には主力野戦軍部隊は配備されていなかった。

(1)『文稿』第一巻、四二四頁の脚注①による。
(2)前掲柴成文他『板門店談判』、三三頁。
(3)同右、三一頁。
(4)参考資料——中共中央文献研究室編『周恩来年譜(一九四九—一九七六)』(北京・中央文献出

版社、一九九七年)、上巻、五一頁。柴成文他『板門店談判』、三四頁。

(5) 柴成文他『板門店談判』、三四―三七頁。

(6) 同右、四一―四五頁、六一頁。

(7) ソ連軍参謀本部第二総局第三二三一号暗号文、一九五〇年七月八日。沈志華『解密文件』(上)、四三七頁。

(8) 沈志華『解密文件』(下)、一三四七―一三四八頁。

(9) Sergei N. Goncharov, et al, *op. cit.*, p. 154.

(10) *Ibid.*, p. 153.

(11) 柴成文に対する沈志華のインタビュー、一九九五年五月。沈志華『中蘇同盟与朝鮮戦争研究』、一二〇―一二一頁。

(12) ローシチンのモスクワへの電報、一九五〇年七月一日。トルクノフ『朝鮮戦争の謎と真実』、一五五頁から引用。

(13) ローシチンのモスクワへの電報、一九五〇年七月二日。トルクノフ『朝鮮戦争の謎と真実』、一五六―一五七頁から引用。

(14) ソ連軍参謀本部第八局第三一七二号暗号文、一九五〇年七月五日。沈志華『解密文件』(上)、四三一頁。

(15) ソ連軍参謀本部第二総局暗号電報、一九五〇年七月十三日。沈志華『解密文件』(上)、四五〇頁。

(16) 参考資料——前掲『当代中国軍隊的軍事工作』上巻、四四九—四五〇頁。『抗美援朝戦争史』(第一巻)、六五頁。ただし、周恩来の軍事参謀・雷英夫(出席者)の証言録「抗美援朝戦争回憶片断」によると、上述メンバーの中に劉亜楼、蘇進などは入っておらず、そのかわり、李克農(軍情報部部長、副外相)、頼伝珠(第十五集団軍政治委員)、李聚奎(第四野戦軍副参謀長、後に東北軍区後勤部部長)、蕭克(軍委軍事訓練部部長)、張経武(軍委人民武装部部長)、傅秋濤(中央復員委員会秘書長)は入っている。またオブザーバーは雷英夫自身と張清化(総参謀部測絵局副局長)である。雷英夫「抗美援朝戦争幾個重大決策的回憶」、北京『党的文献』誌一九九三年第六号。

(17) 『抗美援朝戦争史』第一巻、六五頁。以下の資料も参考した。前出雷英夫の証言録。前掲杜平『在志願軍総部』、一四頁。

(18) 張希「彭徳懐受命率師抗美援朝的前前後後」(以下、「張希論文」と略称する)、『中共党史資料』第三一号(一九八九年十月)、一一八頁。なお、斉徳学『朝鮮戦争決策内幕』(遼寧大学出版社、一九九一年四月)も、この二つの任務に触れている。二九頁。

(19) 『文稿』第一巻、四二八頁の脚注②による。

(20) 洪学智『抗美援朝戦争回憶』(解放軍文芸出版社、一九九〇年十月)、二頁、また、姚旭『従鴨緑江到板門店』(人民出版社、一九八五年九月)、一五頁などより整理したもの。

(21) 『抗美援朝戦争史』第一巻、六六—六七頁。

(22) 国防大学の徐焔教官の説明によると、七月七日の会議で構想した東北辺防軍は、一個野戦軍相当の大規模のもので、第十三集団軍は取り急ぎそれに配属されたが、後にまた別の集団軍も辺防軍の配下に置く予定であった。そのために辺防軍司令部と第十三集団軍司令部という二つの指揮系統が設置された、という。筆者の分析では、七月七日の会議で、より大規模な東北辺防軍の編成を構想していたかもしれないが、毛はその直後から、各野戦軍から精鋭部隊を引き抜き、新しく辺防軍を編成することの難しさを感じ、また、朝鮮戦争介入の場合、数万人程度で足りると判断し、大規模の辺防軍の設立を断念した。それが二週間後の七月二十二日、辺防軍司令部の設立を無期限に延期させた毛の決定の一背景であると考えられる。

(23)　杜平『在志願軍総部』、一四―一五頁。ただし、別の軍研究者は、周恩来らが毛沢東に報告したのは七月二十二日ではなく、二十三日である、と述べている。斉徳学『朝鮮戦争決策内幕』、三〇頁。

(24)　『文稿』第一巻、四六四頁。

(25)　洪学智『抗美援朝戦争回憶』、三頁。

(26)　林彪の役割について、北京の研究者はほとんど言及していない。筆者の質問に対する国防大学の徐焰教官の回答はこうである。「第十三集団軍はもともと、第四野戦軍の部隊で、七月から東北に配置替えしたばかりで、まだ元の総司令官林彪に指示を仰ぐことに慣れていた。当時林は北京で病気療養中だった。東北の高崗主席は軍事問題をあまり知らないが、林彪と仲がよいので、第十三集団軍が東北軍区に配属された後、当集団軍幹部が林彪に指示を求めるのを高崗は黙認した。林は北京で軍事会議に時々出席したが、具体的な業務を担当していなかった。洪学智が林彪から東北行きを命じられたのは、林の部下だったからである。解放直後、林彪は第四野戦軍幹部の間で高い威信をもっていた。また全国の解放軍部隊から尊敬されていた。そのため、彼は具体的な責任を持たなくても、皆はなるべく彼に報告をした」。筆者は、この証言は林彪の果たした実質的な重要な役割を否定したものではないと見ている。

(27) 杜平『在志願軍総部』、一二一一五頁。

(28) 『抗美援朝戦争史』(第一巻)、六八—七〇頁。張希論文、一一八頁など。

(29) 前掲江擁輝『三十八軍在朝鮮』、七—八頁。

(30) 程国璠「偉大的決策——抗美援朝回憶片断」、『盛開的金達萊』(解放軍出版社、一九九〇年十月)、二〇四頁。

(31) Whiting, *op. cit.*, pp. 64-65.

第四章　対ベトナム・台湾の戦略調整

第一節　陳賡将軍のベトナム派遣

三つの準備レベル

毛沢東は、「東北辺防軍」の結成と臨戦モードに入る「国防軍事会議」の決定に最終許可を与えた時点で、中国が朝鮮戦争に巻き込まれ、米軍と交戦する現実的可能性を十分に意識しただろう。ただどのような形で巻き込まれるか、戦場が中国東北になるか、朝鮮半島になるか、明確な予想はつかなかった。即刻参戦するわけではないが、様々なシナリオに備えて各方面の準備を開始しなければならない。この準備はいくつかのレベルに分けられる。一つは軍事レベルでの準備である。対米衝突を想定した以上、軍事準備は最優先される。東北辺防軍の創設と、東北軍区を中心に、各地区が支援するという「準有事態勢」の形成はこれにあたる。二番目は国家の全般的政策方針のレベルでの準備である。七月の段階において、戦争の気配が水面下で各種の政策決定に濃厚に投影するようになった。

三番目は外部環境整備という準備である。これまで、一九五〇年七月において中国が対米作戦を予想し、ひそかに戦争準備をしたという大前提は巧妙に隠蔽されてきたので、その時点での中国の諸対外政策、台湾進攻計画などの調整について、対米作戦との関連性を分析する努力はあまり払われていなかったようである。しかし実際は、ベトナム人民軍の対フランス軍作戦への中国の積極的な支援、台湾およびチベット進攻計画の調整などは、東北地域での対米軍作戦準備に呼応した外部環境整備なのである。

五〇年一月末、ベトナムのホー・チミン党主席が中国の軍事支援を求めるため、極秘裏に訪中した。毛沢東と周恩来はソ連訪問中であり、北京にいた劉少奇が接待に当たったが、実質内容のある首脳会談は行われなかった模様である。[1] ホー・チミンは続いてモスクワに向かい、そこで毛沢東、周恩来と会い、スターリンとも会談した。スターリンはその訪問に関する公式報道とソ越条約締結に関する要求を認めず、翻って毛沢東に対して、「ソ連は中国の経済建設を支援するが、ベトナムの抗仏戦争については中国が援助の責任をもつよう」要請した。ホー・チミンはその後、毛に同行して北京に戻り、会談を重ねた。[2]

毛沢東とホー・チミンの一連の会談の内容は未だに明らかにされていないが、それを受けて同年四月、ベトナム指導部が中国共産党首脳部に対し、ベトナム総軍事委員会、軍総司令部、師団以上の指揮機関に顧問を派遣し、連隊、大隊クラスでは解放軍から直接、指揮官を派遣するよう、申し入れた。これに対し、四月中旬の中共中央からの返事は、「指揮官を派遣せず、顧問ならよいだろう」というものであった。五月、中国はベトナム軍に対する軍事物資の支援と訓練を開始し、また、選抜された顧問の候補者を北京に召集し始めたが、朝鮮戦争が勃発するまで、ベトナムへの顧問派遣命令はついに下りなかった(3)。当時、中国は国連加盟のために、レーク・サクセスで、フランスの支持を求める工作中で、フランスの反発を招きかねない軍事的コミットメントを回避しようとしたように見える。

格上げされた軍事的関与

ところが、朝鮮戦争勃発直後から、中国はまったく異なった次元で、ベトナムの革命に係わったのである。六月三十日、毛沢東、劉少奇、朱徳は北京で訓練中の顧問たちを接見し、任務を説明した上で出発を命じた。同時に、ベトナムへ軍事指揮官を派遣しない方針を変え、西南軍区副司令官兼雲南軍区司令官・陳賡を、中共中央代表という肩書きで派遣し、フランス軍を中越国境付近から駆逐する作戦行動の直接的指揮に当たらせた(4)。さらに作戦開始前の九月初頭ころ、それまで中国領内で訓練を受けていたベトナム軍の第三〇八師団など主力部隊を武器装備ごと帰国させ、陳の指揮下で戦闘に参加させた(5)。

ベトナム人民軍の軍服を着た陳賡

諸軍事的コミットメントの中で、一番重要なのは、陳賡将軍のベトナム派遣である。だが、中国の公開出版物は八〇年代まで、陳賡派遣の背景についてほとんど触れていない。筆者はこの点に疑問をもち、北京で資料調査をしたところ、それは五〇年七月初めの段階での、北京指導部の朝鮮戦争対応と密接な関連があることが分かった。

「内部発行」の『陳賡日記(続)』はこの関係を証明する有力な資料である。この日記には、陳賡が五〇年七月七日昆明を離れベトナムに赴くときから、十一月九日帰国し、広州に到着するまでの全四カ月の日記が含まれているが、朝鮮戦場との関係に触れた記述が少なくとも五カ所ある。昆明を出発した翌日、七月八日の日記にはこう書かれている。

「朝鮮人民軍が一路突進し、漢江以南の敵の防御線を突破した。一部米軍は殲滅され、その他は狼狽して南へ逃走中。哀れなるかな、米軍。これでベトナムでの行動に、ますます自信が持てる。朝鮮と呼応し、敵を挟撃する。アジアでの勝利は間違いなくアジアの人民に帰す[6]」

この記述は陳賡が出発前、党中央から中越国境付近での作戦行動と朝鮮戦場との関係についての説明を受けていたことを示唆している。そのような事前の説明がなければ、雲南軍区の司令官が「朝鮮と呼応し、敵を挟撃する」という自覚をもってその作戦行動の意義を認識するのは難しいであろう。ただし、この記述はあたかも、中国が朝鮮とベトナムの両翼から進撃し、「共産主義拡張」を目指しているようにも受け取られかねないが、実際は、六月末、毛沢東と首脳部は米国の「三路向心迂回」戦略を分析した結果にもとづき、陳賡に対しても中越国境付近で米国の「三路向心迂回」戦略に反撃を加えよという意味で説明したのだと推察される。

陳賡の派遣と、毛沢東の朝鮮戦争に関する捉え方との関係を明確に示しているのは陳賡の九月十三日の日記と編集者による脚注である。その日の記述は、フランス軍が国民党の残存部隊を再編成し、中国南部への進攻をもくろんでいることが書かれているが、その脚注で、一九四九年末、国民党系の白崇禧軍の主力部隊が壊滅後、残存兵力の一部がベトナム領内に逃げ込んだ事態に言及し、「一九五〇年朝鮮戦争勃発後、これら国民党残存部隊は、米、仏帝国主義にそそのかされ、内外呼応して、広西国境地域で攪乱戦術を企図していた」と説明している。(7) これによって、インドシナの動向を朝鮮戦争と関連づけて、米国、フランス、国民党の連帯行動を陳賡のベトナム作戦の背景に据えていたことが分かる。

北京が朝鮮戦場をにらんで陳賡他をベトナムに派遣したことは、別の資料からも裏付けられている。劉少奇は五〇年六月三十日、ベトナムに派遣予定の中国顧問団員を接見した際、「中央がこの決定を下したのは、深慮によるものだ。……諸君の今度の任務は世界的意義のあることだ。もしベトナムを支援せず、敵がそこに留まるのを容認すれば、われわれの困難はさらに大きくなり、厄介なことは増えるばかりだ」と語り、この参戦行動の中国全対外戦略における意義を強調している(8)。

フランス勢力を中越国境地帯から追放したこの作戦行動は、北京最高指導部が関与したものであることを、陳賡の日記がはっきりと示している。四カ月近くの日記の中に、毛沢東、中央軍委の電報指示に直接触れた箇所が四カ所ある。たとえば七月二十八日の日記では、「毛〔沢東〕の電報が届く。それは、カオバン作戦がきわめて重要であることを指摘し、軍事局面打開のため、彼らを援助するように指示している。私の作戦構想に全面的に同意した上で、秘密保持と身の安全の注意を促している」と述べている(9)。

その他に、鄧小平を書記とする西南局からの数回の電報、陳賡が中央軍委、西南局宛に出した多くの電報についての記述がある。この作戦行動は直接毛の指導の下で、西南局(鄧小平)の支援を受けて、陳賡の指揮により完成したものと言っても過言ではなかろう。

関与の意図

五〇年七月以降、中国がこの作戦を組織した意図を次のように分析することができる。一、朝鮮戦争への介入を予想した以上、まず南部国境を安定させなければならない。中国の東南沿海地域は、国民党軍が占拠中の台湾およびその他の島嶼に面している。その上、南部の中越国境地帯の情勢が不安定であれば、朝鮮戦争に介入する場合、きわめて大きな支障となると判断された。ただでさえ、インドシナ半島でのフランス軍の存在が懸念されていたが、六月二十七日のトルーマン声明がインドシナ仏軍の行動支持に言及したことに対し、中国は深い疑念を抱いた。当時、中越国境付近には、数万のフランス軍がいたほか、国境線両側の山岳地帯には十数万の国民党残存部隊がいた。万が一、米軍が越北地域に矛先を向けてきたら、米、仏、蔣介石三軍が瞬時に二十万以上の大軍に膨れ上がることが予想される。したがって、ランソン以北地域のフランス軍を駆逐し、国境線両側の国民党軍の足場を徹底的に破壊し、南部国境の安全を確保することは中国指導部の合理的選択となったわけである。

南部国境に安全圏を作ろうとする北京首脳部の決意は堅く、計画も綿密なものとなった。陳賡の日記は、この作戦行動に関して少なくとも二重の作戦構想が立てられたことを示唆している。第一段階として、中国が訓練、装備したベトナム共産党の部隊を指揮してフランス軍と対戦させる。そこで勝利が得られなかった場合、第二段階では、中国解放軍の一部がみずから出動する、ということのようである。陳賡は七月十八日の日記に、「西南局からの返電があった。主力二個連隊を保留し、特殊任務に備える構想への同意を得た」と書いている。(10) ベトナム作戦指揮の特命を受けた後に、四カ月間、ベトナムと朝鮮の戦争以外何一つ日記に書かなかった陳賡が西南局(鄧小平)に建議し、承認を得た主力二個連隊の「特殊任務」が、越北戦場への投入を意味していたと推測するに難くない。その後の戦場情勢が予想以上に有利に展開したため、この二個連隊の出動はついに日の目を見ることなく、その本来の目的も永久に隠蔽されることになった。毛沢東の狙いは第一構想で実現できた。とりあえず、米国がインドシナを飛び板として、中国を攻撃する可能性を排除し、朝鮮半島における対米軍総力戦のための「外部環境作り」の一歩を成功させた。

二、フランスが、米国主導の国連軍に参加し、朝鮮戦争へ兵力を投入する意図を牽制し、これによって「帝国主義陣営の協調」に楔を打つ。中国義勇軍が朝鮮戦争に出動する直前の十月十四日、彭徳懐が義勇軍幹部の動員大会で行った報告で、ほぼ同時に進行しているベトナムでの作戦行動に触れている。彼は「最近ベトナム人民軍がカオバンなどの拠点を解放し〔陳賡がこの作戦の指揮に当たっていたことには触れていない〕、……フランス帝国主義者が非常に狼狽した」ことを指摘し、それによって、フランス軍が朝鮮戦場に派遣できる兵力はかなり制限され、帝国主義陣営が朝鮮に投入できる兵力に不足を来したと語った。(11)もちろん、この二番目の意図は当初から完全に計算されていたとは考えられない。一番目の意図に比べれば、これは副次的な目的と言ったほうが妥当であろう。

三、万が一、中米間に全面的な軍事抗争が発生する事態に備え、南部国境で有利な態勢を整えておく。一番目の意図は朝鮮戦争介入前に、南部国境の安全を確保しようとするものだが、この三番目の意図は、戦争介入後の長期展望からのものというべきである。中国最高当局は朝鮮戦争介入を予想した最初の段階から、米国が中国本土爆撃、ないし一部沿海都市占領の挙に出ることを構想に入れていたと見られる。そして、朝鮮半島で米軍の進撃を阻止することができなければ、米軍はさらにインドシナ半島から中国に脅威を与えるであろうと懸念していた。彭徳懐の十月十四日の報告はこのような見通しに触れている。

「もし米帝国主義に朝鮮の占領を許したら、われわれにとって直接的脅威となるだけでなく、次は米国は兵力をベトナム、ビルマに回し、種々の陰謀をたくらむだろう。そうなれば、わが国は受動的局面に陥り、国防、辺境防衛はすべて極めて不利な状態に置かれるだろう(12)」

このような不利な状態を現出させないために、中国は朝鮮戦場において全力を挙げて戦うことを決意した。また、中国は米国がベトナムを次の目標と見なしたと認定した以上、越北地域におけるフランス軍拠点の排除、国民党残存軍、土匪の討伐だけに満足していなかった。戦争を進行させると同時に、陳賡は、強力なベトナム人民軍の創設に着手した。十月十七日の日記に、彼は中央軍委にみずから起案したベトナム軍の「建軍計画」を提出し、承認を得たと書いている(13)。ベトナム正規軍の編成を支援することは、万が一、米軍のインドシナからの中国進攻を予想すれば、前哨戦に当たる親中国的で強力なベトナム共産党部隊の養成に、長期的戦略目的がまったくないとは言いきれないであろう。

五〇年六月二十八日、周恩来外相がトルーマン声明に対して発表した声明の最後の段落は次の通りである。

「中華人民共和国中央人民政府は、全世界の平和、正義と自由を望む人々、特に東方の各被圧迫民族と人民が、一致して立ち上がり、米帝国主義の東方における侵略を制止することを呼びかける。……中国人民は、同じく米国の侵略を受け、また同様に反抗闘争を行っている朝鮮、ベトナム、フィリピンと日本人民に対し同情と敬意を表する(14)」

思えばこの時点で、中国指導部はすでに、朝鮮と日本、インドシナの反米闘争を一体を成すものと見なしていた。その思考法の延長線上で、数日後、毛沢東が中国の朝鮮戦争介入もやむをえずとしたとき、関連した外部環境の整備への配慮の結果として、陳賡をベトナムに派遣することを決意したのだろうと思われる。

第二節　台湾進攻作戦の延期

台湾進攻の時刻表

一九五〇年春、五百四十万の解放軍が大陸を制覇した後、戦闘の主舞台は沿海島嶼の争奪に移った。五月一日、第四野戦軍は台湾に次いで二番目に大きい島、海南島を攻略した。一方、台湾進攻をめざして、第三野戦軍の数十万大軍は福建沿海で、夜を日に継いで渡海訓練を行っていた。その矢先に朝鮮戦争が勃発し、米国第七艦隊が台湾海峡に介入したのである。シモンズの研究は、朝鮮の恣意的な開戦決定によって、その余波で七月中に予定されていた台湾進攻計画の延期を余儀なくされ、中国は内心ピョンヤンに非常に不満を持っていたとしている(15)が、筆者の調査によれば、中国が六月以前から積極的に台湾攻撃の準備を進めていたことはたしかであるが、七月または八月の実行計画は実際なかった。

四九年五月、解放軍が上海を占領した後、第三野戦軍は八個軍団による台湾攻略構想を立てた。四九年までの国共内戦に米国が直接的な軍事介入をしなかったので、同年十二月、粟裕・第三野戦軍副総司令官は、解放軍の台湾進攻にあたり、米国はせいぜい、日本の「義勇兵」を動員して台湾の蒋介石を支援するくらいの、間接的参戦の形しか取らないだろう、と分析していた。五〇年一月、併せて五十万の大軍を動員し、十二個軍団を第一陣の渡海作戦兵力とする台湾攻略作戦が計画され、年内の実施も予定された。しかし、四九年十月下旬の金門作戦の失敗が大きな転換点となり、その後、毛沢東は渡海作戦の計画にきわめて慎重になり、十分な準備態勢を整えることが台湾進攻のための前提だと強調するようになった。(16)

その後の一連の、沿海島嶼攻略に関する指示の中で、毛沢東は繰り返し、金門攻撃の失敗に言及し、「金門の轍を踏むことのないよう」要求した。毛沢東はモスクワから、海南島攻略戦の指揮官・林彪に送った電報のなかで、「潮流と風向きに注意せよ」、「三日分の食糧を携行せよ」、「満潮時から十二時間後に先発の輸送船が戻るのを待って、次回の輸送を開始せよ」などと逐一指示していた。五〇年二月、舟山・金門攻略作戦を台湾進攻の実戦演習とする計画が制定され、三月末、毛沢東はみずから「先に定海〔舟山〕を進攻し、後に金門を攻撃する」方針を決め、舟山列島を完全に制圧した後、それに当たった艦船と上陸作戦の経験のある部隊を金門に回して、攻撃を開始するよう命令した。(17)

だが、舟山攻略後に、金門を再攻撃し、さらに台湾に進攻するという時刻表は貴重な時間を浪費した。金門への再攻撃は、朝鮮戦争勃発前、ついに実行されることがなかった。また、五月中旬、金日成との会談を通じて、毛沢東は台湾解放作戦より前に、金日成の「祖国統一戦争」を優先させることをしぶしぶ受け入れた。それを背景に、六月二十三日、陳毅の提案と党中央首脳部の承認を得て、第三野戦軍は第一陣渡海兵力の規模を十六個軍団に拡大することと、作戦の実施を五一年春以降に順延することが決定された。(18)

多様な攻撃準備と順延の最終決定

台湾進攻作戦の準備の重点は空軍、海軍、パラシュート部隊など、諸兵種、軍種の創設に置かれた。

ソ連の援助のもとで、四九年十一月、人民空軍の成立が宣言された。五〇年三月十日、解放軍総司令官・朱徳は「人民空軍建設の目的は台湾、海南島の解放、および残存匪賊の撲滅に協力することであり、一定の領海と領空における基本的な制空権を獲得することである。さらに、この基礎の上で徐々に、新型の強大な人民空軍に発展させることである」と述べ(19)、空軍建設の当面の任務を台湾攻略戦などへの援護と規定した。

毛沢東をはじめ、指導者たちは当初、空軍の設立を簡単なことと見ていたらしい。そのため、四九年十一月、首脳部は、十二月に開校予定の航空学校に対し、六カ月以内に、戦闘機二個連隊と、爆撃機一個連隊のパイロットを養成するよう命令を下していた[20]。しかし、パイロットの訓練には予想を上回る時間を要した。中国のパイロットが実際に空中戦に参加したのは五一年一月、朝鮮北部の中国寄りの上空でのことであった。これは、一九五〇年内に台湾攻略戦に投入できると予想された空軍が時間内に準備できず、台湾攻撃の時刻表を制定できなかった原因の一つとなったのである。

台湾攻略のために、毛沢東はパラシュート部隊の設立も考えた。五〇年二月四日、モスクワから毛沢東は粟裕宛に電報を送り、「わが軍の傘下に入った〔元国民党軍の〕パラシュート第三連隊の現在人数、降下技術の程度、政治教育の進捗状況、共産党加入者数、一般的政治傾向」について報告を求め、「われわれはこれらパラシュート兵を基礎に、パラシュート部隊を設立し、台湾作戦に投入しようと考えている」と指示した[21]。

海軍の準備もはかどらなかった。五〇年六月以前、毛沢東が海軍に要求した当面の責務はただ一つにすぎない。「渡海作戦に従事し、一定の航行護衛と輸送能力を具備した海上軍の建設を目標に、随時陸軍と協力し、台湾解放任務に当たる」というものであった。しかし、設立間もないこの人民海軍は、質量ともに国民党海軍に比肩すべくもなく弱いものであった。巡洋艦「重慶」号は解放軍側に寝返った途端、撃沈された。五〇年一月二十五日、わずか一日の国民党空軍の爆撃を受けただけで、解放軍の数少ない軍艦中、二十六隻が撃破、撃沈された。結局、海軍も早期の台湾進攻作戦の有力な協力者とはなりえず、五〇年四月、周恩来はソ連に対し、五一年春までに台湾攻撃用の艦船を支援するよう、電報で求め、作戦の延期を示唆した。(22)

台湾攻略の準備はそれだけに留まらない。毛沢東が一九五〇年一月十一日付の第三野戦軍宛の舟山列島攻撃準備に関する指示電報で、「舟山列島の敵に対して、反乱を策動する方法、策動事実の有無、策動の事実があればその結果を連絡せよ」と求めていることから察し、台湾内部の反乱を策動しようとしたことも考えられる。また実際、台湾首脳部内の混乱と対立を利用し、和平交渉に応じさせようとする工作を絶えず行った。この種の水面下の交渉を通じ、蔣介石政府全体が、条件付であれ、降伏すれば、これに越したことはないが、それが実現できなくても、軍事進攻を発動した場合、台湾内部の団結を弱め得るとの思惑があったと見られる。五〇年三月十一日、毛沢東は張治中(元国民党政府の国共交渉首席代表、新中国の中央軍委委員)宛に、「貴官が現在従事している任務は極めて重要なものであるから、引き続き誠心誠意取り組み、成果を挙げるよう期待している」と打電し、この電文を収録した『文稿』の脚注では、「張治中が中共中央と毛沢東の許可を得て、台湾問題の和平的解決を目指して工作を進めていた」と説明されている。(24)なお、台湾当局の秘密使者・李次白が実際、五〇年六月、中国大陸に派遣され、北京の代表と接触していた

といわれる。(25)

シモンズは、朝鮮戦争勃発後も中国はその早期終結に望みをかけ、年内の台湾進攻を八月ごろまで諦めていなかったと述べている(26)が、実際は上述の諸準備が整っておらず、金日成による「祖国統一戦争」の発動も知っていたため、トルーマン声明が発表された六月二十七日の時点と見られるが、台湾進攻作戦の準備の中止が決定されたのである。

周恩来は後に次のように振り返る。「朝鮮戦争が勃発した直後、中国共産党中央は国内外の情勢を全面的に分析し、各種の利害関係を全面的に比較した上で、「朝鮮人民を支援し、台湾解放を遅らせる」という深遠な意義を有する重要な戦略的決定を行った(27)」。

六月二十八日、周恩来は海軍司令官蕭勁光を呼んで、「目下、われわれは外交面で米帝国主義の台湾侵略と中国への内政干渉を譴責し、軍事面では陸軍の縮小を継続し、海軍と空軍を強化し、台湾解放作戦を行う時期を引き延ばす」という首脳部の最新方針を伝えた。(28)

これを裏付けるものは蕭勁光本人の回想録だが、会見の時間を六月三十日としている。会見が二回行われた可能性もあるが、中身について証言は一致している。

「朝鮮戦争勃発五日目の六月三十日、周恩来首相は私を召喚し、当面の情勢に関する分析とわが国の対応について次のように説明した。「この情勢の変化はわれわれの台湾進攻にとっては面倒なことになった。米国が台湾の前面に立ちはだかったからである。しかし、われわれの準備も不十分であったから、幸いであったとも言える。現在、わが国の取るべき態度は、米国の台湾侵略、中国の内政に対する干渉を糾弾することである。われわれの軍事計画は、陸軍力を削減し、海、空軍力を増強し、台湾攻撃の時期を延期することである。（中略）五十万人を台湾攻撃に投入するとすれば、二回に分けて輸送するとしても、海軍は数十万トンの艦艇を用意しなければならない。（後略）」。そこで私は、軍委の指示にもとづき、海軍建設三ヵ年計画を制定する提案をし、周恩来はこれに同意した」(29)（傍点筆者）

七月中旬、粟裕が華東軍区の将校に対して、「朝鮮を支援し、米帝の侵略と対抗するため、また、米帝国主義の海軍が台湾海峡に進駐してきた状況にかんがみ、中央指導部は台湾解放の任務を遅らせることを決定した」と伝えた。八月十一日、中央軍事委は陳毅・華東軍区司令官に対して、「一九五一年内には台湾を攻撃せず、一九五二年を待って状況の推移を見てから再度決定する」と電報で指示した。(30)

防御態勢への切り換え

ここで中国の台湾進攻準備過程およびその中止を詳しく検討したのは、本章の主旨と次のような関係があると考えたからである。

一、各方面の準備が完成していなかったため、五〇年六月二十五日の時点で、二、三カ月以内の台湾進攻計画は存在しなかった。したがって、トルーマン声明発表後、中国首脳部が台湾進攻準備の中止、軍備重点の東北地域への移動といった戦略調整を行うことは、外部が想像したほど困難ではなかった。台湾攻撃の準備は撤回を逡巡するほど整っていなかったことが、軍事戦略の重点の早期移転を可能にした背景の一つとなったわけである。七月十三日の東北辺防軍の設立決定と、粟裕が辺防軍司令官に任命されたことは戦略重点の北方移転を意味し、さらに八月十一日、軍委は五一年に予定されていた進攻計画を五二年以降に延期する方針を決め、台湾進攻の準備は実質的に、朝鮮戦争終結後に無期限延期された。

二、中国首脳部は、米国が中国侵略を意図する「三路向心迂回」戦略を実行に移したと判断した時点で、海上で米国と交戦することを回避する結論を出した。陸続きで、山岳地帯の多い朝鮮半島で、信頼できる解放軍の陸軍部隊を用いて、米軍と交戦し、中国の決意と力量を示そうとするかたわら、東南部沿岸の軍事配備について、従来の進攻態勢を防御態勢に変えることになった。同年十一月十七日、毛沢東は「華東〔地域〕のすべての業務は、米国と蔣介石が上陸作戦を行うことを想定した上で計画しなければならない」と命じ、また、「両広〔広東と広西〕を帝国主義と蔣介石の上陸と侵犯に対処するための連携した単位にすべきだ」と指示し、台湾海峡とインドシナ経由の、米国の支援による国民党軍などの敵対勢力の「予想される進攻」に対応策を制定した。[31]中国首脳部はこれらの地域での防御態勢をもって、朝鮮半島での対米作戦を遂行するための「環境整備」の一部分としたわけである。その意味で、台湾進攻作戦の中止は最初から「一時停止」の性格のものではなく、米国の「戦略的意図」に対する反応として、全般的、長期的展望の上にたって決定されたものである。

三、トルーマン政権は朝鮮戦争の勃発を理由に第七艦隊の台湾海峡進駐を決めたが、これは翻って朝鮮戦争を一段とエスカレートさせ、東アジアの国際情勢を一段と複雑化した。中国の朝鮮戦争研究専門家沈志華は次のように分析した。①トルーマン政権の本意は必ずしも蔣介石政権を助けることではなかったが、第七艦隊の進駐は結果的に米国と蔣介石政権の両者を軍事同盟ないし「運命共同体」に縛り付けた。②米国による台湾政策の大転換は中国政府と国民の大いなる憤慨を招き、米中改善の最後の望みを断ち切り、これはまた中国に義勇軍を朝鮮半島に送るに至らしめた心理的要因となった。③台湾解放作戦が不可能になったため、中国指導部は大量の軍隊を東南部沿海地域から東北に引き抜くことが可能になり、当初より遥かに大きな規模の義勇軍参戦をもたらし、この人数における絶対的優位はまた皮肉にも、マッカーサーの率いる精鋭軍を撃退する要因となった。[32]

チベット問題の処理もこの戦略構想の延長線上に置かれた。五〇年初頭、北京はチベットの解放を年内の課題と決め、出兵準備も着々と進められていたが、六月以降、次第に慎重な取り扱いを見せ始めた。西側陣営の中で、米国を孤立させるために、中国指導部は、チベット問題でインド、イギリスを刺激したくなかった。このため、軍事作戦優先の既定方針から政治交渉を重視する方針に変え、七月初め、西南軍政委員会はチベットへ和平交渉使節を派遣した。(33) チベット全域の占領も、当初の年内解決を目途とする構想から、適宜延期する方向に変えた。九月二十九日、毛沢東は新聞総署署長・胡喬木宛の書簡で「今後、台湾、チベット進攻の取り扱いに当たっては、具体的な時期に触れないように注意せよ。各党派の(国慶節)祝辞中で、台湾、チベット進攻に触れる一九五一年の任務の部分は、私は全部削除した」と指示している。(34) 五〇年十月、解放軍は西康省の昌都でチベット軍に対する限定的作戦を行ったが、その後は前進することなく、解放軍のラサ進駐は、五一年五月、「チベット和平解放に関する合意書」が調印されるのを待って、九月に初めて実現されたのである。

(1) モスクワにいた毛沢東が劉少奇宛に、ホー・チミンとの会談に臨む方針を打電し、「ベトナムがソ連をはじめとする反帝国主義の民主主義陣営に加入したことに対し、心から喜びを表明し、ベトナム全土の一日も早い統一と、ホー・チミン同志およびその他の戦友たちの健康を祈願する」旨、指示した(『文稿』第一巻、二五四頁)。これは秘密電報で、「建前」を述べた文書ではないことを勘案すれば、ホー・チミンの北京訪問時の会談が抽象的な支持表明に留まったと推測される。

(2) 参考資料――中国軍事顧問団歴史編写組編『中国軍事顧問団援越抗法闘争史実』(解放軍出版社、一九九〇年九月内部発行)、一―二頁。蔣沢民他『毛沢東保衛参謀・周恩来随従副官的回憶録』(北京・紅旗出版社、一九九八年)、四七九―四八〇頁。

(3) 前掲『当代中国軍隊的軍事工作』上巻、五一八―五一九頁。

(4) 同右、五一九―五二二頁。

(5) 黄文歓『滄海一粟　黄文歓革命回憶録』(解放軍出版社、一九八七年六月)、二六九頁。

(6) 陳賡『陳賡日記(続)』(解放軍出版社、一九八四年十月内部発行)、六―七頁。

(7) 同右、二四―二五頁。

(8)『中国軍事顧問団援越抗法闘争史実』、五―六頁。

(9)『陳賡日記(続)』、一三頁。

(10) 同右、九頁。

(11) 彭徳懐伝記編写組『彭徳懐軍事文選』(中央文献出版社、一九八八年九月)、三三一頁。

(12) 同右、三三二頁。

(13) 陳賡『陳賡日記(続)』、三六頁。また、同十月二十七日から連続四日間陳賡がベトナム軍幹部に対し正規軍の建設などの問題を講義した報告書のレジュメが日記に付録として付いている。
(14) 『新華月報』第二巻第三号、五二五頁。
(15) Robert R. Simmons, *The Strained Alliance. Peking, Pyongyang, Moscow and the Politics of the Korean Civil War*, Free Press, 1974. 邦訳『朝鮮戦争と中ソ関係』(コリア評論社、一九七六年)、一三九頁からの「横取りされた台湾解放」の一節を参照。
(16) 参考資料——周軍「新中国初期人民解放軍未能遂行台湾戦役計画原因初探」、『中共党史研究』一九九一年第一号、六七—六八頁。徐焔『較量』、一一—一二頁。
(17) 引用資料——『文稿』第一巻、一九〇頁、二八二頁。前出周軍論文、六八頁。
(18) 前出周軍論文、六九頁と七二頁。
(19) 陸文至「空軍領導機関的建立」、『中国空軍』一九八八年第六号、四三頁。
(20) 孔君史「空軍初建時期的航校建設」、同右、四四頁。
(21) 『文稿』第一巻、二五六頁。
(22) 参考文献——中国人民解放軍兵種歴史叢書『海軍史』(解放軍出版社、一九八九年九月)、二五—三〇頁。蕭勁光『蕭勁光回憶録(続集)』(解放軍出版社、一九八九年二月)、九四—九五頁。
(23) 『文稿』第一巻、二三〇頁。
(24) 同右、二七一頁。
(25) 劉丕林『南朝夢——国共和談秘聞』(三環出版社、一九九〇年十月)、二二五頁。

(26)　シモンズ前掲書、一六五―一六七頁。
(27)　『周恩来軍事文選』(北京・人民出版社、一九九七年)第四巻、四三頁。
(28)　『周恩来年譜(一九四九―一九七六)』上巻、五二頁。
(29)　『蕭勁光回憶録(続集)』、二六頁。
(30)　引用資料――『抗美援朝戦争史』(第一巻)、六二―六三頁。『当代中国海軍』(中国社会科学出版社、一九八七年)、四一頁。前出周軍論文、七二頁。
(31)　『文稿』第一巻、六六六頁、六六九―六七〇頁。
(32)　沈志華「五〇年代初美国対台政策的醞醸和武装侵占台湾的決策過程」、『当代中国史研究』(北京・当代中国研究所)一九九五年第五号、三二―三六頁。
(33)　『当代中国軍隊的軍事工作』上巻、二一二頁。
(34)　『文稿』第一巻、五三六頁。

第五章　高崗と林彪の異議申し立て

第一節　九月出兵構想とその延期

政治局会議（八月四日）

七月下旬から、東北辺防軍の各部隊は相次いで指定集結地に到着した。これによって八月初め、毛沢東が国連軍との交戦時期、場所を具体的に考慮し始めた時点で、はじめて中国の軍事介入構想は現実性を持ち始めた。筆者はこの八月前半から九月半ばまでの時期が、中国の出兵をめぐる政策決定過程の第一段階、前期であると考える。

八月上旬の中国軍指導者の発言のトーンを改めて検証すると、その口調は六月の中共七期三中全会前後の、軍隊が経済建設に参加すべきであることを強調したときと比べて、明らかに変わっていた。総政治部副主任・蕭華は八月一日、北京各界の青年による「八・一建軍節」祝賀大会で演説を行ったが、その話にきな臭い匂いはすでに色濃く漂っていた。

「凶悪な米帝国主義は、わが国の付近で跳梁し、卑劣な侵略をたくらんで、国民党残党の台湾での最後のあがきを支持し、新たな世界戦争を挑発しようと日夜画策している。現在、米帝国主義は公然と朝鮮を武力侵略し、台湾を支配し、いちだんと野蛮な軍事冒険を試みており、わが国の神聖なる領土、および経済建設に対し、大きな脅威をもたらしている。これは、世界に帝国主義が存在する限り、われわれは経済建設を進展させようとしても不可能であり、そもそもそう考えてはならない、ということを明示した(1)」

参戦がいよいよ不可避と判断した党中央政治局は八月四日、朝鮮戦争への中国介入を検討する重要な会議を行った。毛沢東と周恩来はそれぞれ、参戦の準備を加速せよとはっぱをかける発言をした。周恩来は、「かりに米帝国主義が北朝鮮を抑えたら、平和にとって不利であり、その気炎は高まるだろう。勝利を目指さなければならない。そのためには中国ファクターを必ず加えなければならない。中国ファクターが加わると、国際情勢の変化が引き起こされる可能性がある。われわれは長期的で視野の広い構想をもたないわけには行かない」と話した。毛沢東は「朝鮮に対して助けないわけには行かない。もし米帝が勝ったら得意洋々となり、われわれに脅威をもたらし、挑発してくるかもしれない。したがって、朝鮮には手を貸さなければならない。義勇軍の形式を使う。もちろん、タイミングはまだ選ぶ必要があるが、われわれは準備を整えなければならない」と、参戦の決意を表明した。毛はまた、「米国がわれわれとの交戦を決定した以上、われわれに選択の余地はない、受けて立つよりほかない。米国は朝鮮、台湾で行動を起こしているのみならず、ベトナムでも行動しようとしている。われわれは朝鮮に限定して米国と交戦するつもりだ。米国の計画している戦闘規模が大きかろうと小さかろうと、あるいは原子爆弾を使用しようと、われわれは最後まで戦うよりほか方法はない」、とも話したといわれる。[2]

この会議での詳しい討論内容はいまだに明らかになっていないが、戦争情勢が分析され、中国軍が出動して北朝鮮を支援しなければならない方針が合意され、出兵の時期についても検討された模様である。それを受けて、翌八月五日、毛沢東は中央軍事委の名義で高崗・東北軍区司令官兼政治委員宛に次のような電報を送った。

「八月四日付電報の内容は了解した。(一)現在集結中の辺防軍各部隊は、八月中には作戦任務はないと思われるが、九月上旬には実戦に投入できるよう準備を整えるべきである。貴官の責任において、八月中旬に各軍の師団長クラス以上の幹部会議を召集し、作戦の目的、意義などを明示し、各部隊が今月中に一切の準備を完了し、次の命令を待って戦闘に出動できるよう、指示せよ。ぜひとも士気を奮い、十分な準備を整えるよう努力せよ。部隊の中の思想問題には明確な解答を与えよ。われわれは蕭勁光、鄧華、蕭華をこの会議に出席させる。(二)貴官は上述の方針のもとで、部隊の集結計画を状況に応じて決定せよ。三八軍の四平鉄道沿線への移動が有利なら移動してよろしい」(3)(傍点筆者)

七月末のマッカーサーの台湾訪問が中国に大きな刺激を与えたとよく指摘される(4)が、『聶栄臻回憶録』は、八月四日の会議決定の背景に、朝鮮戦局に対する悲観的な分析と、米国の侵略意図をきわめて重視することがあったと示唆している。

「八月、朝鮮人民軍は洛東江の沿岸まで反撃し、国土の大部分を解放し、大邱、釜山に進軍中であった。このとき、毛沢東同志と共産党中央は戦況を分析、研究し、次のように判断した。米帝国主義は決して失敗に甘んじることはないだろう。米国は優勢な海軍と空軍を有しているから、反撃の可能性は十分ある。他方、朝鮮人民軍は孤軍突出し、後方が薄い。このことから、朝鮮戦局は大きく反転することが予想される。そのため、私は八月五日、軍委の決定にもとづき、戦略予備隊に対し、「今月中に一切の準備を完了し、次の命令を待って戦闘に出動できるようにせよ」と電報で指示した」(5)

瀋陽軍事会議(八月十三日と十四日)

八月四日会議の決定を受けて、毛沢東は高崗に、聶栄臻が東北辺防軍にそれぞれ電報を送ったと見られるが、その中から、戦争が膠着状態に陥った後の、国連軍の反撃の意図と能力に対する中国指導部の深い警戒と懸念が読み取れる。そして八月末を出兵準備完了の期限とする決定が行われたとうかがえる。ただ、九月に入ってからいつでも参戦できるように準備が急がれたが、その作戦構想が朝鮮半島北部で防御陣を敷いての応戦か、南下して人民軍の「最後の一撃」を支援するものかは不明である。

これで、参戦を想定した戦争準備は加速された。洪学智によると、八月九日昼近く、広州にいた彼は第十五集団軍と広東軍区との合併などの、東北の戦争準備と無関係の事項の交渉で上京し、列車を降りるといきなり、本拠を中央軍委に移した林彪のところへ連れていかれたという。林彪はその場で、「君の新しい仕事が決まった。東北国境防衛の仕事に行くのだ」と有無を言わせず命令した。午後一時、洪はすでに東北に向かう列車に乗せられた。そして当日に、林は聶栄臻・総参謀長代理に次のような書簡を送った。

洪学智(朝鮮戦争当時)

「本日、私は電話で譚政と相談したところ、彼は洪学智の東北赴任に異議がないと言った。洪本人は第十三集団軍副司令官として東北に行くことに同意し、すでに鄧華とともに東北に出発した。洪に対する正式任命を軍委に請求する。……この任命状は軍委事務局を通して発布されるよう希望する」(6)

この書簡は、林彪が東北における戦争準備に関する人事、事務について大きな権限を持っていること、八月四日の会議後、東北の戦争準備はすでに他の仕事を圧倒する中心任務となっていることの二点を意味するものだと思われる。

八月十一日、辺防軍を管轄している東北軍区の所在地瀋陽において、中国共産党東北局常務委員会議が行われ、第十三集団軍からはただ一人鄧華が出席した。この会議は主に、北京の八月四日会議の決定をどのように貫徹していくかの分業が討論されたと見られる。(7)

同じ十一日、第十三集団軍首脳部が管下の軍団、師団の幹部を緊急に集めて命令を受け取る会議を開いた。その会議に出席した蕭勁光(東北辺防軍副司令官に任命されたが、実際は赴任せず)は北京指導部を代表して、辺防軍の今後の作戦任務を以下のように規定した。

「米国侵略に対抗する朝鮮人民を支援するため、朝鮮に赴いて参戦するための準備を整えよ。中国は米国に対して公に戦争状態に入るつもりはないので、部隊が出国して参戦するときに「義勇軍」の名義を使用する」(8)

それに続いて、十三日と十四日の二日連続で、高崗が主催する辺防軍高級将校会議(師団以上の幹部はほぼ全員出席)がやはり瀋陽で開かれ、辺防軍の任務、出国参戦の目的と意義、軍事的準備に関する要求などについて北京の命令を周知し、具体的実施を促すことがその内容となった。この二日連続の会議は後に「瀋陽軍事会議」と呼ばれている。師団幹部まで参加した、朝鮮参戦に関する合同軍事会議が行われたのは、これが初めてである。

この会議で、高崗は中央軍事委を代表して全般的な動員報告を行い、鄧華は米軍との作戦に関する戦術問題について報告を行った。蕭勁光、蕭華(東北辺防軍副政治委員に任命されたが最後には赴任しなかった)、賀晋年らも発言した。それに続いて参加者による討論が行われた。[9]

高崗(1950 年)

「義勇軍」の名義による参戦が決定される

高崗の演説はまず、米国の対中「三方向侵攻」戦略を説明して参戦の戦略的重要性を論じた。

「米帝国主義はすでに、東方〔アジア〕の各民族に対する武装侵略を直接に発動した。（中略）朝鮮を侵略する戦争は米国の全般的侵略プランの中の一部である。米帝国主義は中国への侵略、アジアの独占をずっと忘れていなかった。そのため、米国は朝鮮の占領を中国の東北、華北に侵攻するためのジャンプ台にしようと企んでおり、また日本と南朝鮮を積極的に再武装して、日本と朝鮮の人力と物力を利用して米帝国主義者の侵略計画に加担させようとしている」

高崗は続いて、戦線を釜山周辺まで推し進めた朝鮮人民軍の「勇敢な戦いぶり」を一応評価したものの、米国はさらに軍隊を投下して戦争を拡大し、朝鮮北部まで反撃してくる可能性があるとして、参戦準備を整える必要性を次のように力説した。

「仮に米国侵略者が朝鮮を占領すれば、その次には必ず力を蓄えてわれわれの東北と華北に侵攻してくるだろう。それでは、米国が朝鮮全域を占領して中国に攻めてくるときを待ってそれらを消滅すればよいのか、それとも進んで朝鮮人民軍に協力して本国以外で敵を消滅して自分を守ればよいのだろうか。明らかに、本国以外で敵を消滅することがわれわれに有利であり、われわれの友人に有利であり、帝国主義に反対し平和と民主を勝ち取る世界人民の事業に有利である」

そして高崗は辺防軍への具体的指示を述べた中で、「朝鮮領に出動する際、義勇軍の名義を使い、朝鮮の服装を着用し、朝鮮〔軍〕の番号を名乗り、朝鮮人民軍の旗を掲げ、主要幹部は朝鮮人の名前に改める。これによって朝鮮人民に喜ばれ、外交的にも有利であろう」と述べた。別の証言によれば、参戦する中国軍の名称が検討される中で、「支援軍」など複数の候補が上がり、九月末か十月初めの時点で、副首相の黄炎培が「義勇軍」の名義を提案し、毛沢東に受け入れられたとなっている(10)が、いずれにせよ、八月中旬、「義勇軍の名義による参戦」の方式はすでに参戦部隊にも周知されたことがうかがえる。

「瀋陽軍事会議」に関して、次の三つの内容が特に注目に値するといえよう。

一、中国参戦時期の問題。高崗の演説に従う形で「大半の参加者は、敵がまだ安定した足場がないときに乗じ、機先を制し、朝鮮人民軍に協力し、一気呵成に敵の侵略的野望を打ち破るべきだと主張した」という当事者の証言があるが、別の研究者は、会議出席者のうち、むしろ、暫時、参戦を見合わせるべきだという意見が優勢を占めたと述べている(11)。後者の分析が真実に近いと思われる。実際、杜平の回想録にも、国連軍が北上し、中国国境に到達した時点での参戦を主張する者も少なくなかったことが述べられており、北京からきた蕭華が、会場の混乱した様子を見て、第三八軍の劉西元政治委員に態度表明を促し、劉の「中央指導部が出兵の時期を決めたらわれわれはいつでも出動する」との発言によって初めて、即時参戦の意見が優勢に立ったという(12)。

二、国連軍と交戦する場合の有利条件ならびに不利条件、および交戦結果についての分析。会議出席者の一部は、対国連軍作戦の結果に悲観的な見通しをもっていた。彼らは、国連軍は「近代的武器装備、われわれの数倍もの大砲を有し、優勢な海軍、空軍、原子爆弾も保有している。このような敵と戦うことは、国内戦争とは違う」と主張した。[13] 双方の戦闘力にもとづいて戦争の見通しを立てるのは、第一線の軍人としては当然のことであろう。しかし、毛沢東の九月出兵の主張は、最初から会議進行の前提になっていた。そこで、主催者側は、会議を中国参戦の有利な条件の分析を重点議題とする方向へと誘導したと見られる。中国参戦の有利な条件は次のように列挙された。

(1) 軍隊の量的優勢。両軍の参戦兵力の対比は一対三と見込まれる。さらに、米国の北東アジア戦場への増兵限度は五十万人であると推定し、これに対し、中国は四百万余りの軍隊を使用できる(この兵力の見積りはまた、中国が米国との全面戦争を考慮に入れていることを示唆する)。

(2) 軍隊の質的優勢。国連軍は「大義名分のない出兵で、士気は奮わない」のに引き換え、中国は祖国防衛という大義名分を持つ。また、国内戦争に勝利したばかりで、作戦経験が豊富な上、耐久力もある。

(3) 兵站保障の有利。国連軍の軍用物資はほとんど米国本土から搬入する必要があるが、中国の物資輸送は至便である(この分析の誤謬を杜平は認めている)。

(4)　正義と世界人民の同情は中国側にある。[14]

三、米国が原爆を使用する可能性と効果。八月四日の政治局会議で、毛沢東は、たとえ米国が原子爆弾を使用するとしても中国は最後まで戦争を放棄しないと言った。毛の発言は、十三日の瀋陽会議でも伝達されたと見え、反対意見は最初から封じられていた。加えて当時、中国の中級幹部は核兵器の威力をあまり理解していなかったようで、この会議では、高崗の演説内容に沿った形で、①米国の核兵器使用を牽制する外部要素(同盟国の反対など)が多い、②いったん原爆を投下すれば、共倒れになるため、ワシントンもそれを使用する決心を下しがたい、という楽観的な見通しが会議の正式見解としてまとめられた。[15]ホワイティングも、原爆の威力に対する中国の評価の低い傾向を指摘し、この傾向と、ソ連が保有する原爆に対する高い期待は、ソ連から教え込まれたものだと主張しているが、[16]これも一つの原因として見てよかろう。

参戦準備期間の延長

「瀋陽軍事会議」はもともと北京の指示に従って実施に移すための動員会議であったが、鄧華以下の第十三集団軍幹部から予想外の抵抗を受けた模様だ。十四日、集団軍側は鄧華、洪学智、解方三人の名義で、同じく瀋陽にいる高崗、賀晋年、蕭勁光、蕭華に電報(同時に北京の中央軍事委に転送)を送る形で、中央軍事委に対して、辺防軍の編成状況およびその装備不足などにかんがみ、「八月末までの準備完了に関する命令の実施はとても間に合わない」とし、準備完了の時間を九月末までにするか、いちばん早くても九月中旬までとするよう提案した(17)。

鄧華らの意見は高崗から暗に支持されていた可能性がある。そのため、同じ瀋陽にいながら、鄧華らは高崗に北京へ同時に転送される電報を送り、それを受けて翌十五日、高崗もさっそく毛沢東に打電し、「部隊が南満地方に集結して日にちが浅く、諸準備はまだ緒に付かず、特に武器装備の更新、臨戦訓練、政治思想の動員はまだ系統的に行われていない段階で、八月末までに出国作戦の準備を完全に終了させることはかなり難しい(18)」という瀋陽軍事会議の多数意見を報告し、「出国作戦の時間を延期するよう」提案した。蕭勁光も帰京後、毛沢東に「装備と医療人員の不足などの困難(19)」を報告し、「八月末までの戦闘準備完了を実現するのに困難はかなり大きい」と説明した。

第十三集団軍首脳部および高崗、蕭勁光の報告と建議を前に、毛沢東は譲歩を余儀なくされた。高崗の電報が届いた三日後の八月十八日、毛沢東は高に返事を送った。

「(一)八月十五日に届いた貴官の辺防軍幹部会議の報告書を読み、その主旨に同意する。(二)蕭勁光同志の報告書にある辺防軍の諸問題はすべて解決可能と思われる。

(三)辺防軍が訓練およびその他の準備を完了する時期を九月末まで延長することを認める。貴官の責任において九月三十日までに一切の準備を完了せよ」[20]

杜平の回想録では、この指示は聶栄臻が第十三集団軍の鄧華司令官宛に送ったものとしているが、おそらく毛沢東はこの電報を高崗に送ると同時に、また聶栄臻に命じて、鄧華にも送ったと思われる。

前述の八月四日の政治局会議、五日の「九月参戦」構想についての毛の電報から、八月十八日の「参戦準備期間の延長に同意」を知らせる毛の電報にいたるまでは、中国の朝鮮戦争介入に関する政策決定過程の幕開けである。そして、前線の指揮官らの慎重的態度に直面し、毛沢東は参戦の予定時期の延期に同意した。筆者はこの段階における東北軍区、第十三集団軍幹部の毛沢東に対する異議申し立てを、第一回の意見相違の発生と位置づける。論争の焦点は、毛が、米国の中国を目指した「三路向心迂回」戦略に着目し、国家戦略的見地から九月出兵を決意したのに対し、東北前線指揮官らが軍事的角度から作戦の準備不足を強調し出兵延期を申し入れた点である。この矛盾は毛の譲歩によって八月十八日に解決したかに見えたが、後々まで尾を引くことになる。

ところで、毛沢東が八月十八日前後に参戦準備期間の延長に同意した真の理由は一体何であろうか。

七月の時点であれば、人民軍はまだ攻勢を続けており、それが中国の出兵を必要としない外的原因にもなったろうが、八月中旬の段階では、種々の資料が示すように、中国首脳部は朝鮮が自力で勝利を勝ち取る見通しに対しますます悲観的になっており、国連軍の反撃の可能性に対しますます警戒するようになっていた。(21)

その理由を推測すれば、一つは、八月初めの時点に比して、八月半ば頃の中国首脳部と軍指揮官は参戦に関してより具体的に、より詳細に検討し、また、国連軍作戦の特徴とその武器の威力に関していちだんと認識を深めるようになった結果、前線の指揮官だけでなく、毛沢東も慎重にならざるをえなくなった、ということである。もう一つは、八月の段階で、中国の参戦問題がいよいよ現実性を帯びてきたとき、前線の指揮官のみならず、北京の首脳部の中にも、出兵の必要性に対する疑問、中国軍の作戦能力に対する悲観的見方などがくすぶり始め、毛沢東は作戦の準備をいっそう充実させると同時に、指導部内部の意見調整の必要を感じ、そのため一ヵ月の参戦準備の延長を考慮することになったと見られるほかに、第一線部隊の武器と戦争物資の準備不足も一因のようである。

第十三集団軍側の説明によると、辺防軍の所有する火砲の三五パーセントは修理しないと使用できない状態にあり、一回の戦闘に最低限に必要な砲弾の量の半分以上が足りず、車輛と馬などの輸送道具および銃、火砲、鍬などの武器装備は極端に不足していた。その報告を聞いた周恩来は怒って、「われわれの部隊の一部はもはや軍隊ではなく、生産チームに成り下がった。武器と装備は何でも修理と補充を要するとは何事か」と話した。[22]

そこで、参戦準備のタイムテーブルは再設定された。八月十九日より前、各戦闘部隊では主に政治動員と教育を行う。八月二十日からの二十日間、軍事訓練が実施される。その間、武器装備の補充および編成の調整も同時に着手される、というものだった。八月二十六日、周恩来が国防会議を主催して、東北辺防軍の参戦準備における困難と問題点を検討し、解決案をまとめた。周は「全ての準備を整える必要がある。臨機の応戦になってはならない。十分な準備をした上で、参戦するなら勝てるようにしなければならない」と語った。[23]

毛沢東が朝鮮戦争介入の具体的時期を示したとたん、異議申し立てがあり、数多い問題が露呈した。その後の出兵に関する政策決定の道も決して平坦ではないことを象徴するようなスタートであった。

第二節　仁川上陸の予測

雷英夫の報告（八月二十三日）

八月に入ってから、朝鮮戦場に関する中国首脳部の情勢判断は、ますます悲観的になった。本来武器装備で圧倒的優勢を占めていた国連軍は、釜山周辺の防御戦で兵力が集中し、物資供給も充足し、むしろ有利な態勢になった。それに引き換え、人民軍の後方供給は手酷く破壊され、攻勢が鈍化し、最初の快進撃の勢いを失った。膠着した局面はついに九月中旬に打破され、マッカーサー総司令官が指揮した仁川上陸作戦が成功し、国連軍は間もなくソウルを占領し、人民軍の供給ラインを完全に切断した。その後、人民軍が総崩れを起こし、戦争は瞬く間に、国連軍が半島南部を回復した上、三十八度線以北に進撃する段階に変わった。

朝鮮人民軍が全力を尽くして南下した際、後背地と西海岸沿いの唯一の輸送ラインを確保するというのは軍事常識のようなものだ。にもかかわらず、ついにその防衛を怠ったまま南下して二ヵ月半後、マッカーサーにやられた。その理由はいくつか考えられる。金日成はソ連顧問と共に、当初は、ソウルさえ制圧すれば南朝鮮全域で革命と蜂起が起こり、戦争が終わると思ったため、輸送ラインの確保を考えていなかった。ソウル以南に進撃を始めた時は、米軍を中心とする国連軍が介入し、思わぬ苦戦に、人民軍は全力を尽くさざるをえず、輸送ラインへ手を回す余裕をなくした。その間、金日成は、米軍も極東にある全兵力を投下したと判断し、釜山を一気に攻略できれば相手に反撃の隙を与えまいとの「希望的観測」をもっていた。それに対し、中国は「六・二五」以後の三カ月余り、傍観者の立場だった。「傍目八目」とよくいわれるように、比較的冷静な情勢分析ができた。

開戦一週間後の七月二日、ローシチン大使がモスクワに送った電報の中で、毛沢東ら中国指導者の戦況分析と提案が報告された。中国指導部は、米国が朝鮮戦場に大量な部隊を増派する可能性があるため、朝鮮人民軍が半島南部の重要な港を速やかに占領するよう提案した。その中で、「毛沢東は、ソウルを防衛するため、仁川でも強力な守備部隊を置くべきであり、米軍海兵隊はそこから上陸する可能性があるためだ」とのくだりがあった。

八月中下旬になると、中国指導部は、米軍が相手の意表を突いて反撃してくるシナリオを一段と憂慮した。その中の八月二十三日、総参謀部作戦室主任雷英夫が毛沢東、周恩来に、国連軍が仁川に上陸してくる可能性について報告書を提出した。筆者は雷英夫本人にインタビューを取った。以下はそのやり取りである。

——あなたは国連軍が仁川で上陸作戦を行うことを、どのようにして予測するにい

雷英夫（1990 年）

たったのか。

「この予測は私一人で出したのではない。われわれ参謀数人が共同研究した結果なのだ。私は外国語が苦手だ。通常、われわれ中央軍委の参謀たちは関係の各部門が中国語に翻訳し、整理した資料にもとづいて、首脳部に簡単明瞭な外部動向に関する報告を提供するのが仕事であり、直接、戦略的提案、主張はしない。しかし仁川上陸を予測した件はどうしても見解を提出しないわけには行かないと思った。それはわれわれ参謀数人が、それぞれホワイトハウス、マッカーサー司令部、前線司令官など敵の各方面の立場と見解のシミュレーションを行い、激論を闘わした結果見出した、確信を持った結論なのだ。私は総参謀部作戦室主任として、最終的に諸々の根拠、見解をまとめ、周恩来総理に報告しただけだ」

「もちろん、私が周総理に報告するときは勇気が必要であった。参謀から直接、重要見解を提出する前例がなかったからである。また、「諸君は敵の資料を根拠に結論を出したが、敵側の資料にもとづいて予測を立てるのは、〔労働者階級か資産家階級かという階級的〕立場の問題があるのでないか」と、反対する者もいた。しかし私は不安を抱きながらも、ついに周総理のところに行くことにした」

雷英夫が周恩来、毛沢東に報告した経過は、解放軍作家・権延赤がインタビューした内容に明らかなので、これを引用する。

「居仁堂の総参謀部作戦室で、緊張した分析、検討が午後まで続き、やっと一段落した。

空が暗くなる頃、雷英夫は西花ホールへ周恩来に面会に行き、「われわれ作戦室が繰り返し検討した結果、朝鮮戦場は大きな危険を孕んでいるとの結論に達した。……米軍は上陸作戦を行うのではないかと考える。そして西海岸の仁川が上陸地点である可能性が高い。……われわれは理由を六カ条にまとめた」と報告した。

周恩来はただちに電話で毛沢東に報告し、毛は、周に雷英夫と作戦部の李濤部長を連れて自分の執務室に来るよう命じた。菊香書屋〔毛沢東の書斎〕に入ると、雷は作戦室でまとめた六カ条の根拠と判断をもう一度説明した。毛沢東はそれに耳を傾けてから、六語を口にした。「有道理、很重要」〔道理がある、とても重要だ〕。

最後に毛沢東は三つの命令を出した。一、情報部門は、朝鮮と米、英、日〔の動向〕

を厳重に観察せよ。二、われわれの見解をスターリンと金日成に通報し、彼らの参考に供せよ。三、東北の第十三集団軍は準備を速め、いったん有事の場合、即刻出動可能な状態で待機せよ、と。

これは一九五〇年八月二十三日のことであった」[24]

雷英夫が後に発表した証言録は、総参謀部作戦室がまとめた、国連軍が仁川で上陸作戦を行う可能性を裏づける根拠は、次の六カ条だとする。

一、米軍、韓国軍の十三個師団が釜山三角州の狭い陣地に配置されているが、陣地を固守したまま、撤退も、増援もしない。戦略的に見れば、それは朝鮮人民軍の全主力部隊を引きつけるためである。

二、米国は日本に、高い戦闘力を有する陸軍第一師団と第七師団(後の第十軍)を集結しているが、それを朝鮮戦場に増援する気配はなく、戦闘訓練を行いつづけている。これは新しい戦場を切り開くことの兆しだと考えられる。

三、地中海、太平洋に配備していた米、英の多数の艦船が朝鮮海峡(対馬海峡)に集結中である。これも上陸作戦を行い、戦争を拡大しようとする兆候である。

四、朝鮮半島は南北に長く、東西は一番細いところでは百キロ余りしかない。元山、南浦、仁川、群山港など上陸に適する地点も多い。その中で、仁川に上陸することは敵にとって戦略的価値が一番大きい。米軍が仁川で上陸作戦を行えば、人民軍の輸送と後退の道を切断し、人民軍を包囲することができる。

五、マッカーサーと彼の第八軍は敵後上陸作戦に慣れており、太平洋戦争中、対日戦で実績がある。また、上陸作戦は特にその海軍、空軍の優勢を発揮できる。たとえそれに失敗しても、大きな損害は受けない。

六、人民軍が洛東江まで前進したのは勝利であるが、補給線が延長され、兵力が分散し、特に後方が空虚になっている。それに対し、敵軍は集中防御で、反撃する余裕が出てきており、戦場での主導権を握り始めている。

なお、毛沢東が出した三点の指示は以下のようになっている。

一、東北辺防軍の参戦準備状況をチェックし、九月末までに全ての戦闘準備を終え、いつでも出動できるよう態勢を整えることを厳命する。

二、敵が仁川で上陸する可能性に関する分析と、朝鮮人民軍が最悪な状況に備えて、南下する部隊を進んで後退させるかもしくは仁川で防御を強化するかという意見を、朝鮮とソ連側に伝え、その参考とする。

三、総参謀部と外交部は朝鮮戦場の情勢変化に対して随時に密接な観測・分析を行う。(25)

金日成への通報

雷はまた、五〇年八月二十三日以降九月十五日までの自己心理状態を筆者に語った。

「周総理、毛主席に報告すべきか否か逡巡した。八月二十三日の晩、毛主席に報告後、ますます責任の重大さを感じた。特に毛主席と周総理が私の意見に賛同してからは、むしろ内心怖くさえなった。九月十五日仁川上陸のことが伝わってくるまで、毎日、寝食にひびくほど不安だった。九月十日頃、台風が北上中という情報が入り、仁川の水かさが十数メートルまで上がったということで、私はますます眠れなくなった。しかし結果的には幸か不幸か予測が的中した。政治的に言えば、誠に残念なことだが、参謀の任務から言えば、自分の予測が誤っていなかったことに、内心ほっとした」

雷英夫証言録はまた、毛沢東が国連軍の仁川上陸の可能性をソ連、朝鮮側に伝えよと指示したことを証言している。それを受けて、筆者は雷にこう質問した。

——では、なぜ朝鮮側が中国の意見を聞き入れなかったのであろうか。

「中国が知らせたのに、彼らは重視しなかった。本当の原因は、われわれを軽視していたからなのだ。朝鮮人民軍は全部ソ連の装備で武装されていたし、ソ連の顧問が指揮に当たっていた。ソ連側がこれ〔国連軍の上陸作戦〕はありえないと言えば、誰も反対できなかったのだろう。当時金日成は、八月に戦闘を終結できると思っていた。戦況全般に関する判断は中国とまるっきり違っていた。だからわれわれの意見に耳を貸そうとしなかったのだ。もちろん、中国側も強引に主張を押し通すわけには行かなかった。通報という形式で中国側の意見、判断を彼らに伝えたのであって、同意しようがしまいが、それは彼らの決めることなのだ」

中国側が国連軍の敵後上陸に関する予測意見をソ連と朝鮮双方に通報したが、ソ連側が先に中国の意見を否定し、それがピョンヤンの判断に影響を及ぼしたのか、それとも朝鮮側がみずから中国の見解を否定したのかは不明である。

一方、朝鮮指導者の戦況分析は中国のそれと完全に違っていたし、また具体的戦闘の指揮に忙殺され、中国側の意見を聞き入れる余地、余裕はなかったとも思われる。あるいは金日成は半ば信じたが、そのとき使える全兵力が釜山戦線に投入され、補強しようにも余力がないため、対策が遅れてしまったのかも知れない。マッカーサーの回想録によると、国連軍が上陸する前、朝鮮軍はすでに仁川港で防御工事の強化作業に着手していたという。[26]また元山沖に水雷を敷設し、群山港にも一部兵力を駐屯させた。これは、朝鮮側がいくらか対策を打ったことを示唆している。しかし、国連軍の仁川上陸の時期、規模を予想できなかったことには変わりはない。それは情勢分析、判断に根本的な誤りがあったためである。

中共中央党校教授の崔佩亭も、ソ連に滞在した一九八五年、李相朝(元朝鮮軍副総参謀長)と会い、李から、毛沢東が国連軍の敵後上陸に関する予測を朝鮮側に通報したことを直接聞いた、と証言している。

「朝鮮戦争勃発後、金日成が中ソ両国に、戦況を説明する使節をそれぞれ送った。中国に派遣されたのは李相朝だった。

北京到着後、李は先に周恩来と会った。周は、毛主席が戦場の最新状況を至急知りたがっていると言い、彼を毛のところに連れていった。

毛沢東に会うと、李は、朝鮮軍用地図を取り出し、戦況を詳しく紹介し、戦局の成り行きに対し楽観的な態度を示した。

毛は李の説明を聞き終わると、机の上の朝鮮地図を見ながら、米国は〔張り子の虎ではなく〕本当の虎だ、人を食うのだと言った。彼は地図の上の朝鮮半島西海岸の三つの港を指差して、米軍が海上から人民軍の背後に迂回し、そのいずれかに上陸することに対処しなければならない、と話した。毛が指差した三カ所の予想上陸地点の中に、仁川港が含まれていた。最後に毛は李に対し、ただちに帰国し、米軍上陸に対処する緊急措置を取るよう、金日成に知らせよと言った。結局、李が帰国して間もなく、九月十五日、米軍が仁川に上陸し、朝鮮戦況が逆転してしまった」(27)

第十三集団軍の予測意見

北京の雷英夫より一週間遅れて、東北に駐屯中の第十三集団軍首脳部も、中央指導部に同工異曲の予測意見を提出している。八月三十一日、解方が起草し、鄧華、洪学智、解方が連名で朱徳・解放軍総司令官宛に送った報告書は、次のような情勢分析をしている。「朝鮮人民軍は敵軍を分割して撃破し、殲滅作戦を行う機会を失ってしまっている」、「敵軍の今後の反撃は一つの可能性として兵力の一部を北朝鮮沿岸の後方数ヵ所に上陸させ、攪乱牽制戦法に出る間に、主力が現在地より主要鉄道、国道に沿って北上して進撃すると考えられる。第二の可能性として少数兵力が現在地で応戦する間に、主力が後方(ピョンヤンまたはソウル地域)に大挙上陸し、前後から挟撃すると考えられる。このような事態が生じれば、人民軍の立場は極めて困難となる……」(28)

中国軍事科学院の斉徳学研究員は、右の報告書は、第十三集団軍から林彪宛に送られ、林が九月八日にこの報告書を毛沢東に回した、と考証している。また、その報告書の内容は六項目に分けられており、各項目の小見出しは、①敵とわが方の兵力対比、②朝鮮の地形、③後方供給問題、④敵の意図、⑤わが方の作戦方針、⑥部隊の装備と訓練問題、となっていると説明している(29)。右に引用した鄧華らの情勢分析は、その中の第四部分に該当すると見られる。

中国国防大学の徐焰教官によると、八月十五日以降、外交部でも連日、同内容の情勢分析会議が開かれた、という。[30] これらの動向は、総参謀部の雷英夫ら参謀の分析と軌を一にするものである。それは偶然の一致なのであろうか。雷英夫らが国連軍の仁川上陸を予測したのも、結局、天才的な頭脳から出たインスピレーションによるものではない。それは中国指導部が朝鮮戦争に対して独自の分析と判断をした結果、到達した結論であり、米国の戦略的意図を重視した毛沢東の情勢分析の延長線上にあるものである。中国は当時傍観者だったがゆえに、歴史的経験に根差した、全局を眺める醒めた目をもっていた(北京の研究者の話によると、毛が冷静さを失い始めたのは五〇年十一月末、義勇軍がマッカーサーの「クリスマス攻勢」を撃破したときからだそうである)。

第三節　三段階兵力配備計画

対米非難のエスカレート

八月中旬以降、「米帝国主義の台湾、朝鮮侵略」に対する中国政府の公式の反応はいぜん鋭く、激しいものであった。前と比べて変化があるとすれば、それは、国際社会に向かって米国の中国領土に対する「侵略」を非難するボリュームを高めたことであった。

八月二十四日、周恩来首相は国連事務総長と安全保障理事会議長に送った電報の中で、米国の「台湾に対する武装侵略」に制裁を加えるよう要求し、「中国人民は、中国領土を武装侵略した米国政府の行動を容認することはなく、米国侵略者の手から台湾およびその他のすべての中国に属する領土を収復する決意をした」と宣言した。同日、葉剣英将軍は、八月十七日のイギリス軍艦の中国領海侵犯に対し抗議声明を発表し、「計画的にわが国の主権を侵犯する行為である」と批判した。八月二十七日、周恩来は、米軍機が中国東北上空に侵入したとされるその当日、再度、国連に電報を送り、「米国が中国の主権を侵犯し、中国人民を虐殺し、戦争の拡大を企図した。これは和平を破壊する重大な罪であり、中国人民が決して容認できないことである」と非難した。イギリスの飛行機は七月初め以来中国領空を侵犯し続けているとされたが、これに対して八月下旬になって初めて一括した抗議の声明が発表された。右の諸動向は八月後半から、中国最高当局が対外的に強硬な反応を取り始めたことを示唆している。

シモンズの著書はこの時期の中国とソ連の反応の微妙な差を重視している(31)が、それはあまり意味のないことだと思われる。当時、中国の対外的立場は、ソ連の朝鮮戦争に関する主張を完全に支持することであった。ソ連代表が国連安保理事会に復帰した後に打ち出した新しい提案に、中国のマスコミ、政府スポークスマンはすべて支持を表明した。中国は戦略的には中ソ同盟条約に依存しており、戦術的には、敵陣営に中・ソ・朝の間の間隙を見せないことを優先させ、対外文書と対外放送の中でソ連、朝鮮に、屈折したシグナルを送ることに慣れていなかったし、余力もなかったのであろう。一九五七年の社会主義十二カ国党代表者会議(モスクワ会議)で、中国は内部の話し合いを通してソ連に、さまざまな相違意見を申し入れていながら、公開の場では共同声明文の表現に譲歩をしてまで、ソ連との完全な一致を示し、間隙を「敵に利用されないように」心がけていた。一九五〇年は、毛沢東の尊敬するスターリンも健在で、ソ連依存度も数年後より高かった。この時期に中国側の表現で何かソ連、朝鮮と差があるとすれば、それは、主観的原因によるものではなく、地理的位置、歴史、文化上の差異によってもたらされた文章表現上の差にすぎないであろう。

第二次国防軍事会議(八月二十六日—三十一日)

八月中旬、第十三集団軍、高崗、蕭勁光が相次いで毛沢東に、参戦準備の遅れと武器装備の不足を報告し、出動までの準備期限を引き延ばすよう申し入れた。毛沢東はそれに同意し、準備期限を一カ月延長して九月末までにした。高崗、第十三集団軍幹部の所属する東北軍区は八月十六日、参戦準備強化の一環として、林彪の第四野戦軍が進出した中南軍区から一個軍団を東北に移動させるよう中央軍事委に電報で要請した。毛沢東はそれに同意し、江西省南部と広東省北部に配備された第四八軍の北上を命じた。しかしこの軍団は三十数箇所の地域に分散して匪賊の討伐に当たっていたため、林彪は、それに代わって、湖北省で水利工事に携わっていた第五〇軍の東北への配置換えを提案し、北京から了承され、九月六日、配置換えの命令が発布され、もともと国民党軍だったが解放軍に寝返ったこの軍団は早速集結し、十月中旬に吉林省に到着し、義勇軍の最初の参戦出動に間に合った。

東北軍区から一個軍団の増派を申し入れた電報を受けた直後、解放軍総参謀長代理の聶栄臻が毛沢東に対し、東北軍区の申し入れをヒントに、「われわれは軍全般の配置について再考する必要が出てきた。第一陣の配備〔東北辺防軍のことを指す〕は行われているものの、事態の変化に対応し切れない恐れもあるため、長城以南の地域に第二陣の兵力を集結して備えとするよう提案する」旨の報告書を送った(32)。

そこで毛沢東の指示に従い、周恩来・軍委副主席は八月二十六日から三十一日まで、数回にわたって在北京の軍事首脳が参加した検討会議を召集した。雷英夫は一連の会議を総じて「第二次国防軍事会議」と呼んだ。そのうち、二十六日夕方から夜までに開かれた会議は「東北辺防軍準備検査会議」であり、出席者の顔ぶれは七月七日の国防会議とほとんど同じで、周恩来は毛沢東の談話を伝え、また中心報告を行った。毛は、米国が世界大戦を発動するための極東での基地を準備すべく朝鮮戦争に介入したのであり、中国は米国の行う局地戦争を一々押し返して、初めて世界大戦の勃発を阻止することができると語った、という。一方、周は報告のなかで朝鮮戦争の成り行きに関する見解を明らかにし、「李承晩を海に追い落とす」ことは今はもはや現実的可能性がなく、中国はむしろ国連軍の反撃、北上を現段階の対応策の前提とすべきだと要求した。

この主旨にしたがい、会議では、各兵種の三カ年軍拡計画の制定が求められ、また、当面の任務について、①東北辺防軍の準備状況の検査、②各兵種部隊の緊急補充問題、という二項目の議題が討議された。第一の議題は、時期の早まる可能性のある中国軍の介入に備えるために、いかに辺防軍の戦闘準備、装備更新の速度を速めるかということであり、第二の議題は、近代的装備の国連軍と対戦するために、空軍支援、砲兵援護、装甲部隊および後方輸送線の確保などの問題を研究することであった(33)。

その間、聶栄臻総参謀長代理が提起した、朝鮮戦争参戦に備えた第二陣、第三陣兵力の集結問題も検討されており、二十七日、毛沢東は、西安にいるもう一人の軍委副主席・彭徳懐宛に次の電報を送った。

「彭徳懐同志、
情勢の変化に対応するため、即時、十二個軍団を集結し、機動的に待機する必要がある(すでに四個軍団は集結済み)。ただし、この件は九月末までにもう一度決定を行う予定である。そのときには貴官も来京し、討議に参加されたい[34]」

毛沢東がこの電報で言及した兵力集結の規模拡大の構想は、彭徳懐の来京を待たず、わずか四日後、現実化した。八月三十一日、やはり周恩来が召集した「東北辺防軍建設計画会議」で、十一個軍団(三十六個師団)、併せて七十万人を総規模とする東北辺防軍の三段階配備案がまとめられた。九月三日、周恩来はこの案を毛沢東と劉少奇に送り、許可された。

正式に批准された、朝鮮戦争参戦に備えた三段階の兵力集結計画は、すぐ参戦できる第一線の兵力は十一個軍団の三十六個師団(第十三集団軍所属の三個軍団と第四二軍、さらに南部から緊急に北上させた第五〇軍)と一部の高射砲部隊や後方支援部隊の七十万人とし、第二陣兵力は三個軍団からなる十二個師団として華東軍区から調達し、十月末までに済南・徐州一線に集結させ、第九集団軍をその後方に配備して第二線兵力とし、そして第三陣兵力は三個軍団からなる九個師団として西北軍区から移動させ、年末までに集結を完了する、というものであった。なお、参戦一年目において中国軍の死傷者は二十万と見込まれ、第四野戦軍から二十万の古参兵士を集め、開戦後すぐ補充できる態勢に入る計画も制定された(35)。

九月九日、中央軍事委は、第二陣兵力の集結として上海地域に駐屯していた宋時輪の第九集団軍に対し、山東省南部の鉄道沿線への正式移駐命令を発令した。九月二十日、第九集団軍は管下の部隊に対して、十月一日から各軍団が相次いで北上することに関する命令を出した。十月下旬、これらの部隊はほぼ全部、指定区域に到着し、軍事訓練に入った。その兵員を補充するため、旧国民党軍から寝返った部隊を中心とする第十六兵団を解散し、その兵員を第九集団軍の各部隊に編入した。

続いて、北西部に駐屯していた、楊得志指揮下の第十九集団軍も命令に従い、隴海鉄道沿線(後に津浦鉄道の山東省中部地域へ変更)に集結待機した。

毛沢東の構想は、第一線兵力が朝鮮領に出動すれば、すぐ第二陣兵力を旧満州にある東北辺防軍の駐屯地に移動させ、さらに第十九集団軍をその後続部隊とするものだった(36)。結果から見れば、朝鮮戦場に投入されるこれら第二、三線部隊の集結命令は、七月の東北辺防軍の創設とともに、毛沢東の深慮遠謀による配置であった。七月からの第十三集団軍の東北移動と戦闘準備がなければ、十月参戦も危ぶまれるが、九月初めの第二、三線部隊の召集がなければ、五一年春以降、第二次世界大戦の凄まじさを凌ぐ国連軍の全面攻撃の前に、中国義勇軍はただソウルを放棄し、三十八度線に押し戻されるだけでは済まなかったであろう。

第十三集団軍の報告書(八月三十一日)

前述の八月三十一日、鄧華、洪学智、解方ら第十三集団軍首脳が連名で北京に提出した報告書は、参戦時機、目的などについても分析を行っている。

鄧華他は、「わが軍の参戦の時機は、敵軍が三十八度線以北まで進出した機をよしとする。それによって政治的な理由がより十分になるのみならず、軍事的にも有利である。参戦の目的は、敵軍を殲滅し、迅速に戦争を終結させることとするのが妥当と思われる」と提言した(37)。

八月二十六日と三十一日の軍事会議は、参戦の時機について詳しく検討を加え、その中で、国連軍が三十八度線を越え、北上する時点を参戦の時機とする主張も挙げられたが、毛沢東が九月前半の出兵を計画していた八月初めころに見られたような、人民軍と国連軍との戦いが膠着状態に陥るときを参戦のタイミングとするもの、また中国軍の準備完了次第出動するという主張も存在していたようである。しかし、軍事準備は意外に時間がかかり、その完了の下限を決めること自体が難しいことが判明する一方、国連軍が三十八度線まで反撃してくる可能性が増大したと判断される中で、「敵軍が三十八度線を越え北上すること」を参戦時機と考える基礎が出来上がったのである。そもそも毛沢東がスターリンに打ち明けた中国側の参戦構想は米軍が「三十八度線」を北上することを前提としていた。しかしこの構想は集団軍の幹部まで知らされたとは考えにくい。そのため、同じ「三十八度線出兵」を唱える鄧華他(おそらくその背後には高崗などがいる)の八月三十一日の提言により、この参戦の前提条件が中国首脳部と東北軍区でほぼコンセンサスになったと考えられる。

鄧華他の報告書はまた、敵の主力軍の殲滅を作戦目標に、「短期決戦」を戦術とし、毛沢東に対し、次のような三つの重要提案を行った。

一、可及的に大量の空軍の参戦を組織する。もしソ連の空軍その他技術装備上、さらに強力な援助があれば、「短期決戦」方針の実現はより確実な保障を得ることになる。もし空軍力が十分でなければ、参戦の時期を延期することもやむを得まい。

二、二個集団軍を追加参戦させ、各部隊の大砲、戦車など必要装備を増強する。将校らがもっとも懸念しているのは高射砲の配備問題である。各軍団に一個高射砲大隊を増設し、それにロケット砲大隊、対戦車砲大隊を加えて砲兵連隊を構成する。さらに、各師団に一個高射機関砲中隊を設置する。

三、兵站の機構を増強し、糧食、弾薬、輸送道具、医療施設などの補充を急ぐ。また、有力な幹部を朝鮮に派遣し、状況調査に当たらせ、人民軍から供給、輸送の経験を学ぶ。[38]

八月末の第二次国防軍事会議および一連の決定により、中央首脳部の(やや急ぎの)参戦構想と前線の第十三集団軍司令部の(やや慎重な)見解が一部歩み寄ったことを示している。両者とも、介入兵力の規模の拡大、「短期決戦」戦術を主張し、国連軍の主力軍の殲滅を目的とする構想を立てた。しかし、相違がないわけではない。第十三集団軍側は、暗に武器装備の十分な補充を出兵の前提に掲げている。特に空軍の支援がなければ、出兵延期もやむなしとし、砲兵についても、北京首脳部が肯んじえない要求をしている。

そのとき、北京で別の意見の相違が発生した。

二回目の意見相違(九月上旬)

柴成文によると、彼は九月一日北京に緊急召喚され、その晩、周恩来に会った。召喚の目的について柴は直接言及していないが、周との会見に関しては詳しい証言を残している。柴はピョンヤンで倪志亮大使とともに決めた「報告項目」にもとづいて、周に朝鮮戦況について悲観的な見通しを述べた。周恩来が「万が一状況が急変し、われわれが朝鮮に出兵しなければならないとすれば、どういう困難があるか」と質問したことに対し、柴は、輸送と通訳の問題を挙げた。周は柴が持参した「報告項目」に「政治局常務委員各位回覧」との指示を記した。

九月三日、柴は中央軍委事務局の通知によって、林彪の自宅へ報告に行った。林が「報告項目」に目を通したものとして補足説明をする柴に、突然林彪は、「彼ら〔朝鮮労働党の指導者〕は山に入り、ゲリラ戦をやる心構えが出来ているか」、「われわれが出兵せず、彼らにゲリラ戦をやらせることについて、どう思うか」と聞いた。柴は中央内部に出兵反対の主張があることに驚いたと証言している(39)。

遅くとも九月初めに、林彪は、国連軍が人民軍の主力部隊を撃破し、半島北部まで攻めてくることを予想し、また、中国参戦の必要性、現実的可能性に対し疑問を持ち始めたことをこの証言は示唆する。七月初めから二カ月近く戦争準備を推進してきた林彪は、まさにその過程において、中国の準備不足と実力の差、そして参戦の危険性を痛感し始めた。八月一カ月中に、毛沢東が主導した対米作戦の準備が、各方面に対する十分な配慮がなく、戦争突入に向けて一人歩きしているのではないか、という危機感も彼の内心で働いていたのかも知れない。十月初め、林彪が義勇軍総司令官就任を拒否したことは、この背景と無関係ではあるまい。

七〇年代以来、いまだに、林彪は名誉回復されていない。だから柴の回想録はこの悪玉の林彪が朝鮮戦争参戦について早い段階で懐疑、反対の態度をとっていたことを名指しして明らかにすることができた。しかし、後の参戦問題をめぐる大論争が示したように、中央内部で出兵に関し、懐疑的、反対的立場にいる者は、決して一人、二人だけではなかった。彼らも比較的早い段階から、毛沢東と別の考えをもっていたと考えられる。ただし最初に異議を公に提起したのは、参戦準備に直接係わっていた者たちであった。八月十三日の瀋陽の会議に出席した第十三集団軍首脳と高崗、蕭勁光は、毛沢東に対し、早期出兵の困難を並べた。林彪は、前述のように、八月三十一日の第十三集団軍の報告書を受理し、毛沢東に回すかどうかを決める責任ある立場にいながら、出兵反対論を提起したのである。

この二回目の意見相違は、主戦派の最高指導者毛沢東と、参戦準備の実質的責任者の一人林彪の間で起こった。論争の焦点は戦略方針であった。毛沢東は米国の究極の意図を重視し、その「三路向心迂回」戦略に反撃を加えることに着目し、たとえ中国が鴨緑江を渡る必要があっても、基本戦略の実行を阻むべきではないと考えていた。これに対し林彪は、戦禍が中国に及ばないことを優先的に考え、戦争を朝鮮半島に封じ込めるべきで、たとえ金日成が再び山に入らざるをえなくとも、中国に亡命政権を作らせるなど、米国に中国進攻の口実を与えるようなことを、避けなければならないとした。

しかし、論争は拡大することはなかった。その時点で、慎重派はまだまとまった勢力にはなっておらず、わずかに林彪ら数人が個別的に、あるいは非公式の場で毛沢東に異議立てをするだけであった。林彪、高崗は毛の信頼を受けていた部下であった。毛沢東は、林彪などからの「忠告」に煩わされる様子も見せず、政策の主導権を握り、参戦準備を続行した。この状況が明示したことは、意見の食い違いがあっても、万が一の最悪の状況に備えるためには、慎重派も、戦争準備と装備の補給を強化する必要性に誰も異論を持っていなかったことである。

九月五日開かれた中央人民政府委員会の第九回会議で、毛沢東は、八月四日の政治局会議での発言よりさらに激しい口調で、対米対決の決意を示した。毛は「〔第三次世界大戦を〕相手〔米国〕がどうしても発動しようとするなら、好きにするがよい。……相手が原子爆弾を使えば、こっちは手りゅう弾で応酬する。相手の弱点をつき、最終的に打ち負かしてやる」と語った(40)。

奇妙に思われるが、九月前半まで、積極参戦派の毛沢東の頭の中は、朝鮮戦争一色の状態でもなかったようである。新中国の最高指導者として、毛沢東はいぜん東北の戦争準備を、全国的視野から他の政策、方針とできるだけ両立させようと努力していた。『文稿』

を見ても、七月から九月までの間、毛は、東北の軍事準備についてたくさんの指示を出すかたわら、外交、各地の国民党残留軍・土匪の掃蕩、経済再建などについても多くの指示を残している。解放軍の一部に、東北への待機命令を出したものの、その他の大半に対しては、むしろ経済再建への貢献、文化学習などを呼びかけている。八月一日、毛沢東は軍委の名義で、「軍隊における文化教育実施に関する指示」を発布し、「全解放軍は、与えられた軍事任務と生産任務以外、長期的に文化学習を重視し、文化高揚に努め、軍隊を大きな学校にせよ」と呼びかけた。八月四日、毛はまた、第十九集団軍の兵士復員に関する報告書に、各中央局と軍区がその復員の経験を学べという指示を記している。(41)

だが、一カ月後、朝鮮半島における国連軍との対戦問題が他の業務とはやはり両立できないことを毛沢東は悟った。十月初めから義勇軍が鴨緑江を渡るまで、毛は参戦問題を思慮して数週間まんじりともしなかったと言われる。十月十日、軍委総政治部は、ある総括報告書のなかで、当面の緊急解決を要する問題は、「部隊の中に普遍的に発生している平和的状態に麻痺する思想だ」と指摘し、「幹部に対して、戦闘的、新愛国主義的思想を樹立し、米帝国主義の侵略陰謀に反対する動員を行い、兵士に対して、今年秋、冬季に戦闘の意志を強化する教育を重点的に行うべきである」と規定した。(42)九月下旬以降、軍内部の文化教育、軍人の復員などは継続されたものの、内容には変化が見られた。文化教育は敵軍との戦闘準備教育に変わり、莫大な軍隊、特に国民党軍から転向した部隊などに対する除隊を継続する一方、精鋭部隊の中では逆に、すでに除隊した幹部などの復帰を求めるようになった。

毛沢東が九月初頭まで、東北の戦争準備と全国の政治、経済任務を両立させようとしたことは、ある意味で、中国軍の参戦をまだ焦眉の急と思っていなかった心理を反映している。林彪などが参戦反対の意見を公に言わなかったのも、まだ現実的な問題と捉えていなかったためとも考えられる。だが九月十五日、国連軍が仁川に上陸して以降、中国軍の参戦は、たちどころに現実的な問題となった。毛沢東は多大の精力を朝鮮戦争への対応に払い始めた一方、参戦の慎重派も一つの勢力を形成していった。そこで、中国軍参戦に関する政策決定は第二段階――後期に入った。

(1) 『新華月報』第二巻第四号、七三〇頁。
(2) 一九五〇年当時の財政部部長・薄一波の回想録『若干重大決策与事件的回顧』(中共中央党校出版社、一九九一年五月)、前掲斉徳学『朝鮮戦争決策内幕』、三〇頁など。
(3) 『文稿』第一巻、四五四頁。
(4) たとえば、シモンズによれば、マッカーサーの訪台で、北京指導部が台湾問題の平和的解決をめぐり、米国と取り引きをする最終的可能性を失ったことを意識した、と主張している。前掲シモンズ『朝鮮戦争と中ソ関係』、一六九頁。
(5)『聶栄臻回憶録』、七三八頁。
(6) 洪学智『抗美援朝戦争回憶』、二―七頁。
(7) 同右、七頁。
(8) 蕭勁光の瀋陽軍事会議での演説、一九五〇年八月十一日。『抗美援朝戦争史』第一巻、九一頁から引用。
(9) 杜平『在志願軍総部』、一八頁、および洪学智『抗美援朝戦争回憶』、七頁。
(10) 第七章を参照。
(11) 参考資料――杜平『在志願軍総部』、一八頁。前掲張希論文、一一九頁。
(12) 杜平『在志願軍総部』、一八―二〇頁。
(13) 同右、一八頁。
(14) 同右、一八―一九頁、および徐焔『較量』、一八頁。
(15) 杜平『在志願軍総部』、一九―二〇頁。
(16) Whiting, *op. cit.*, p. 134.
(17)『抗美援朝戦争史』第一巻、九四―九五頁。
(18) 張希論文、一一九頁。
(19) 杜平『在志願軍総部』、二〇頁。『抗美援朝戦争史』第一巻、九四頁。

(20) 『文稿』第一巻、四六九頁。

(21) 毛沢東は一九五〇年八月十九日、ソ連科学アカデミー会員のP・ユージン(後の中国大使)に対して、朝鮮戦争の行方は米国次第で、二つの可能性があると分析した。一つはそれまでと同じ規模の兵力での介入だが、その場合、米国が「近いうちに半島から追い出されるだろう」。もう一つの可能性は米国が大規模に兵力を増派することで、その場合、北朝鮮が勝てないだけでなく、中国の直接的支援が必要になる。八月二十八日になると、毛沢東は再びユージンとの会見で、「最新情報によると、米国側は朝鮮への軍事力派遣を大幅に増強すると決定し、それで事態が推移する可能性についてわれわれは二番目の可能性(北朝鮮軍が抵抗できず、中国軍が参戦せざるを得ないこと)を除外できなくなった」と話した。ソ連の中国駐在大使からスターリンへの電報。五〇年八月二十日と二十八日。トルクノフ『朝鮮戦争の謎と真実』、一五九―一六〇頁から引用。

なお、周恩来の軍事参謀雷英夫の証言によると、八月中旬のある日、周恩来は雷を含めた外交部、総参謀部の幹部を集めて朝鮮戦争の情勢分析を行い、諸幹部は、帝国主義強国の米国が、十六カ国の軍隊を糾合して国連軍の旗を掲げて介入してきた以上、一、二回の戦闘に負けたからといって南朝鮮という重要な戦略基地を放棄することはあり得ないと語った。最後に総括した周は、朝鮮戦争は一、二年の長期戦になる可能性があると指摘した、という。雷英夫「抗美援朝戦争幾個重大決策的回憶」、北京『党的文献』誌一九九三年六月号。

(22) 『抗美援朝戦争史』第一巻、九二―九三頁。『周恩来軍事文選』第四巻、四五頁。

(23) 『周恩来軍事文選』第四巻、四五頁。

(24) 権延赤『他和共和国的締造者們』、『時代文学』一九八九年五月号、一六―一七頁。
(25) 前出雷英夫証言録と、同「抗美援朝戦争幾個重大決策的回憶(続一)」、『党的文献』誌一九九四年一月号。
(26) Douglas MacArthur, *Douglas MacArthur Reminiscence*, Time Inc. 1964. 津島一夫訳『マッカーサー回想記』下巻(朝日新聞社、一九六四年)、二四六頁。
(27) 孫宝昇「毛沢東曾預言美軍可能在仁川登陸」、『軍事史林』総三〇号、一九九〇年十月、一三頁。
(28) 杜平『在志願軍総部』、二一頁。
(29) 斉徳学「記実並不実　評『黒雪　出兵朝鮮記実』」、『軍事歴史』一九八九年第六号、四〇頁。
(30) 徐焰『較量』、一八―一九頁。また、ある軍研究者が教えてくれたところによると、総参謀部と外交部が連日、国連軍の反撃の可能性を検討した直接の契機は、八月十五日、金日成が「本月中に全国土を解放する」と公式発言したことであり、朝鮮側のこの楽観的な見通しに対し中国側の危機感が一気に高まった、ということである。
(31) シモンズ『朝鮮戦争と中ソ関係』の第六章「戦争介入に踏み切った中国」を参照。
(32) 一九五〇年八月二十日に毛沢東が彭徳懐に送った電報に添付した聶栄臻報告書。『抗美援朝戦争史』第一巻、七四頁から引用。
(33) 前出雷英夫証言録(続一)、『党的文献』誌一九九四年一月号、二五頁など。
(34) 『文稿』第一巻、四八五頁。

(35) 参考資料——『周恩来軍事文選』第四巻、五一頁。前出雷英夫の証言録など。なお、徐焔『較量』、一九頁もこれに触れている。
(36) 『抗美援朝戦争史』第一巻、七四—七四頁。
(37) 杜平『在志願軍総部』、二二頁。
(38) 同右、二一—二二頁。
(39) 柴成文他『板門店談判』、七七—七九頁。
(40) 軍事科学院軍事歴史研究部編『中国人民志願軍抗美援朝戦史』(軍事科学出版社、一九九〇年十二月)、五頁。
(41) 『文稿』第一巻、四四六頁と四五二頁。
(42) 同右、五五四頁の脚注(一)。

第六章　「弓につがえられた矢」

第一節　周恩来の警告

ソ連大使にぶつけられた中国指導部の不満

国連軍が仁川に上陸したという電報が北京に届いた九月十六日昼間、毛沢東は寝ていた。中央弁公庁(官房相当)機要室(情報管理部門)の李智勝秘書官が電報を持って大至急毛沢東の寝室に駆け込んだら、「毛主席は就寝しており、よほどのことでない限り、起こすわけには行かない」として入り口で警備担当者に止められた。李は、「アメリカ人が上陸した。戦局に新たな変化が生じたため、この電報をどうしても読んでいただかないといけない」と話し、ようやく通された。起こされた毛沢東は電報を読んで、普段と変わらない表情で「とうとう上陸したのか」と一言言うのに留まった。(1)

同じ情報が同じ日に瀋陽の第十三集団軍に伝えられた時、司令部内は緊張した空気に包

まれた。幹部たちの議論の中心は、「米軍の仁川上陸に対して中国軍はどう対応するか」であった、という。(2)

毛沢東は、仁川上陸の情報を届けてくれた部下の前で表情を見せなかったが、内心穏やかでなかったはずだ。それはショックというより、北京からの忠告を無視し続けた金日成、そしてソ連側への怒りだったのかもしれない。

九月十八日、ソ連大使ローシチンが周恩来との談話をすぐスターリンへ打電したが、この談話で爆発させた不満は明らかに毛沢東の気持ちを代言したものだった。

「本日、私は軍事顧問であるコトフおよびコンノフとともに周恩来のもとへ招かれた。一九五〇年九月十五日の済物浦〔仁川〕への米国海兵隊の上陸について何か情報を持っているか、と周恩来は尋ねてきた。中国指導部は、新聞発表と平壌のラジオ放送以外には何も情報を摑んでいなかった。

周恩来は、軍事問題に関して北朝鮮指導部との連携は非常に悪い、と述べた。中国は北朝鮮側が幹部要員を求めていることは知っているが、朝鮮人民軍の作戦計画については完全には把握していない。戦況を観察するために多数の中国人軍事要員を国境地帯に派遣しようと試みたものの、今日まで平壌からは何の音沙汰もない。

さらに中国首相は、以前毛沢東が与えた忠告や予測を朝鮮民主主義人民共和国が無

視している、と不満を述べた。（中略）

毛沢東の代理として周恩来は、もしもより正確な情報をソ連政府が握っているのであれば、それらを中華人民共和国指導部に提供するよう要請した(3)」

それに対して、スターリンが金日成を弁護する電報が二日後に北京に届けられた。

「金日成が定期的に情報を提供しなかったのは前線との通信が困難であったためで、朝鮮の同志たちがそれをしたくなかったわけではないと解釈されるべきだ。

残念なことに、モスクワが平壌のソ連大使から受け取った朝鮮の軍事情勢に関する情報も断片的かつ遅れたものである。明らかに、これは朝鮮人民軍がまだ未熟で経験が浅いこと、朝鮮の指導者と自分の軍隊との連携が脆弱であること、前線の戦況について迅速かつ真剣な分析を行っていないことから引き起こされた問題だと考えられる。朝鮮人民軍は共産党と同じく非常に若く、またわずか三カ月間しか実戦経験がない。標準化した装備を有する外国の軍隊との戦闘において朝鮮人民軍が勝ち取った巨大な成功はまさに驚くべきものであると、見るべきであろう(4)」

スターリンが慌てて行った金日成弁護は、実際の状況を説明し、「内輪もめ」を防ぐためであるとともに、それらの問題をもたらしたソ連側の責任をかわす狙いもあったと見られる。

中国側は、仁川上陸で慌てた金日成とソ連側の対応を横目で見て、自分の出兵準備とは別に、金日成に対してもっとアドバイスをする必要があると感じた。周恩来は九月十八日、ローシチン大使との談話で、「限られた情報による助言」と断って、もし朝鮮人民軍がソウルと平壌地域に十分な予備軍があるなら、仁川に上陸した敵軍を全滅させることができるだろう、もし十分な予備軍がなければ、目下、洛東江前線で戦っている人民軍から、一部を防御に残して、主力部隊を速やかに北へ移動させ、その後、運動戦(流動的進攻作戦)で敵を各個撃破しなければならない、と述べて、この意見を金日成に伝えるよう要請した。(5)

同じ十八日、金日成が久しぶりに中国大使倪志亮と会い、仁川上陸後三日間の戦況を紹介し、仁川方向では人民軍は二個の編成されたばかりの連隊しかなく、後援部隊も望めず、米軍はすでにソウルに迫っており、戦争は長期化せざるをえないことを認めた。倪は当日中に北京の周恩来、聶栄臻に打電し、この談話を伝えた。そこで周恩来は直ちに返電を起草し、毛沢東の添削をへて、周恩来の名義で九月二十日、倪志亮大使経由で金日成に送られた。電報の大意は以下の通り。

(1) 金日成の長期作戦の考えは正しいと評価する〔数日前まで金日成はずっと即決戦を主張していたが〕。

(2) 敵軍が仁川方面で一段と兵力を増派する可能性があり、その狙いは南北間の交通路を切断し、さらに三十八度線に進軍することである。

(3) 人民軍は三十八度線以北を死守すべきで、これで持久戦は初めて可能になる。

(4) 自力更生、長期奮闘という全般的方針に従って、敵を殲滅するための主力部隊をいかに保存するかを検討するよう望む。(6)

九月二十七日と三十日、金日成はまた二度にわたって倪志亮大使と会見し、三十八度線以北ではもはや守備に当たる部隊が残っていないこと、南にある主力部隊は後退する道を完全に米軍に切断されたと告げた。それに対し、毛沢東の意見を込めた周恩来名義の電報が十月一日に金日成に送られた。その中で、特に南方に遮られた人民軍主力部隊に関し、第一方面軍の八個師団を二つのグループに分けて、一つのグループは重火器を捨てて小さいチームを組んで、敵軍の間隙から抜け出して北方に帰還すること、もう一つのグループはやはり分散して敵後でゲリラ戦を行い、北進する敵軍を牽制することなどの具体的建議を行った。(7)

これらのやり取りを行う過程で、北京指導部はこれまでの、ほとんど全ての連絡がモスクワ経由だった段階を通り越して、金日成との直接連絡を取り、積極的に意見を述べるようになった。中国はこれで朝鮮戦争へ一段と深いコミットをしていった。

加速された参戦準備

中国はすでに二ヵ月以上も、参戦の準備を進めていた。仁川上陸の衝撃は、中国軍の参戦問題を今までの水面下での討論の段階から、一気に最終決断の段階へ押し上げた。洪学智の証言によると、仁川上陸直後、金日成は内相・朴一禹を鴨緑江左岸の安東に派遣し、第十三集団軍首脳に対し、「朝鮮の党と政府を代表し、中国に参戦を要請する」申し出をしたそうである。それに対し、北京からの指示がない第十三集団軍幹部は確約をしなかったものの、朝鮮側の要請を北京に報告すると同時にただちに緊急会議を開き、朝鮮の戦況と国連軍の動向を研究し、軍側の対応策を検討した。彼らは、国連軍は必ず引き続き北上し、鴨緑江まで兵を進めると判断し、中国参戦は避けられないとして、その場合、先頭軍になる自覚のもとに、参戦前の諸準備をいちだんと速めた、という。(8)

参戦準備は同時に北京でも加速度的に進行された。高崗はピョンヤンを秘密訪問して帰国した九月十七日、毛沢東から「現況では、〔中国が〕出兵せざるをえなくなった。準備を速めよ」と書かれた緊急書簡(9)を受け取った。参戦の決意をよりいっそう固めた毛は、国連軍の仁川上陸後、関係責任者たちに出兵の心構えを促したのであろう。

九月二十日、周恩来の責任において、中国参戦時の作戦方針に関する基本原則が制定され、毛沢東の同意を得て成立した。新たな作戦方針は、次の通りである。

「抗米援朝戦争は、自力更生の持久戦でなければならない。それぞれの戦役、戦闘で、優勢な兵力と火力を集中し、小規模な敵軍を分割、包囲、殲滅し、徐々に敵軍を弱体化させていき、長期作戦に資する」(10)

前述した通り、八月三十一日の第十三集団軍首脳の北京への報告書は、対国連軍作戦の方針を「短期決戦」と提言していた。その時、北京も、東北の軍指揮官も、その対国連軍作戦構想は朝鮮戦況が北側に不利な方向に傾いていたものの、相対的な均衡状態が崩れたことを前提としたのではなかった。しかし九月十五日以降、戦局が大逆転された中で、中国が準備不足のまま参戦すれば、「短期決戦」による勝利どころか、国連軍に簡単に撃退される可能性さえ出てきた。それでも参戦する、いや、なおさら参戦すべきだ、と決意した毛沢東は、周恩来に委託し、総参謀部の協力のもとで、作戦方針を「持久戦」に変更し、改めて国連軍の中国国境に向かう北上攻勢を阻止することを、主要目標として制定したのである。

国連軍の仁川上陸はまた中国指導部に、朝鮮戦場において予想される戦闘地域の実地調査に踏み切らせた。東北辺防軍首脳部は、参戦準備のため、四人の情報部員からなる先遣隊を、大軍の出動前に朝鮮に派遣し、状況把握と地形調査に当たらせることを、九月前半までに提案していた。これに対し、周恩来は許可を保留していたが、九月十五日以降、ただちに、その派遣に同意した。ただし、党中央で正式な参戦決定が行われるまでは、周は六月末と同じように、「先遣隊」の名義の使用を嫌った。ふたたび武官の名義で五人が速やかにピョンヤンに派遣されることになり、武官は全部で八人になった。

五人の新武官は、張明遠(元東北軍区後勤部副部長)、崔醒農(元十三集団軍司令部偵察部長)、何凌登(元三九軍司令部参謀部副部長)、湯敬仲(元四〇軍一一八師団参謀長)、黎非(元軍委砲兵司令部情報部副部長)、である。東北軍区幹部張明遠を除いて、全部、情報畑の専門家であった。七月十日にピョンヤンに到着した武官と違って、この五人は直接、各参戦部隊から派遣された代表で、文字通り、参戦「先遣隊」であった。

九月十七日、新武官たちは北京で周恩来の接見を受けてから、柴成文の引率で出発した。ピョンヤンに到着後、朝鮮首相秘書の何仰天より、金日成が署名した信任状をもらい、一刻を争って、中国軍の進駐、戦闘が予想される朝鮮北部各地の地形調査にあたった。中国軍の出動まで、彼らはずっと実地調査を続けていた(11)。

雷英夫の話によると、八月まで、中国首脳部は朝鮮人民軍の服装をし、朝鮮の旗を掲げて参戦することを決めたが、参戦軍の名称は九月末まで決まっていなかった。毛沢東と周恩来が検討していた名称は「中国人民支援軍」であったという。毛の参戦構想の根本は、米国の「三路向心迂回」戦略の打破であり、戦火が中国大陸に燃え移る戦争ではなかった。

後の政策決定の過程で、中央指導部は、米空軍が大陸の都市を爆撃することに対する対応策も考えたが、米国の「中国侵略の野心」を打ち破るとともに、戦争を朝鮮半島に限定するのが出兵の最大の狙いであった。

参戦が火急問題となってきた九月末の段階で、毛沢東は中央人民政府委員レベルの非共産党メンバーに対しても参戦の決意を通報し、ある程度心構えを促すとともに、参戦軍の名称についても意見を求めたようである。通報を受けて、「中国民主建国会」に属する政府委員、副首相の黄炎培は毛と周に面会を申し入れ、「支援軍」という名称を使うとすれば、派遣する主体は中国政府になる、それは、米国に中国へ戦争拡大の口実を与えず対米全面戦争を回避するという、本来の主旨にとってプラスにならないと、異議を唱えた。そして彼は、スペイン内戦の前例をもとに、「義勇軍」(中国語では「志願軍」)という名称を提案した。彼の説に一理あるとして、毛沢東は周恩来らと相談し、名称を変更し、十月二日、正式に「義勇軍」という名称をソ連側に通報した(12)。「中国人民義勇軍」なら、人民が「自発的に」朝鮮人民を援助に行くことを意味し、国際法上の問題などを回避できる、という判断であろう。後の情勢の発展から見ると、「義勇軍」という名称での参戦は、正規軍参戦の偽装だと批判されながらも、中国は対米全面戦争をする意思がないというシグナルをたしかに米国側に伝えた、と思われる。

「放置するわけには行かない」

外交分野では、毛沢東は九月十六日、周恩来に対し、「東北および上海、山東沿海において、数回認められた米軍機と米軍艦の侵入を放置することは妥当ではない」と指示した。(13)これにもとづき、周は九月二十四日、二十七日、二回にわたり国連事務総長宛に、米軍機、軍艦が中国を侵犯したことに対して厳しく抗議する電報を送った。二十四日の電報はまた、中国側が八月二十七日、八月三十日、九月十日の三回におよぶ抗議を重ねたことに言及し、容認の限度を越えたことを表明しようとした。九月二十二日、周恩来は、外交部スポークスマンの名義で声明を発表し、中国在住の朝鮮人の帰還問題に関する米国の非難に反駁した。これらの強硬反応は、中国首脳部が内部で参戦準備を急いでいるかたわら、対外姿勢も、九月十五日以前より意図的に硬化させたことを示している。米国が直接攻撃の矛先を中国に向けることのないように慎重に言葉を選びながらも、全体的な口調はむしろ、もし国連軍が三十八度線を越えて北上するならば、中国は座視せず、軍隊を送り込む権利をもっているという警告を込めた意思表示をワシントンに送ったことになる。

国連軍の北上を座視しない、と警告する信号は九月末の数日間、さらに明確に送り出された。九月二十五日、聶栄臻・総参謀長代理は、中米間の意思伝達の役を務めるインドの

K・M・パニッカー大使と会見し、「もし帝国主義者が本当に戦争を起こそうとすれば、われわれは立ち上がって抵抗するより他に道はない」「戦争は中国に重大な損害をもたらすが、中国はいかなる代価も払う覚悟で、米国の侵略行為を阻止しなければならない」と話した。(14) 九月三十日、周恩来首相は北京中山公園で開かれた政治協商会議の建国一周年祝賀大会で行った演説のなかで、米国を「中国の最も危険な敵だ」と呼び、次のように米国に対し警告を発した。

1950 年 9 月 30 日，政治協商会議の主催する大会における演説の中で，国連軍の朝鮮北部への侵入に対して，「放置するわけには行かない」と警告した周恩来

「中国人民は平和を愛するが、平和を守るためには、侵略反対のいかなる戦争をも恐れない。中国人民は決して外国の侵略を容認することはしない。また、帝国主義者の隣国に対するほしいままの侵略を放置するわけには行かない」(15)

聶栄臻とパニッカーとの談話、周恩来の演説については、今まで研究者の間で多く言及されており、本書では詳しい分析を省くことにするが、周恩来の演説の中の、国連軍の朝鮮侵略を「放置するわけには行かない」という有名な言葉についてはもう一回検討する必要があると思う。

中国語で「不能置之不理」(放置するわけには行かない)という言葉にはじつに豊富な内容がある。率直に「介入する」と明言することと違って、その剝き出しの闘志をやや隠すことになるが、一方、我慢、容認は絶対しない、という主体性のある強い意志も込められている。「放置」という言葉は、最初、前述の九月十六日の毛沢東の周恩来宛の内部指示に用いられている。今周恩来がこの言葉を借用して公式の場で国連軍の北上に対する態度を表明したのは、内部では、毛沢東の権威を立て、対外的には、朝鮮北部の防衛を初めて正式に宣言するシグナルになるのであった。

一カ月前に国連軍の仁川上陸を予測していた周恩来の軍事参謀・雷英夫は、「放置するわけには行かない」という言葉は、中央の最高首脳たちが慎重に選んだものだと語ってくれた。この言葉には次のような四つの含みがあることを彼は強調した。

一、中国は「仁義之師」(十分な理由にたっての出兵)であり、信義を重視する。公式の場で、国連軍が北上すれば中国は介入する、という約束をした以上、約束を守るためにどんな犠牲も惜しまない、という意思表示である。

二、対外強硬反応がエスカレートする過程における新たなステップを意味する。中国指導部は参戦の時期が間近に迫ったと判断したが、秘密裏の戦争準備から突如、大規模介入へ突入することが、国際的に不利な影響を及ぼすことを知っていたため、軍事準備を完成しながらも、参戦への中間ステップとして、「放置するわけには行かない」という警告を首相の口から発しておく。後に、米国側は、中国は不意打ちを仕掛けたと非難したが、中国は一貫して、九月三十日の周恩来談話の中ですでに事前警告を出したと、主張している。

三、当時の中国は、国連軍が三十八度線を越えず、南北両立の局面に戻ることを暗に期待して、まだ出兵以外の可能性を探っていた。しかし、中国が実力と決意を示さないかぎり、米国は決して北上を停止することはないとの判断にたって、参戦の決意を表明することは、逆に外交的解決の可能性につなげられると考えた。「外交的解決を求めようとしても、実力がなければ空砲にすぎないことは、米国が中国に教えたのだ」と雷は言う。

四、国連軍に鴨緑江南岸全域を制圧されてからでは、中国軍は出兵の契機を失うことになる。九月末の時点で、国連軍が三十八度線を突破し北上することはいつ発生しても不思議ではなくなったので、中国政府はこの公式の場での強硬発言をもって、国内民衆に対して対米戦争の心構えをするよう、促したものであった。

不幸なことに、当時米国が中国の軍事力行使の決意を根本的に無視していたからなのか、それとも、中国の文化伝統による微妙な言い回しが太平洋の向こう側では理解されなかったからなのか、いずれにせよ、中国と米国は、直接対決を回避する最後の機会を逸し、二十年間の中米対立につながる戦争に突入していったのである。

第二節　軍内の政治動員

「恐米病」の排除

本書はここまで、時間的経過に従って、九月末までの中国の出兵をめぐる準備、政策決定過程を述べてきた。次章では、中国参戦に関する政策決定のクライマックスを迎えるが、その前に、参戦の準備過程の全貌を反映するために、軍内動員の経過を述べることにする。

六月二十八日の中央人民政府会議の決定にもとづいて、七月十日に発足した「米帝国主義の台湾、朝鮮侵略に反対するキャンペーン週間」準備委員会は十四日、「キャンペーン週間」の開催に関する通達を発布した。七月十七日から二十三日まで催されたこのキャンペーン週間は、全国的規模で盛大に行われた。それは対外的には、朝鮮への声援となるが、中心的な狙いはむしろ国内に向けて、予想される対米軍事衝突に備え、反米感情を盛り上げ、広範囲に蔓延している「恐米病」(米国を恐れる心理)を取り除くことにあったと思われる。そして平行して軍内部で展開された宣伝教育キャンペーンは、後者の狙いをより重視した、対米作戦に備える軍事動員の一部分なのであった。

七月下旬、第十三集団軍の各部隊が河南省から東北に赴く途中、兵士たちは列車の中で、次のような自作の小歌を口ずさんでいたという。

播種禾苗壮　　種蒔き育てた　黄金の穂波
豊収正在望　　豊かな取り入れ　間近に望み
田園暫別離　　しばし　鋤鍬　田畑はなれて
整装向北方　　軍装整え　北へと向かう

隣邦遭蹂躙　　隣の邦が　踏みにじられりゃ
国境需厳防　　守らにゃならない　祖国の砦
走吧勇士們　　いざや進まん　つわものどもよ
我們去站崗　　行きてつとめん　祖国の見張り(16)

この小歌から、「米帝国主義の台湾、朝鮮侵略に反対するキャンペーン週間」とほぼ同時に進められた第十三集団軍の東北国境への移動では、部隊が出発する前に、配置替えの目的地、およその任務についてすでに政治動員を行っていたことが分かる。朝鮮への出兵を兵士たちに説明するのは、まだ時期尚早であろうが、少なくとも、米帝国主義が中国を侵略する可能性とこれに対する作戦準備について、政治動員で説明があったと考えられる。第三八軍副軍団長・江擁輝は、彼の部隊が東北に出発する前の七月中旬に、政治動員が繰り広げられ、東北に赴き、国連軍との対戦に備えることを、末端の幹部たちに説明したと証言している。(17)

八月五日、毛沢東が辺防軍に対し、「九月上旬に実戦に投入できるように備えよ」と命じたのを受け、八月十三日の辺防軍師団以上幹部会議は、高級幹部に対する思想動員の狙いも兼ねていた。続いて開かれた第十三集団軍全体の政治工作会議では、各参戦部隊の思想状況を分析し、対策方針を制定しており、東北に集結した諸部隊の全面政治動員はこれをもって開始されたと見られる。

政治思想動員の重点は、米国を恐れる心理を取り除く「恐米病」排除に置かれた。いうまでもなく、それは中国参戦の最大の交戦相手が米軍だからである。「米国を敵視する教育」と呼ばれたこの反米教育を進めなければならないほど、解放軍内では、対米厭戦気分がかなり蔓延していた。

一九四五年以降の国共内戦で、解放軍は、米国の武器で装備された国民党軍にさんざん痛めつけられた。解放軍は米国の武器、装備を奪取して初めて、蔣介石軍に対する反撃作戦が可能になったのだが、その間に元国民党軍の兵士が解放軍の兵力として補充され、彼らによって米国の世界最強国としての恐怖がさらに広められた。一九四八年初め、解放軍各部隊のなかで最強を誇る林彪の東北野戦軍の司令部は、中央に提出する政治工作に関する総合報告のなかで、次のように述べている。

「一部の幹部には、米国を恐れる心理がある。原子爆弾を恐れ、第三次世界大戦を恐れ、国民党の敗戦後米国が直接出兵することを懸念している」[18]

五〇年八月中旬に開かれた第十三集団軍の政治工作会議も、参戦が予定されている各部隊の思想状況に関し、分析を行った。それによると、積極分子は五〇%を占め、中間分子は四〇%で、残りの一〇%の兵士は、「朝鮮参戦の偉大な意義に対する認識がはっきりしておらず、平穏な生活に愛着を抱き、苦しい戦争を嫌悪し、米帝国主義の軍隊との交戦、原子爆弾に恐怖を抱いている。中には、鴨緑江鉄橋を地獄への関門にたとえ、「抗米援朝」は要らぬ世話で、災いを自分に引き寄せるようなものだと言う者もいる」という。[19]

実際は、恐米心理を持つ兵士、下級幹部の占める割合は一〇%をはるかに上回ったであろう。集団軍幹部の調査でも、兵士の四〇%を「中間分子」としている。つまり少なくとも五割の人が「米帝国主義を敵視する教育」を必要としたわけである。

二つの動員方法

内部発行の、中国参戦軍の「政治工作経験」を総括した本は、「恐米心理」排除を狙った政治動員の内容を次の二点にまとめている。一、「米帝国主義が朝鮮を侵略することに対し、われわれは放置するわけには行かない」ことを中心に、情勢と任務の教育を行う。二、兵士たちが見聞きした米軍機の朝鮮、中国領に対する狂暴な爆撃の事実を例に引き、「現場教育」を行う。(20)

このまとめに関し、第十三集団軍の政治動員を主催した杜平は具体的な証言をもって裏づけている。当集団軍が行った第一の教育は「戦争不可避」の教育だ、という。「歴史上米帝国主義が中国を侵略した事実を振り返り、米国侵略軍に対する恨みを呼び起こし」、参戦の必要性と正義を宣伝する。集団軍政治部はパンフレットを作成し、一八三九年の米軍艦の最初の中国寄港から、一八五八年の中米天津条約、一九〇〇年の八カ国連合軍の干渉、第二次世界大戦後の米国の中国内戦介入にいたるまでの「百年来の米軍の中国侵略の歴史的事実」を列挙し、またこれを米軍の朝鮮戦争と台湾海峡への介入、東北国境地帯への爆撃などと結びつけて、「米国の侵略の次の目標は中国であり」、「米国は中国人民の最も危険な敵である」との結論に導く。

もう一つは、「米軍に立ち向かう精神」と「米軍に勝てる自信」の教育であるという。「重点は米帝国主義の「張り子の虎」の本質と、その戦略上の弱点を暴露し」、「中国軍は装備の上で米軍に及ばなくても、米軍に打ち勝つことができるとの信念を植えつける」というものである。(21)

北京のある戦史研究者は、彼の調査した反米教育の実態を以下のように説明してくれた。第十三集団軍が対国連軍作戦の動員をしたとき、ほとんどの幹部も兵士も、アメリカ人の顔を見たことがなかった。そのため、反米教育は、米帝国主義が中国を侵略、侮辱した歴史の学習のかたわら、間接的被害体験にもとづいた教育を重点に進めた。兵士の身体に残っている銃弾の破片の有無を調べた結果、三分の一の兵士は負傷したことがあり、身体に銃弾の破片が残っていることが分かった。この事実を利用して、幹部たちは、これらの銃弾は、国民党軍に打ち込まれたものだが、武器、弾薬は全部米国が提供したものだから、負傷者は間接的に米国の侵略を受けたことになる、と教育した。このような宣伝教育は、今日から考えれば、幼稚にも見えるが、当時の兵士はほとんど学校教育を受けておらず、間近に迫った朝鮮出兵の緊急動員としてそれは案外、効果があったそうである。「教育を通じて幹部と兵士は労働者階級としての自覚を高め、米帝の侵略的本質を見極め、朝鮮人民の解放戦争を支援することは、すなわち自分の家庭と国家を守ることだ、という認識を樹立した。米国を恐れる心理も初歩的に取り除かれ、正面から立ち向かい、必ず勝てる信念が喚起された」といわれる。(22)

この政治動員の過程はまた、ある側面から、毛沢東の対米戦略思想を反映し、米国の「三路向心迂回」戦略打破を主眼とする軍内の戦争準備の重点を示すものである。

参戦前の軍内思想教育キャンペーンは、八月中旬から正式の出兵まで約二カ月間続けられた。九月初め、各軍団はそれぞれ「英雄、模範代表大会」を開き、「全国戦闘英雄代表者会議」の出席代表を選出した。九月二十五日、東北辺防軍の代表も参加して、「第一回全国戦闘英雄代表者会議」が北京で行われた。毛沢東、朱徳、劉少奇、周恩来ら指導者が相次いで会議場に姿を現し、演説をした。会議初日に行われた朱徳の演説は、解放軍の当面の任務を明確に、「予想される侵略に備え、軍事態勢を整えよ」と掲げた。

「現在、米帝国主義は狂気の侵略戦争を発動し、全世界の制覇を企て、全世界の善良な人民を彼らの奴隷にしようとしている。数カ月前、米国はわれわれの友好隣国朝鮮に対し侵略戦争を起こすと同時に、われわれが解放を目指しているわが国の領土台湾を侵略した。最近、また理不尽にも、飛行機によりわれわれの神聖なる国境線を侵犯し、罪のない居住民を掃射した。この一連の事実は、米帝国主義が中国人民に対し侵略の手を緩めようとしないことを物語っている。……われわれは随時、この狂気の帝国主義を警戒し、われらの領土と主権を守るため十分な実力を着実に準備しなければならない[23]」

十月に入ってから、参戦予定の諸部隊はさらに、「抗米援朝、保家衛国のための志願入朝に関する署名運動」を繰り広げた。第三八軍の三三八連隊だけで、毛沢東、朱徳宛に申請書を書き、義勇軍への加入を希望した兵士は、三千人近くいたという[24]。参戦直前には、連隊を単位にそれぞれ「出陣宣誓大会」が開かれた。中国義勇軍の参戦初期、想像しがたい困難な条件のもとで、連戦連勝の戦績を勝ちとったのは、マッカーサーの油断と失策のみによるものではない。長期間にわたるこの綿密な政治動員により奮い起こされた高揚した士気に負うところも大きいであろう。

第三節　「一級厳戒体制」と軍事準備

対国連軍作戦の戦術の設定

義勇軍幹部の証言によると、国連軍が仁川に上陸した後、東北辺防軍の各部隊は「一級厳戒体制」を敷き、朝鮮領へ迅速に出動できるように列車を四六時中待機させ、兵士には偽装用の朝鮮人民軍の軍服を配り、参戦準備を万全に近いものにした(25)。

だが、軍事準備をここまで進めてきたのは、中国軍にとって容易なことではなかった。五〇年八月十三日の辺防軍幹部会議で、鄧華は対国連軍作戦の戦術について報告を行った。彼は、大胆な敵後方浸透戦術の採用を提言し、相手側の弱点を捜しだし、敵軍の両翼、あるいは側面から、その背後に回り込み、まず敵軍とその後方との連絡を切断し、さらに敵を分割包囲して、逐一殲滅させる戦術を取ることを主張した。国連軍の防御陣は、正面の配備は厳重だが、後方との連絡が切断されること、包囲されることを一番恐れている。この弱点を突くために、中国軍は「近接戦」と「夜戦」を敢行しなければならない、という(26)。会議後、辺防軍は各部隊ごとに、かつてビルマ戦場で米軍とともに戦闘をした経験のある元国民党軍兵士に、米軍の特徴を説明させ、それぞれ対国連軍作戦の方法を研究した(27)。当時、第十三集団軍首脳部の構想した対国連軍作戦戦術は、八月三十一日に彼らが北京に送った報告書からも分かるように、「短期決戦」を目指したものであった。しかし国連軍の仁川上陸後、戦況が大きく変わった。九月二十日、周恩来の主導で、北京では、「自力更生の持久戦」という新しい作戦方針が提起された。この新しい作戦方針のもとで、第十三集団軍首脳部は前回に掲示した戦術構想を基礎に、改めて、次のような対国連軍作戦の戦術を制定した。

「戦略的には、持久戦の思想を樹立する。戦闘、戦術においては、優勢兵力を局地に集中し、浸透、迂回、分割、包囲、近接戦、夜戦などの伝統的戦法をとる。すなわち、米軍機の爆撃の激しい昼間を避け、夜間行動を中心とする。火力の強い敵軍に対し、長時間の対峙をしない。米軍の砲兵、空軍の優勢をそらし、隠れて敵に接近して戦闘を挑む。鉄道、国道は敵に破壊されるので、それを避けて行動する。大胆に敵の後に迂回し、中国軍の長所を生かす(28)」

八月から始まった対国連軍作戦の戦術の研究は、北京首脳部における参戦政策決定の揺れと遅延によるマイナスの影響をある程度カバーしている。実際、義勇軍の大軍が朝鮮に出動した十月二十日ごろ、国連軍はすでに鴨緑江に接近し、中国軍は「持久戦」を行う足場すら失われつつあった。そこで、第十三集団軍を中心とする義勇軍は、練りに練った

「近接戦」と「夜戦」の戦術を大胆に採用し、国連軍の北進の勢いを止めたのである。

臨戦訓練と朝鮮人「連絡員」の確保

杜平の証言によると、中央軍委の「戦時編成方案」にしたがい、第十三集団軍は八月より、部隊の編成を調整し、武器装備の更新と補充を開始した、という。例えば、三九軍では六本発射管のロケット砲大隊、対戦車砲大隊が増設され(ソ連から購入した武器装備と見られる)、各軍団の供給部、衛生部が合併して軍団後勤部に編成された。また各師団に警備大隊、高射砲大隊、救援大隊などが設置された(29)。この中に、前述のように、三八軍の武器は旧日本軍型に統一し、四〇軍の武器は米軍型に統一する、というような調整も含まれている。

臨戦訓練は二期に分かれて行われた。第一期は九月中旬までに終了し、主に分隊単位の戦術および射撃、手りゅう弾の投てき、防空訓練を実施した。第二期は参戦まで継続され、小隊、中隊、大隊単位の攻撃戦術が主要課目で、敵軍の火力下での爆破の敢行が重点とされたそうである。

各軍団はまた、十日あるいは二週間で、大隊長以上の軍事、政治幹部を召集し、朝鮮の地理状況、国連軍の戦術および山岳地帯における攻撃、防御、夜戦、歩兵砲兵協同作戦、防空などの問題を講義した。国連軍は戦車の使用が多いと考えられたので、各部隊では対戦車訓練班も開設され、対戦車戦闘技術を普及した、ということである[30]。

外国での作戦は常に言葉の違いによる意志疎通の困難にぶつかるものである。それに対応するため、東北軍区は二千人あまりの中国籍の朝鮮人青年を動員し、各部隊に通訳として配備し、「連絡員」とした。これらの「連絡員」の選別にあたっては、政治傾向が優先され、二千人中、共産党員・共産主義青年団員が半分を占め、大部分が元各地域の幹部であった。彼らは東北軍区の保安部と民政部で十日間の訓練を受けた後、参戦軍の各指揮機関と部隊に配属された。杜平の集団軍総政治部では「連絡員」が朝鮮語の授業を行い、幹部たちは日常用語と簡単な会話を勉強したそうである[31]。

東北軍区が「連絡員」を調達しているのと並行し、各軍団も独自に朝鮮人通訳を召集していた。三八軍司令部は、東北軍区から配属された百六十名以外に、朝鮮人が集中する延辺などの地域に特別チームを派遣し、五百七十名あまりの通訳を寄り集め、併せて七百三十五名の通訳と「連絡員」を確保した。それによって軍団諸機関から、各中隊まで全部、朝鮮人「連絡員」を配備することができたという[32]。

これらの「連絡員」は、義勇軍が朝鮮に進出してから、道先案内、宿営地調達、敵情偵察、対民衆宣伝、交渉などに大きな役割を果たした。かつて米国と韓国軍側は、中国軍の七不思議を挙げた(①介入の目的、時期および規模、②偵察力、③偽装、土工力、④装備と兵站、⑤夜間戦闘の卓越、⑥人海戦術、⑦動機、追撃速度)[33]。その中で少なくとも②、④、⑤、⑦などの項目が、朝鮮人「連絡員」の大量配備に負うところが大きいと言えよう。

(1) 李智勝の証言。陳宏『跨過鴨緑江』、五―六頁。
(2) 杜平『在志願軍総部』、二二頁。
(3) ローシチンからスターリンへの電報、一九五〇年九月十八日。トルクノフ『朝鮮戦争の謎と真実』、一六〇―一六一頁から引用。
(4) グロムイコからローシチンへの電報、一九五〇年九月二十日。沈志華『解密文件』(中)、五四二頁。
(5) 注(3)に同じ。
(6) 『周恩来軍事文選』第四巻、五六―五七頁。
(7) 『周恩来軍事文選』第四巻、六四頁。『周恩来年譜(一九四九―一九七六)』上巻、八三頁。
(8) 洪学智『抗美援朝戦争回憶』、八―九頁。
(9) 柴成文他『板門店談判』、七九頁。
(10) 同右、八〇頁。
(11) 同右、七九頁。

(12) 参考資料――権延赤『他和共和国的締造者們』、一八頁。徐焰『較量』、二六頁。
(13) 『文稿』第一巻、五二二頁。
(14) 参考資料――柴成文他『板門店談判』、七四頁。韓国国防部戦史編纂委員会『朝鮮戦争』第一巻(黒竜江朝鮮民族出版社中国語版、一九八七年)、二八頁。
(15) 『新華月報』第二巻第六号、一二一九頁。
(16) 杜平『在志願軍総部』、一六―一七頁。
(17) 江擁輝『三十八軍在朝鮮』、七頁。
(18) 『瀋陽軍区歴史資料匯編』、一二七頁。張正隆『雪白血紅　遼瀋戦役巻』(解放軍出版社、一九八九年八月)、三二〇頁から引用。
(19) 『中国人民志願軍抗美援朝戦争政治工作』(解放軍出版社、一九八五年六月内部発行)、二二一頁。また、杜平『在志願軍総部』、二三―二四頁。
(20) 『中国人民志願軍抗美援朝戦争政治工作』、二二―二七頁。
(21) 杜平『在志願軍総部』、二四―二五頁。
(22) 同右、二六―二七頁。
(23) 『人民日報』一九五〇年九月二十六日。
(24) 江擁輝『三十八軍在朝鮮』、二〇頁。
(25) 前掲程国璠回想記、二〇五頁。
(26) 『解放軍将領伝』第七集(解放軍出版社、一九八八年五月)、二九頁。

(27) 徐焰『較量』、一八頁。
(28) 洪学智『抗美援朝戦争回憶』、一一頁。
(29) 杜平『在志願軍総部』、二八頁。
(30) 同右、二八—二九頁。なお、『抗美援朝戦争史』第一巻の第七章「東北辺防軍の戦前準備」がこれらの戦前準備、訓練の状況を詳しく紹介している。
(31) 杜平『在志願軍総部』、二九—三〇頁。
(32) 江擁輝『三十八軍在朝鮮』、三〇頁。
(33) 陸戦史研究普及会編『朝鮮戦争(六)中共軍の攻勢』(原書房、一九七一年)、二四一—二四二頁から引用。

第七章　大　論　争

第一節　出兵の緊急決定

金日成の緊急出兵要請（十月一日）

国連軍の仁川上陸後間もなく、安東を訪れた朝鮮内相・朴一禹は、敵軍が鉄道と国道に沿って凄まじい勢いで北上中で、爆撃も激しいため、「具体的な戦局の変化は掌握できていない」と、第十三集団軍首脳部に説明している。(1) 九月末になると、戦局はさらに悪化し、二十七日、金日成は労働党の会議で「暫時の戦略的撤退と党組織の任務」と題する演説を行い、「目下の戦略方針は敵の北進のスピードを遅延させ、（中略）秩序ある撤退を行うことだ」と呼びかけた。実際の状況は、秩序ある撤退や三十八度線以北の防衛すらままならぬ状況だった。二十七日昼、金日成は倪志亮・中国大使との緊急会見で、「三十八度線およびそれ以北の地域では守備する兵力をもっていない」と認めた。そこで二十九日、周恩来首相は毛沢東主席への報告書で、「一連の情報、外電および倪志亮〔大使〕の電報を総合すると、米李〔承晩〕軍は分かれて北上中であり、南部にある人民軍は封じ込められ、米帝は三十八度線以北まで進軍すると公の場で表明している」「三十八度線以北には防衛の部隊がなく、このような深刻な状況下、敵はまっすぐピョンヤンまで攻める可能性もある」との情勢判断を示した。(2)

自力では国連軍の北上を阻止できないと判断した朝鮮指導部は九月二十八日、労働党中央政治局緊急会議を開き、ソ連と中国に直接の軍事支援を求めることを決めた。ただ、そのうち、最初に救援の対象として仰いだのはやはりソ連だった。この会議で採択され、翌二十九日にソ連大使を通じてスターリンに送られた電報は、敵軍の圧倒的な軍事力の前で「自分の力で敵の侵攻を阻止できない」ため、「あなたに特別な援助を要請しなければならなくなった」として次のように述べた。

「敵軍が三十八度線を北上しようとする今、われわれはソ連からの直接の軍事支援を非常に必要としている。もし何かの原因でこれができない場合、われわれに協力して、中国やその他の人民民主国家で国際的義勇部隊を作り、われわれの戦いに軍事支援を行うよう働きかけていただきたい(3)」

この電報が十月一日早朝二時五十分、スターリンの手に届いた。スターリンは当日中に、金日成と毛沢東にそれぞれ電報を送った。シトゥイコフ大使経由で金日成に伝えられたメッセージは、敵軍が北朝鮮全域を占領しようとしている意図と可能性について最悪の可能性に備えること、半島南部でゲリラ戦を行うこと、そしてソ連からの直接の軍事支援への言及を避けて、「より受け入れられやすい形は、人民義勇部隊を組織することだ。この問題について、われわれは中国の同志と先に協議しなければならない」と表明した。

一方、ローシチン大使を通じて毛沢東と周恩来に届けられた電報は、次のようになっている。

「私はモスクワから遠く離れたところで休暇中であり、朝鮮の情勢について詳しく把握していない。今日、モスクワから寄せられた報告書から、朝鮮の同志たちが絶望的な苦境に陥っていることが分かった。（中略）

目下の情勢にかんがみ、貴下はもし朝鮮人のために支援軍を送ることができるならば、たとえ五から六個の師団でもよいが、速やかに三十八度線に推進すべきである。それによって朝鮮の同志たちはあなたたちの部隊の援護を得て、三十八度線以北で後続兵力を再編成することが可能になる。中国の部隊は志願者の身分で出動すればよい。もちろん、それは中国の指揮官によって統率される。

この件に関して、私は朝鮮の同志にいささかも口外しておらず、今後も伝えるつもりはない。ただ、彼らがこのこと〔中国軍の出動〕を知ればかなり喜ぶに違いないだろう(4)」

スターリンは前から、中国と朝鮮に別々のメッセージを送っており、自分が極東問題のキーパーソンという役を演じてきた。この電報でも「金日成には言わないが」と断って、ソ連と中国の両者間で協議する形で、すなわち中国を持ち上げて、中国軍の出動を勧めた。他方、金日成への電報では逆に「毛沢東には言わないが」とわざわざ言及していた。スターリンが内心で嫌ったのは中国と朝鮮が自主的に連絡を取り合うことで、両者を引き離して自分の決定的な影響力を保持しようと図った。しかも、自分は出兵せず、中国軍に出動を勧めながら、それを動かしたのは自分だったと金日成に見せようとした。

しかし金日成自身も前述の通り、中ソ両国の微妙な相違をうまく利用して、自分が推進した武力統一の方針にこの二つの大国を巻き込むことに成功した。その間、スターリンのしたたかな手腕に踊らされていることについてもいくらか気づいた。そこで彼も、スターリンと同じ手法で、スターリンを優先的に尊重する姿勢をモスクワに見せながら、毛沢東に対しても遅まきながら独自な交渉ルートを開拓しようと考え始めた。実際に九月二十八日の朝鮮労働党政治局緊急会議ではソ連に救援を求めると決めたと同時に、中国にも同様な依頼を出すことにした。

直接の軍事支援をしない旨のスターリンの電報が届いた十月一日夜、金日成は自ら中国側に支援部隊の派遣を正式に要請した。柴成文の証言によると、

「十月一日夜、金日成は倪志亮大使と私を召喚して「マッカーサーが私に手を挙げて降伏するように言っているが、われわれには手を挙げる習慣はない」とユーモラスな言葉で切り出したが、すぐ本題に入った。金は握った拳を一振りして、中国が一日も早く、鴨緑江対岸に待機中の第十三集団軍を朝鮮領に出動させ、人民軍の作戦を支援してほしいと依頼した(5)」

北京の研究者の間では、九月三十日夜、金日成がピョンヤンの中国大使館で行われた国慶節レセプションに出席した後、倪志亮、柴成文と会見し、第十三集団軍の朝鮮出動を要請した、という見解もあるが(6)、筆者が柴成文に直接確認したところ、当夜のレセプションに出席した朝鮮側の主要代表は最高人民会議常任委員会議長の金科奉であり、金日成は姿を見せず、金日成と彼らとの会見は翌一日夜、別の場所で行われた、ということである。同日正午、マッカーサー国連軍総司令官が金日成・人民軍総司令官に対し無条件降伏の勧告を出し、韓国軍第三師団はその日、三十八度線を越えて北上している。ソ連から直接の軍事支援が得られないことが明らかになったこの時点で、一日夜、金日成は最新の軍事情勢を中国側に通報するとともに、正式に出兵を要請したと見られる。

中国側の一部の資料では、金日成首相、朴憲永外相が署名した中国に対する出兵要請文書が十月一日、電報の形でピョンヤンから北京の毛沢東のところに送られた、またはその要請文書を携えて朴憲永外相が十月一日に北京に到着して毛沢東に手渡した、となっている。(7) ただ、各資料を総合して判断すれば、一日はやはり電報の形で出兵要請文が北京に送られた可能性が最も高い。

倪志亮大使を通じて金日成の出兵要請が届き、スターリンからの中国義勇軍出動要請に関する電報も届いた十月一日から、中国最高指導部内の参戦問題をめぐる政策決定はいよいよ大詰めを迎えた。

それまで中国指導部内部で、参戦の方向で準備が進められたが、参戦期日の確定に関する討論はまだ行われていなかった。しかし、戦況は刻一刻と悪化し、国連軍が中国国境地帯まで攻めてくるのはもはや時間の問題と判断されたこの時点で、対米戦略を優先する毛沢東は、参戦の最終的決断を下す時期が到来したと判断するにいたったと見られる。そして金日成が出兵を正式に要請してきた。一般の国家関係から言っても、このような正式要請に対しては何らかの形で返答をしなければならない。まして朝鮮は隣国であり、同じ共産主義政権として、このような懇願を中国は「放置するわけには行かな」くなったのであろう。

一回目の書記局討論（十月一日夜）

九月三十日の周恩来の「放置するわけには行かない」という強硬発言に続いて、十月一日天安門広場で開かれた四十万人の国慶節祝賀大会で、朱徳・解放軍総司令官は激しい対米非難と戦闘準備を呼びかける「中国人民解放軍総部命令」を朗読した。

「米帝国主義の軍隊は、われわれの隣国朝鮮を侵略する一方、蔣介石と結託して、わが国の台湾を公然と占拠し、世界平和を武力で脅かそうとしている。解放軍と民兵は十分な準備を行い、国防建設を速め、台湾解放のため、わが国の領土、領海、領空を守るため、平和を熱愛する全世界人民とともに、世界平和を守るために奮闘せよ」(8)

筆者が直接に雷英夫から聞いた証言によると、十月一日夜、北京の建国一周年を祝う花火大会開始前、毛沢東は彼以外の中共中央書記局の四人の書記(後の常務委員に相当)朱徳、劉少奇、周恩来、任弼時に対し、「今日は国民党の破壊攻撃があると聞いているが、それがあっても帰らないように。花火大会後、朝鮮戦争問題に関する会議を行う」と話したそうだ。花火大会後、書記局会議がただちに中南海の頤年堂会議室で開かれた。会議は「緊張した雰囲気に包まれる中で」、「金日成の救援依頼書簡と駐朝大使館が送ってきた緊急電報を前に、朝鮮が直面している深刻な情勢を討論した」といわれる。(9) 深夜まで続いたこの会議で、中国参戦に関するさまざまな問題が検討された。最終的結論は、二日午後、書記局拡大会議を召集して各方面の責任者が詳細に検討した上で出す、ということになった。

この会議の具体的な内容、経緯については、北京の研究者の多くも詳しくは知らないと語っている。それはこの会議が緊急に召集されたこと、限られた参加者が全員故人となっていること、会議記録が残されていなかったことが原因に挙げられる。会議終了後、高崗、鄧華宛に送った毛沢東の電報から見れば、討論の中で、毛沢東の主導で参戦するという方向で意見調整が行われた模様だ。この時点で参戦する方向が示された主な理由は、

一、国連軍は近いうちに北上すると予想され、ホワイトハウスの次の狙いは中国本土侵略だという危機感を抱いたこと、

二、様々な情報が示したように、人民軍の抵抗継続を不可能と認識したこと、

三、毛沢東が八月末の段階から提示していた「十月初め参戦」というタイムリミットとも重なったこと、(10)

の三点であると考えられる。

会議終了直後の十月二日早朝二時、毛沢東は東北にいる高崗、鄧華宛に次のような緊急電報を送った。

「(一)高崗同志はこの電報を受領後、ただちに北京の会議に参加せよ。(二)鄧華同志は辺防軍に、準備終了を繰り上げ、既定計画にもとづき新しい情況下で敵と交戦することに備え、随時出動可能の態勢に入るように命令せよ。(三)鄧華同志は準備の状況と、即時出動可能か否かを至急電報で報告せよ」(11)

これを受けて第十三集団軍司令官鄧華が直ちに東北辺防軍各部隊の首脳を召集して、中央軍事委の指示を伝え、出動に関する具体的事項を検討した。二日午前十一時、第十三集団軍司令部は管下の各部隊に対し、十月十日までに参戦するための準備を全て完了し、速やかに臨戦態勢に入るようにせよと命じた。それと同時に、鄧華は毛沢東ら中央軍事委首脳に、部隊は十月十五日以後いつでも出動できるような態勢に入っており、緊急に必要な場合、戦闘部隊が十日以後に出動することも可能になっていると報告した。(12)

東北辺防軍の最高責任者である高崗は今まで、参戦の準備不足を強調していた。実際、毛沢東が八月十八日に厳命した、辺防軍の九月末までの参戦準備期限が切れた後の十月初めになっても、準備が完了していないことが毛沢東からの電報より窺うことができる。そこで、参戦する方向が常務委員会議で示され、二日の拡大会議の日程も決まった直後、毛沢東は再度、軍の準備終了の繰り上げを要求し、高に即時上京を命じた。毛は高を説得する一方、彼と周恩来、林彪らとともに、参戦の具体的計画を検討しようと考えたと推察される。十月二日午後、飛行機で北京に到着した高崗を、波乱に満ちた政策決定会議が待っていた。

矛盾する二つの電報(十月二日)

十月二日午後三時頃から、中央書記局書記の毛沢東、朱徳、劉少奇、周恩来(任弼時は病気で欠席)と、政治局委員、参戦に直接関係のある東北の代表高崗、総参謀長代理聶栄臻らが頤年堂に会し、出兵問題を討論し始めた(13)。柴成文によると、この会議には、「各地方区の主要責任者、ならびに中央の党、政府、軍の指導者も出席し」、書記局拡大会議の形式であった、という。毛沢東は、東北から駆けつけたばかりの高崗に、倪志亮大使が伝えた金日成の出兵依頼メッセージを見せ、開会挨拶をした。毛は、「朝鮮の情勢は非常に深刻である。今日は出兵するか否かでなく、即時出兵を前提としてその日時と参戦軍総指揮官任命の二つの緊急課題を討論する」と語ったそうである(14)。

十月一日夜の少人数による協議では、毛沢東の強引な主張により、中国参戦という方向が示されたと見られるが、決定を東北軍区の責任者を含めて関係者全員による会議で検討されるべきだ、というのが、内心では出兵に賛成しない周恩来らの抵抗手段となった。

しかし二日の書記局拡大会議では出兵反対派、慎重派が大半の意見となり、出兵推進派の毛沢東が孤立した模様だ。論争の詳しいことは明らかにされていないが、毛沢東がスターリン宛に送ったとされる十月二日付の電報が二通出現しており、前後矛盾するその内容から、政策決定過程における大幅な揺れを窺うことができる。

一九五〇年十月二日付で毛沢東がスターリン宛に送った電報(ここでは「A電報」と称する)は広く知られている。『文稿』第一巻に一部収録され、後に中国の研究書でそのほぼ全文が紹介されている。(15)

電文の冒頭部分は、「フィリポフ同志」というスターリンの暗号名を宛名に、中国は「義勇軍の名義で一部軍隊を朝鮮国内に派遣し、朝鮮の同志を援助し、米国とその手先である李承晩の軍隊と戦うことを決定した」と伝え、「朝鮮全域がアメリカ人に占領されれば、朝鮮の革命勢力が徹底的な敗北をこうむるだけでなく、米国侵略者が一段と気炎を伸ばし、東側全体にとって不利である」として、参戦せざるを得ない戦略的な理由を説明している。

第二の部分は、中国が出兵する意図および覚悟を述べ、参戦すれば朝鮮領内で米軍などを殲滅するか駆逐するのが目的だとし、朝鮮半島で米国の中国本土侵略の「野心」に打撃を与えようとする毛の戦略思想は十分に反映されている。それによって米中戦争になること、米海空軍が中国の沿海都市を爆撃することへの心構えもできている、と毛は言う。

第三部分は参戦による国際情勢へのインパクトを分析し、朝鮮戦場で米軍を殲滅できれば世界の革命勢力側にとって有利な情勢が生まれ、米国が戦争を中国本土に拡大する可能性も低下するとし、「一番不利なのは、国連軍との戦争が膠着状態になり、米国が戦局打開のために中国大陸に戦争を拡大し、中国沿海地帯に攻撃を仕掛ける」シナリオだと指摘する。

電報の第四部分から第六部分までは、対国連軍の作戦構想について説明している。すでに南満州に配置した十二個師団を十月十五日に出動させること、最初は防御戦に徹し、その後、ソ連からの武器装備をまって反攻に転じる計画、四対一の兵力で精鋭の米軍にぶつけること、さらに二十四個師団を第二陣と第三陣の参戦兵力として調達することを詳しく説明している。最後にはソ連からの武器援助を申し入れ、請求リストもつけている。

中国側の新しい資料によると、この電報にはほかに毛沢東が金日成の対応に不満を示す段落があったのが明らかになった。「早くも今年四月〔実際は五月〕、金日成同志が北京に来たとき、われわれはすでに彼に、外国の反動的軍隊による朝鮮侵略の可能性を厳重に注意するよう伝えた。七月中旬と七月下旬、九月上旬、われわれはまた三度にわたって朝鮮の同志に、敵が海から仁川、ソウルに攻めて人民軍の通路を切断する危険性について注意を与え、それに対して人民軍は十分に準備を行い、適時に北へ撤収し、主力軍を保存し、長期的な戦争の中で勝利を勝ち取るべきだと促した[16]」。

A電報の意義は、毛沢東は早くも十月二日の時点で参戦の決定を下し、しかもスターリンに通知する予定だった、ということを証明したところにある。だが、その後も、毛沢東を含めた中国首脳部の考えが二転三転するので、本書の単行本版ではこの電報とその後の中国首脳部の行動との矛盾に疑問を提起し、この電報が示した内容が本当だとすれば、十月八日になっても金日成が中国から一切の支援が得られないとの絶望感に追い込まれていたことを「解釈しにくくなる」と書き、疑問を感じるが、「これを裏付ける根拠はまだ見つからない」とした。

ところが、九〇年代に入って公表された旧ソ連の公文書によって、自分が提起した疑問が間違っていなかったことが証明された。明らかにされた歴史記録には、中国側が発表した毛沢東の十月二日付電報すなわちA電報は見つからなかった。それどころか、同様に毛沢東が十月二日付で「フィリポフ同志」に送ったが、内容がほぼ正反対である別の電報(ここでは「B電報」と呼ぶ)が発見されたのである。それによって一部のロシア人学者は、中国側が公表した電報は偽造したものではないかと疑う論文まで発表した。

中国の檔案館に毛沢東の肉筆によるA電報の原文が保管されており、『文稿』のほかの全ての文書がほぼ真実と立証される中で、この電報だけを偽造する理由は見当たらない。

では同じ日付で毛沢東がスターリンに送ったとされる、矛盾する二つの電報の存在をどのように説明すればよいのだろうか。

いま、中国側の学者はほぼ一致して、次の解釈を出している。すなわち、中国側が公表したA電報の電文は、毛沢東が十月二日午後三時から始まる書記局会議の前に書かれたが、結果的にモスクワに送信されなかった。その会議では早期の参戦構想に対して根強い反対が出たため、毛沢東は会議の結果を踏まえてあらためて起草してスターリンに送ったのが、旧ソ連の公文書に収録されたB電報だった。(17)

では中国側が公表したA電報には、まったく歴史的意義がなくなったのか。そうではない。なぜなら、毛沢東は一貫してA電報に示された参戦構想をもっており、紆余曲折を経て、最後には毛沢東の主張が勝利を収めたが、A電報の内容は「すなわち中国共産党中央が〔最終的に〕決めた参戦構想の基本的枠組みであり、義勇軍が参戦した後も、党中央と中央軍事委はこの電報が示した考えに沿って指導と指揮に当たったのである」と分析されている。(18)

ただ、それは結果論であって、実際は十月二日の書記局会議はその構想と反対の結論を出し、内部論争はしばらく続いていた。ここではB電報が示した十月二日会議の結論をまず検証しよう。

「早期参戦を見送る」

「十月二日」の日付で毛沢東がスターリン宛に送ったB電報は、実際は翌三日午前、ローシチン大使が打電し、当日昼十二時十五分モスクワで受信された電文の中に、全文引用されたものである。この電報は、十月二日夜の時点における中国首脳部の参戦問題に関するコンセンサスを示した決定的な第一次資料であるため、ここではその大半を引用する。

「一九五〇年十月一日付の貴下の電報を受け取った。われわれはもともと、敵軍が三十八度線以北に侵攻する時点で、朝鮮の同志たちを支援するため、数個師団の義勇軍を北朝鮮に送り込むことを計画していた。しかし、慎重に検討した結果、このような行動は極めて深刻な結果をもたらすことになると今は考えている。

第一に、数個の師団によって朝鮮問題を解決するのはかなり難しい(わが軍の装備は極めて貧弱で、米軍との戦いで勝利を収める自信はない)。敵はわれわれを退却に追い込むことになるだろう。

第二に、いちばんありうる可能性は、米国と中国との全面衝突が引き起こされることで、その結果ソ連も戦争に引きずり込まれることを意味する。そうなれば、問題は一段と収拾がつかなくなる。

中国共産党中央の多くの同志は、これに関して慎重に行動しなければならないと考えている。

もちろん、われわれが派兵しなければ、窮地に追い込まれている朝鮮の同志たちにとってたいへん不利であり、われわれ自身もそれをするに忍びない。しかしわれわれが数個師団を出動して、間もなく敵に追い返されてしまい、さらにそれが米国と中国との全面戦争を引き起こすことになれば、われわれの平和建設の全計画は挫折し、国内の多くの勢力はわれわれに不満をもつであろう(戦争が人民に与えた傷跡はまだ癒されておらず、人民は平和を必要としている)。

このため、当面のいちばんよい選択は我慢して、すぐに軍隊を送らず、そのかたわら力を蓄えることである。こうすれば、敵と戦うタイミングを把握する上で比較的に有利になろう。

一時的に敗北したとしても、朝鮮はゲリラ戦などへ、戦う形式を切り替えるべきである。

われわれは党中央会議を召集する予定である。中央各部門の責任者はみな出席する。この問題についてはまだ最終的な決定は下されていない。これはわれわれの初歩的な考えを示した電報であり、貴下と相談したい。もし貴下が同意されるなら、この問題を協議し、中国と朝鮮の情勢を報告するため、われわれは直ちに周恩来と林彪両同志を飛行機で、貴下の休暇先に派遣する用意がある」[19]

B電報の内容に、ソ連側はかなり驚いたようだ。ローシチン大使は毛沢東のメッセージをモスクワに伝えた同じ電報の中で、「毛沢東の返事は、朝鮮問題における中国指導部の当初の立場が変化したことを示している」「若干の対戦車兵器や火砲の補充は必要だが、中国政府は朝鮮に戦闘力ある五、六個師団ないしそれ以上の部隊を送りこむことはできるはずだ」「中国側が豹変した原因は明らかではないが、当面の国際情勢と朝鮮情勢の悪化、災難に巻き込まれないよう中国人に抑制的対応を呼びかけたネールを通じての英米集団の陰謀、などが考えられる」と分析している。[20]

中国の方針転換を「英米の陰謀」とまで推測したことから、ソ連は内心、毛沢東の共産主義を信用していなかったことが示されている。中国の軍事力を使って朝鮮半島におけるソ連の戦略的失敗をカバーしようと考えるスターリンはそこで、毛沢東の「動揺」を封じ込める必要があると感じて、数日前の電報で使った「遠いところで休暇中」との言い訳を抜きに、北京からの電報を受け取った直後、[21]毛沢東に返電を送った。

正直に言って、この電報は、中国人研究者の自分に、スターリンへ最も嫌悪感をもたせたものである。スターリンはソ連自身の利益のために、あらゆる手段も辞さずに中国を戦場に誘い込もうとする。電報の中でまず、「敵が三十八度線を越えた場合、朝鮮の同志たちを支援するために軍隊を送る用意があるという中国側指導者の度重なる表明」に触れ、中国の置かれた立場を一切考慮せず、「約束を忘れるな」と暗に迫る。次に、朝鮮が占領されれば、「米国、あるいは将来の軍国主義日本が中国を侵略する橋頭堡になる危険性がある」として、中国を脅かす。そして現時点で中国が出兵しても、「米国は大規模戦争への準備ができていない」「まだ軍国主義勢力が復活していない日本は米国に軍事援助を与えることができない」、逆に「米国は朝鮮問題でソ連の同盟国として存在する中国にやむなく譲歩するだろう」「同じ理由から、米国は台湾だけでなく、日本反動派との単独講和、日本帝国主義の復活、日本を米国の極東における前線基地とすることも断念せざるをえないだろう」とメリットを並べるが、これは彼自身も信じていない嘘であろう。本当に「いいことずくめ」なら、ソ連はなぜ自分が出兵しなかったのだろうか。電報は最後に、仮に米国が大規模な戦争に踏み切っても、「恐れるべきだろうか。私は、恐れるべきではないと考える。われわれは米国、イギリスよりも強いのだ」と虚勢を張りながら、毛沢東に「臆病者」になるなと挑発しようとした。(22)

毛沢東は確かに挑発に乗りやすい性格の持ち主である。ただその時点ではスターリンの「厳命」を前に、ノーと言ったらソ連との同盟関係を危険にさらすリスクがあることも承知している。何よりも毛沢東自身は、中国の国益のためにも参戦すべきだとずっと考えている。二日の書記局会議で早期参戦の決意が一時動揺したものの、あきらめていない。その気持ちの揺れを、参戦する方向に傾斜させたもう一つのファクターが三日に現れた。

第二節　激論をへて参戦が決まる

金日成親書を携えた朴一禹の訪中（十月三日）

十月二日会議の結論は当面、参戦を見合わせることだった。早期参戦に反対した中心人物の一人が周恩来首相だった。彼は、国連軍が北上すれば中国国内での参戦主張が再び台頭することをよく知っていた。しかし国連軍が三十八度線を突破したという情報が次々と入ってきた。そこで彼は外交責任者として、毛沢東の了承を得たものと見られるが、米国に最終的警告を送る必要性が会議で認められ、その深夜、周恩来がインドのパニッカー大使と緊急会見し、国連軍の北進に対し中国は介入する、というホワイトハウスへのメッセージを託した。(23)

十月一日と二日、金日成は立て続けに、倪志亮・中国大使と会って、どうしようもない極端に厳しい情勢を紹介し、「朝鮮労働党中央と政府はもはや中国に支援を求める以外に道が残っていない」と懇願した。[24] これらのメッセージはいずれも中国大使館から北京宛の密電で報告されたが、三日、労働党中央常務委員、内務相の朴一禹が「労働党中央政治局の決定」に従い、金日成首相、朴憲永外相が共同署名した支援要請文書を携えて北京に到着し、早速毛沢東に面会し、親書を渡し、出兵を直に申し入れた。

金日成親書は、「敬愛する毛沢東同志」の宛名で始まり、これまでの支援と援助に衷心よりの感謝を表明する儀礼的な第一段落に続いて、第二から第五段落までは厳しい戦況と無策を認め、第六と第七段落は「敵に植民地にされ、軍事基地化されないために最後の一滴の血を流しつくすまで戦う」といった空虚な決意表明をし、それを踏まえて次のように中国への支援懇願を申し入れた。

「敵がわれわれの重大な危急状況につけ込み、われわれに時間的余裕を与えずに、引き続き三十八度線以北の地域を侵攻する目下の情勢の下で、われわれ自身の力だけではこの危急状態を克服することはできない。したがって、われわれは貴下が特別な援助を下さるよう申し入れなければならない。すなわち、敵が三十八度線以北地域に攻撃する状況下、中国人民解放軍が直接に出動してわが軍を支援して戦闘に当たるよう祈願するばかりである」[25]

日付は一九五〇年十月一日、となっている。三日になってようやく北京に到着したのはおそらく、国連軍の大規模空爆で交通路線が完全に麻痺した中で、支援要請の親書を携えてピョンヤンから脱出してまず中朝国境までたどりつくのに苦労したためであろう。

朴一禹はもともと延安派幹部で、いわば中国の指導者たちとかつて同じ釜の飯を食った戦友である。彼による直訴を聞いた毛沢東が受けた心理的衝撃はかなり大きかったと容易に想像される。毛沢東はもともと、早期に参戦すべきだとの考えをもっている。二日の書記局拡大会議で多数の反対を受けてスターリンに、「暫時、出兵を見合わせる」との電報を送ったものの、心はまだ揺れていた。そのため、スターリン宛の電報では、「われわれは党中央の会議を召集する予定である」「この問題についてはまだ最終的な決定は下されていない」と述べて再考の余地を残している。朴一禹の直訴と金日成・朴憲永親書、およびこの日か翌日に届くスターリンから露骨な圧力を加えられる電報などを前に、毛沢東の考えは再び、義勇軍派遣の方向に傾斜し始めた。

そこで、毛沢東は、どのように予定された中央の会議で参戦決定の方向を推進するか、方法を考えた。待機している東北辺防軍を率いて朝鮮領に出動する総指揮官を内定する必要もあった。すでに集結した参戦予定の二十万以上の大軍はほとんど第四野戦軍司令官の林彪の部下で、義勇軍の出動に当たり、林彪をその司令官に任命するのは最も筋道が立つものと考えられた。実際に、中国人民義勇軍が出動した後、国連軍と韓国軍側は長い間、中国軍の司令官は林彪と見ていた。ところが、林彪は健康上の問題を理由に、参戦軍司令官就任を拒否したのである。

林彪が参戦軍司令官の就任を拒否

二日の書記局拡大会議でも、参戦に備えて軍の総指揮官に誰を当てるかが議論された模様だ。毛沢東は席上、七月の東北辺防軍創設の段階からの、指揮官の人選に関する構想の一部始終を説明した。毛は「最初は、参戦軍の指揮官に粟裕を考えていたが、彼は病気にかかり、青島で療養中である。先日、彼が羅瑞卿に託した私宛の手紙では、病状が重いようなので、私は、安心して療養するようにと返事を送った。その後、米軍とその他の追随国軍隊が大量に南朝鮮に出動し、飛行機、戦車の数も激増して、情勢は深刻になった。このような状況下で、朝鮮を援助するための出兵は、数個師団の出動で片づける問題ではなくなった。おそらく今後は各野戦軍とも、部隊を朝鮮に派遣する必要があると思う」と言ったそうである。(26)

参戦部隊の規模の拡大により、粟裕よりさらに高いレベルの指揮官の任命が必要となったので、候補者は、野戦軍正司令官級に絞られた。雷英夫の証言によると、八月から九月にかけて、毛沢東はすでに林彪を参戦軍総司令官に就任させることを構想していたという。

たしかにどの角度から見ても、林彪は最適の人選であった。林は解放軍の中でも、最大、最強と言われる第四野戦軍を指揮していたし、第一陣として出動予定の第十三集団軍も彼の配下に属していた。七月以来、彼はまた東北辺防軍の軍事準備の指導に携わってきたのである。

ところが、林彪に対する指揮官就任の要請は、思いがけなくも彼本人から拒否された。司令官就任をめぐっての、毛沢東の要請と、林彪の拒否との経緯について、北京ではいくつかの説がある。

一、毛沢東は九月三十日以前に林彪と会談した際、林に参戦軍総司令官就任を要請したが、拒否された。そこで十月二日の書記局会議で、毛沢東は彭徳懐を当てることを提案し、参加者たちは「満場一致で、彭徳懐の義勇軍総司令官就任を要請する重要な決定を行った」という(27)。

二、十月二日の会議の席上、参戦について検討する過程で、毛沢東の提案で林彪の参戦軍司令官就任の要請が出された。林はその場で固辞した、という(28)。

三、毛沢東は確かに事前に林彪の参戦軍司令官就任を考え、またこの考えを林本人に示唆したかも知れないが、十月二日の会議が終わるまで正式な承諾を求めていなかった。毛が林に対し、指揮官の正式要請を行ったのは、十月二日の会議後から三日までの間で、そ

のときに拒否された、という。(29)

毛は九月下旬の段階から参戦を目指す最終的調整を進めていたので、十月二日以前に、林に対して参戦軍指揮官就任の打診をした可能性を完全に否定することはできない。しかし、筆者の見解は、二と同じである。十月二日深夜(すなわち三日早朝)に、ソ連大使経由でスターリンに送った電報で毛沢東は、林彪と周恩来二人の訪ソを提案しているので、二日の会議で林彪が義勇軍総司令官に就任しないことが決まっていたことがうかがえる。毛沢東は、数十万規模の朝鮮戦争介入の必要性を意識して以来、粟裕に代わる総司令官は、林彪が最適任者であると考えていたが、しかし林は出兵問題に関して、終始、慎重な態度をとっていた(軍事準備を推進しているうちに、中米双方の軍事力の格差を認識し、次第に参戦反対のほうに回ったのかも知れない)。林の慎重な態度を、毛は最初から知っていたはずである。このような状況下で、毛沢東が軽率に、林彪の参戦軍総司令官就任要請をする可能性は低いと思われる。可能性が高いのはやはり、中央首脳部の会議で出兵問題について正式に検討し始めた段階において、毛が林を呼んで、彼に正式に要請をしたことである。ただ、二日の書記局会議は、早期参戦を見合わせるとの結論に至ったため、その会議の席上、林彪を参戦軍司令官の就任に要請した説も、ややつじつまが合わない。そのため、筆者は、毛沢東が林彪に参戦軍司令官の要請を正式に打診したのは、金日成の親書を携えた朴一禹の到来、中国出兵を説得しようとするスターリンの電報が届いた三日の段階ではないかと推測する。

毛沢東は林彪との談話で、「危険を冒してまでの出兵理由」、「出兵しない場合のマイナスの影響」、「出兵による利点」、「米帝国主義対策」などを挙げて、くどくどと説得したそうである。[30] しかし、毛の論理的な説得の前でも、林彪は、遅くとも十月三日までに、参戦軍総司令官の就任拒否を正式に回答した模様である。

毛沢東が政治、外交戦略の角度から説得にあたったのに対し、林彪が総司令官就任を拒否したときに強調した理由は、主に次の二つだった、との証言がある。

一、政権維持を優先すべきである。林は、新政権が樹立したばかりで、残留国民党軍、土匪の掃蕩など「内部の問題で手いっぱいで、外部を顧みる余裕はない」、「たとえ中国にとって一本の腕である朝鮮が切り落とされても、参戦により中国自体の存立が脅かされる道を選ぶべきではない」と言った。[31]

二、中国軍の勝利の可能性が低いから、参戦すべきではない。林は双方の軍隊の実力を比較して毛に反論した、といわれる。その数字は最近ようやく公開された。それによると、強力な国連軍の海・空軍に対し、中国はまだ海軍も空軍もない。国連軍歩兵の基本的兵器はカービン銃、機関銃などであるのに対し、中国軍の武器は主に歩兵銃と少量の混合装備

（日中戦争や国共内戦時に鹵獲した規格不統一の自動小銃など）であり、国連軍一個歩兵師団は口径七〇ミリメートル以上の火砲を四百七十門から五百門有し、一個軍団は千四百門以上有するのに対し、中国軍一個軍団の有する火砲はわずか百九十八門である。「米軍一個歩兵師団の火力は中国軍一個軍団のよりはるかに強い」、ということである。このような実力対比をして、林は、軽率に出兵すれば、「火を引いて自らの身体に燃え移す」ようなものだ、と主張したそうである。(32)

ただ、上述の理由を言い過ぎて毛沢東と真っ向から対立する構図にも持ち込まれたくないので、林彪はまた、自分の健康状況が芳しくないことを参戦軍司令官就任拒否の理由に使ったらしい。林彪は日中戦争で重傷を負い、神経を壊し、病弱で、風、光、騒音に弱い。それを証明するため、林は、衛生部副部長・傅連暲の診断書を毛沢東に提出した、といわれる。

林彪の健康状態はおそらく本当であろう。しかし、勝利の可能性の低い戦争の指揮官になりたくない思惑と、そもそも朝鮮戦争に介入すべきではないとする主張の両方が本音であったと推察される。総司令官就任を拒否することによって、林は自分の見解を貫こうとした。林彪が毛沢東の意見を拒否したのは、今回が初めてではなかった。国共内戦の東北戦場で、林は、自分の主張が正しいと確信したとき、何回も毛の指示をはね返したことがある。林は毛の最も信頼した将軍の一人なので、このような忠誠心にもとづく拒否は毛の心象を害することはあまりなかったようである。

しかし、今回の林彪の拒否は毛沢東をすっかり慌てさせた。そこで十月四日、彭徳懐の緊急召喚につながるのだが、前に引用した説のように、二日の会議で彭徳懐の就任要請を満場一致で決めたことは考えられない。西安にいた彭徳懐が、本人は事前に何も知らされないまま、四日午前に北京行きの飛行機に乗せられたエピソードから推して、二日の(参戦見合わせを結論とした)会議後の三日の段階で、毛沢東は再び、早期参戦の推進に動き出し、そこで彭徳懐の話が急遽浮上したと思われる。

林彪は古代の韓信のような「智将」であるのに対し、彭徳懐は張飛のような猛将であり、毛沢東は、彭徳懐の林彪に対するライバル意識を利用して味方につかせる自信があった。そして政治局員レベルで反対が多勢であっても、毛沢東は自分の判断が正しいと確信しており、何よりも、反対意見をもつ部下を個別に説得し、各個撃破する手腕が戦争時代から磨かれていた。

政治局拡大会議(十月四日)

彭徳懐の秘書・張養吾の一九五〇年十月四日の日記[33]によると、当日の午前十時ごろ西安空港に到着した北京発ソ連製イリューシン14型双発プロペラ特別機から、中央弁公庁警備処の幹部二人が「西北軍政委員会」が置かれたビルの中の彭徳懐の執務室に急いで駆けつけた。二人の幹部は彭に、即時に飛行機で北京に赴き、会議に参加するようにとの毛の指示を伝えたが、秘密を守るため、会議の主旨についてはいっさい言わなかった。彭徳懐は北京に呼ばれる目的について見当がつかなかったので、秘書に、西北地区の三カ年経済回復・発展計画案などを携帯させ、十一時、秘書張養吾、警備員郭洪光をともなって、北京からきた数人とともに飛行機に乗り、出発した。イリューシン14型機は航程が短く、十二時二十分、点検とガソリン補給をするため、太原空港に降りた。空港で偶然、山西省党書記の頼若愚とソ連顧問サチコフに出会い、昼食をともにした後、午後二時二十分、ふたたび飛行機に乗り、四時五分、北京西郊飛行場に到着した。飛行場まで出迎えた李樹槐(当時、中央弁公庁警備処処長)の一九八五年の証言によると、彭は飛行機を降りると車でまっすぐ中南海に向かい、五時に豊沢園の前に着いた、という。周恩来は頤年堂前で彭を出迎え、簡単に状況を説明した。このとき、彭徳懐は初めて上京の目的を知らされた。(34)

この日、午後三時から、政治局拡大会議が中南海の中にある頤年堂会議室で始まっていた。会場では、正面の大きな安楽椅子に毛沢東が座り、両側に書記局書記の劉少奇、周恩来、朱徳らが並び、向かい側には諸将軍が座っていた、といわれる。(35) 会議の議題は、いうまでもなく、十月二日の会議に続き、朝鮮戦争の拡大、国連軍の北上という新しい情勢を前に、中国はどう対応するかを一段と深く検討することであった。予想通り、早期参戦に対して多くの反対意見が噴出した。

中央指導部の中で毛の即時出兵に異議を唱えたものは、主に二つのタイプに分けられる。一つは、いかなる状況下でも参戦すべきではないと主張する「参戦反対派」である。もう一つは、出兵の必要性は認めるが、今は条件が整っていないとして、参戦の延期を主張する「参戦消極派」である。

四日の会議では冒頭から、即時参戦反対の意見が堰を切ったように溢れでた、といわれる。(36) これらの反対意見は、十月十四日瀋陽で開かれた義勇軍師団以上幹部会議での彭徳懐の報告などに細かくまとめられている。(37) それによると、彼らの即時出兵に反対する主な理由は、次の五点である。

一、中国は数十年の戦争の傷跡が癒えておらず、財政事情も困窮している(新しい戦争を支える余力がないと主張する「限界論」)。

二、国内でも、まだ一部の辺境地域と沿海島嶼が解放されておらず、約百万人の国民党残軍と土匪を掃蕩しなければならない(出兵は国内統一に影響を及ぼす恐れがあると主張する「国内優先論」)。

三、広汎な新解放区では土地改革が未完成で、新政権は強固な基盤が出来ていない(万が一米国が戦争を中国本土に拡大したら、新政権は倒される可能性があるとする「危険論」)。

四、中国軍の武器装備ははるかに国連軍に劣っており、制空権、制海権もない(出兵しても勝つ見込みが薄いとする「敗戦論」)。

五、長期にわたる厳しい戦争生活を終わった今、一部の幹部、兵士の間には、厭戦気分が生まれている(出動予定の各部隊は、すぐ戦争に投入できる状態ではないと主張する「慎重論」)。

また、この会議の席上、参戦消極派は、中国より武器装備がはるかによいソ連が出兵しないのに、なぜ中国が出兵しなければならないのか、とも話したといわれる。

深夜まで続いたこの会議で即時参戦に関する賛否両論が出たが、出席者の大半が反対側に回ったのは間違いない。「会議に参加した大多数の人は、今、わが国が置かれた内外状況はきわめて深刻で、出兵問題は慎重に取り扱うべきだと主張した」との研究結果もある。(38)

すでに公開されている資料をもう一度検証すると、即時参戦に反対する主張が中央内部で根強かったことを裏づけるものがいくつか出てくる。聶栄臻の回想録は、この日の会議を振り返って、次のように証言している。

「〔出兵問題について〕当時、われわれ党の内部でも意見の相違があった。主に、一部の人は、われわれは長年戦争をした後で、休息を必要としていた。建国してわずか一年で未解決問題が山積しており、よほどやむをえない場合を除き、この戦争に介入しないのが最善だ、と主張していた(39)」

彭徳懐の回想録には、この日の会議における毛沢東の発言が引用されている。

「諸君の意見はみなそれぞれ一理ある。しかし隣国が存亡の危機にたっているとき、われわれが傍観するのは、なんといっても辛いことだ(40)」

今まで毛が列挙した諸理由では、多数を占める反対派を説得することができなかったため、毛沢東がこのような泣き落とし戦術をとるよりほかなかったのは、立場がかなり弱かったことを物語っている。

しかし、毛沢東の即時参戦の決意は、支持者が少数派に留まったからといって、動揺することなく、むしろ、今回は絶対に譲らないという決意を固めたようである。その決意は毛の強い気性による一面もあるが、主に、即時参戦の必要に対する彼の戦略的判断に由来したものであったろう。八月から十月初めまで、毛は数回にわたり、部下の異議申し立てによって参戦時期の確定を遅らせてきた。これは毛から見れば、まさに出兵の好機を数回も逸したことになる。十月は最後の参戦契機であると、毛が見てとったと考えられる。

しかし毛は焦っていなかった。彼は反対者を説得する自信があるとともに、最後の切り札をもっていた。彼は一九四三年三月の党中央政治局会議の内部決定により、指導部内で意見の相違が生じた場合、最終的決定権を行使できることになっている。もちろん、彼はよほどのことでないかぎりは、この切り札を使いたくなかった。具体的な戦闘の指揮、後方支援などは、やはり高崗、林彪らの協力を必要とする。毛はなるべく、参戦決定に後遺症を残したくなかった。

そこで毛は、結論を翌日の会議に持ち越すことを決め、正攻法が無理なら、個人説得などの方法で巻き返そうと考えた。

第三節　毛沢東の勝利

政治局拡大会議（十月五日）

十月四日の会議に途中出席した彭徳懐は、散会まで発言しなかったため、毛沢東は彭の真意を図りかねた。毛は直接林彪を参戦軍総司令官に就任するよう要請し、拒否されたという教訓をもとに、今回はより穏便に、事前打診と説得する方法を使った。

彭徳懐の秘書の証言によると、十月五日午前九時頃、鄧小平が毛沢東の委託を受けて、彭を宿泊中の北京飯店に訪れ、二人で一時間ぐらい密談し、それから同じ車で中南海の毛沢東執務室に赴いた。おそらく鄧は毛沢東から、彭の参戦に対する意見を確かめるように指示を受け、参戦賛成を確認した後に毛本人のところに連れていったのであろう。そこで毛沢東は彭と会見し、彭の義勇軍総司令官就任を正式に要請した。毛が、「今、明白なことは、戦火が間もなくわが国の玄関先まで燃え移ってくるということだ。状況はせっぱ詰まっている。われわれは即刻に出兵を決断すべきだ。林彪は病気で辞退した。政治局委員の数人で相談した結果、この重大な責任は、君、彭大将軍に引き受けてもらおうということになった」と言うと、彭徳懐はしばらく考えこんでから、「中央の決定に従う」と、答えたそうである。(41)

一方、高崗は、彭徳懐を説得したのは彼だった、と証言している。ローシチン大使からモスクワに送った密電で引用された高崗の話によると、「中国共産党中央委員会政治局会議では、彼〔高〕は朝鮮への中国人民義勇軍の派遣に反対する意見を表明した周恩来との間で深刻な対立に陥った。決定的な時点で、高崗は彭徳懐を説得し、ともに毛沢東に緊急の提案を持ちかけた。これは、もしアメリカ人が朝鮮全土を支配した場合、中国および国際情勢全般に生じる危険性を理由に挙げて、至急の派遣を建議するものだった」。(42)

十月四日夜から五日午前まで、毛沢東は、諸中央幹部に必死で説得工作をかけ、彭徳懐の総司令官就任の約束も取りつけた。「状況がせっぱ詰まっている」という認識のもとで、毛沢東は再開される政治局拡大会議で、一気に局面を挽回し、目的を達しようと狙った。

十月五日午後、朝鮮参戦問題を討論する政治局拡大会議は、引き続き中南海の中で行われた。前日の会議の延長として、最初は再びしばらく、一部の人が難点を強調し、不出兵あるいは出兵延期を主張していた。そのとき、毛沢東は彭徳懐に発言を求めた、といわれる。彭は積極参戦の意見を明らかにし、「朝鮮援助の出兵は必要だ。たとえ大きな損害を受けても、国内戦争が何年か延びたと思えばよい。もし鴨緑江南岸を制圧されることになれば、米国は〔対中〕侵略戦争を発動しようとすればいつでも口実を見つけることができる」と言った。続いて毛沢東は、彭の発言に全面的に賛成するとし、机を叩いて次のように話したそうである。「どんな危険を冒しても、どんな困難があっても、米軍がピョンヤンを占領する前に即時出兵すべきだ。彭徳懐同志を義勇軍の総司令官に推薦する。出動に関する具体的計画は、会議後彭とともに検討する」と。(43)

毛沢東ら、参戦積極派の主張した理由を、諸資料にインタビューの一部内容を加えて整理すると、これも次の五点となる。(44)

一、米国が「三つのルート」(朝鮮、台湾、インドシナ半島)から中国を侵攻する戦略を決めている以上、それを反撃、打破しなければならない。さもなければ、米国はますます中国を軽視し、かえって中国本土に対する侵略の意図を増長させることになる。また国内の反動分子もそれに呼応して、大きな反対勢力を形成する恐れがある。

二、交戦が不可避であれば、その時期は遅いより、早いほうがよい。三年あるいは五年後に戦えば、建設された工業が破壊され、敵陣営の日本とドイツが復興してくるであろうから、不利の面が増える。

三、敵対勢力が鴨緑江南岸まで進攻すれば、一千キロの国境線を防御するのは困難で、大兵力の常時駐屯を余儀なくされ、長期にわたり受動的態勢になる。

四、朝鮮戦争が終了しないうちに、参戦しないと、今後中国が反撃しようとしても大義名分を失ってしまう。

五、中国と同様、米国も準備不足である。しかも国連軍の中心を占める米軍は世界各地に分布しており、その戦略的重点はヨーロッパにあるため、朝鮮戦争に振り向けられる兵力は限定される。

なお、高崗がソ連側に説明した参戦推進派の挙げた理由は、①もしアメリカ人が朝鮮全土を占領するならば、中国は自国の軍をそこに派遣する口実を失う、②アメリカ人は、蔣介石軍と日本人を武装させ、朝鮮およびインドシナ半島を占領し、中国本土を攻撃する。もし、中国軍が米国の侵略に対してすばやく出動せず、その中国攻撃を、手をこまねいて座視するならば、中国革命の勝利の成果が葬られる、というものだった。さらに高崗は、「党の他の指導者たちに支持された私と彭徳懐の側からの熱心で根気強い働きかけの結果、政治局は朝鮮への軍派遣についての決定を採択した」と証言している。(45) 高崗が自分の存在の重みをソ連側に誇示しようとした部分を割り引いても、毛沢東が陰で糸を引き、毛側についた高崗、鄧小平、彭徳懐がまず説得され、さらにこれらの人が他のメンバーの個別的説得に当たったという構図が浮かび上がってくる。

毛は自分の見解を明らかにし、また彭の義勇軍総司令官就任を提案したことで、参戦すべきか否かという水掛け論的議論に終止符を打った。自分の戦略的構想が正しいと確信する毛は、これ以上議論しても収まらないと判断し、即時参戦の結論を押し通したのであろう。毛の発言後、論争が止まったようである。最終的決定権を持つ毛沢東が態度を表明し、しかも総司令官の人選まで発表したのだから、会議の情勢は一変し、しばらく参戦に関する政治、外交、軍事諸方面の技術的問題を討論した後、即時出兵の決議が採択された。

その決議は、十日間前後の最終的準備期間を設定し、「わが国の参戦時期を初歩的に、十月十五日に決定する」というものだったと見られる。(46)

会議参加者リストと対立の構図

九〇年代以降、当事者に対する調査などで明らかにされた十月四日と五日の政治局拡大会議の参加者全員のリストは、次の通りである。(47)

会議正式メンバー

中央政治局書記処書記　毛沢東、劉少奇、朱徳、周恩来、任弼時

中央政治局委員　陳雲、彭真、彭徳懐、董必武、林伯渠、張聞天、高崗、康生

東北人民政府副主席　李富春

列席者(非政治局委員)

西南局第一書記　鄧小平

軍総政治部主任　羅栄桓

中南局第一書記、第四野戦軍兼中南軍区司令官　林彪

華東局第一書記　饒漱石

総参謀長代理　聶栄臻

中南局第二書記　鄧子恢

中央弁公庁主任　楊尚昆

新聞総署署長、宣伝部部長　胡喬木

ただし、任弼時と彭真が四日の会議を欠席した、という説がある。なお、四日の会議に出席したが、五日の会議に出ていない人(康生、林彪など)もいるようだ。林彪の五日会議の欠席について筆者は確認しており、その原因は、彼はみずから欠席したとするものと、参戦に激しく反対していたため、毛沢東に出席者リストから外された、とするものの二つの解釈がある。

北京では、四日の会議における対立の構図について、主に二説が出されている。

筆者は、洪学智が回想録を書くにあたり、この会議の対立の形勢を「一対二対七」と証言した、と聞いた。すなわち、即時出兵案について賛成したのは毛沢東一人だけであり、周恩来、彭徳懐の二人が態度不明瞭で、その他は全員反対した、ということである。

それに対し、雷英夫と外交部の研究者は対立の形勢を「二対一対七」あるいは「二対一対十二」と主張し、毛ら二人が出兵に賛成、彭が態度不明瞭、その他は全部反対、としている。この中の参戦反対とされる人数には、「七」と「十二」の二通りが出たが、おそらく前者(七人)は会議に出席した政治局委員のなかの反対者の数を指すもので、後者(十二人)は、全出席者のなかの反対者の数を指すものと推測されるが、はっきりは分からない。

十月四日の会議では、即時参戦反対派が圧倒的多数を占めていたが、五日の会議では、

彭徳懐(左)と朱徳(1952 年)

主導権は毛沢東の手に握られた。会議の後半では、毛の説得と分断策により、反対派は抵抗らしい抵抗をほとんど行うことができなかった。

韓国軍のみの北上でも中国参戦

ここで忘れてはならないことは、十月四日と五日の時点で、国連軍は北上しておらず、韓国軍の一部だけが三十八度線を越えたことである。韓国軍だけの北上に対しても、北側は対抗する兵力がないだろう、というのが中国指導部の共通した読みであった。そこで、政治局会議では、韓国軍だけが北上する場合の中国の対応策も討論にかけられたといわれる。四日の会議で、「参戦反対派」は、このような状況下ではなおさら出兵すべきではない、と主張したそうだ。五日の会議で出兵決定が再度行われた後の討論の結果については、証言者の見解は二つに分かれている。

十月三日早朝、周恩来がインド大使パニッカーに対し、韓国軍のみが三十八度線を越えるのであれば「問題ではない」が、「北朝鮮への米軍の侵入は、中国の抵抗にあうだろう」と語ったといわれる。(48) 柴成文はそれを根拠に、韓国軍だけの北上なら、中国は出兵しなかっただろうと、筆者に主張した。それに対し、その他の複数の研究者は、韓国軍だけの北上でも、毛は出兵を主張し、実際そのように対策を考えていたと、筆者に語った。そもそも韓国軍が息を吹き返すことができたのは米国の力によるものであって、韓国軍だけの北上といっても、その背後に米国を始めとする国連軍が構えていて初めてできるものである。米国の対中侵略の意図に対する深い疑念を抱いている毛は、朝鮮全域が制圧された後に、韓国軍の「要請」を受ける形で国連軍が鴨緑江南岸まで前進しない保証はないと見て、そのときになっては中国は出兵の契機を失ってしまう、と主張したと言われる。

しかし、北京の研究者は、韓国軍だけの北上に対して毛沢東が考えた対応は、国連軍北上の場合の対応とは違うと、強調した。一、韓国軍だけの場合、その戦闘力はかなり限定されたものと見ているので、中国は数十万のような大規模な参戦をする必要はなく、数万程度の出兵で事足りる、と構想し、二、その場合、中国は公式の場では参戦の事実を絶対認めずに、人民軍の軍服を着用し、人民軍として参戦する、という。中国は八月ごろから人民軍の軍服を大量に調達するなど、その準備を着々と推進していた。洪学智は、十月十九日に鴨緑江を渡河した義勇軍主力部隊は、朝鮮人民軍の軍服を着用していたと証言している。(49) これらの見解と証言に照合してみれば、周恩来がインドのパニッカー大使に話した内容は、「韓国軍だけが北上するなら、中国は公式の参戦〔公式な義勇軍派遣〕はしない」と解釈すべきであろう。

国連軍の北上と、韓国軍だけの北上、両者に対する対応の方法に違いがあるものの、基本戦略の見地から、西側帝国主義敵対勢力が鴨緑江の向かい側まで制圧することは容認するわけには行かない、という認識では、毛沢東は一貫していた。

大論争の評価

十月四日から五日までの中央指導部内のこの大論争を、どう評価すればよいのであろうか。

一、毛沢東の主導で、十月初めまでに三カ月も戦争準備を進めてきたが、党中央内部に、参戦反対者がこれほど多く現れ、一時的にせよ、優勢を占めたことは、国内経済、軍事、政治のいずれの角度から見ても、即時参戦の条件が未整備の状況では、せめて参戦を延期すべきだ、という意見が指導部内の大半を支配していたことを窺わせている。最終的に参戦が決議されたのは、毛沢東が大戦略を重視しての思考法を押し通した結果であるが、米軍の中国をまったく眼中に置かない進攻に、中国指導部の全員が絶大な心理的圧力を受け、危機感を抱いたのも大きな背景である。たしかに、出兵すると否とにかかわらず、それぞれマイナスの一面がある。中国指導部全体は最後に、マイナス面がより少ないと見て参戦を選択した。

中国は朝鮮戦争以後の長い間、五〇年七月からの軍事準備の事実および対台湾、ベトナムの政策調整と朝鮮戦争対応との関連を隠蔽してきた。ある意味から言えば、これらの事実を隠さなくても、世界最強国の米国が敵意をもって中国の隣国に介入したとき、毛沢東のこれらの措置は、過剰反応の一面があるものの、基本的には、「備えあれば、憂いなし」のような、大国の合理的な反応というべきである。軍事的準備は数ヵ月続いたが、いったん参戦の最終決定が討論にかけられたとき、軍隊、経済、党務を代表する責任者は、やはり自分の見解を率直に述べた。即時参戦という最終的結論も、全体的に見れば、反対意見が参戦の意見を圧倒できなかった結果であると言うべきであろう。毛沢東は会議の運営で、いささか策を用いた嫌いはあるが、それをもって独裁的に断を下した、とは言いきれない。現に一週間後、再度の参戦決定が行われたとき、指導部内の大半の幹部は進んで毛沢東の主張に賛成を表した(第十章参照)。このときの毛の政策決定は数年後の「プロレタリア独裁」とは区別されるべきである。

出兵反対の意見は否定されたが、その合理的部分が吸収され、その後の参戦準備、参戦後の作戦方針の制定などの面で、毛沢東、周恩来、彭徳懐らがより綿密、周到に考えることになった。数日後、周恩来がソ連に飛び、空軍支援、装備提供を交渉したのも、反対派、懐疑派が指摘した実際の困難を厳しく認識した結果でもあろう。

北京の複数の研究者と筆者は、もし当時、毛沢東ではなく、周恩来、あるいは劉少奇が最高指導者だったら、中国は出兵しただろうかという仮説を討論した。数人の研究者は、おそらく出兵はしなかっただろう、と言ったのに対し、筆者は、毛のカリスマ性による参戦決定へのある程度の影響は認めるが、これがもっとも重要なファクターだとは思わない。もし中国軍が、十月に参戦せず、マッカーサー軍が苛烈に北進を続け、中国の東北工業地帯が脅かされる事態がますます明白になれば、たとえ最高首脳が毛沢東でなくても、遅まきながら、なんらかの形で軍事力による自衛法(あるいはソ連との軍事協力関係をさらに強めること)を考えたであろう。全朝鮮を占領すれば、それ以上中国に対する進攻をしないというトルーマンの口先の約束は、毛沢東だけでなく、中国首脳の大半も信じていなかったのである。

二、一時的にしろ、参戦積極派と消極派との間に激論が交わされたにもかかわらず、その後、少なくとも表面的には、義勇軍参戦に関する中央内部の団結と協力に影響が生じなかったのはなぜだろうか。毛沢東が反対者に十分に意見を言わせ、時間をかけて説得工作をするなど、政治運営の手腕をもっていたことにもよるが、これだけではないとも思われる。このときの両者の論争は、国家の存亡がかかったとされる事態の前で、何が一番国益を守れるかが論争の焦点であって、権力争いの面は希薄であった。毛沢東は、今回の論争において双方とも新中国を守るためだ、という認識を有していたので、反対意見にも落ちついて対処し、その後も根に持つことはなかったようである(50)。出兵反対者も、比較的に虚心坦懐に自分の見解を述べることができた。当時の林彪も、後に失脚してから攻撃されたように、ただ保守的で、私利私欲だけを考えての反対ではなかった。東北解放戦争から、林彪は何回も毛沢東と激論を闘わせたことがあったが、毛は林の忠誠心にいささかも疑念を持たず、論争を重ねているうちに、林彪にさらに東北戦場の政治、軍事指揮全権を一任するようになった。朝鮮参戦問題で、総司令官就任の要請を拒否されたが、数年後、彼を国防大臣に任命した。毛沢東は当時少なくとも、信頼する部下の反対意見に耳を貸していた。ある意味では、マッカーサーの仁川上陸後の大攻勢の前で、中国首脳部内は、個人権力の問題以上の危機感がすべてを圧倒していたと言える。皮肉にも、マッカーサーが中国指導部内の団結を促したのである。

この論争の評価について、柴成文は、次のように語ってくれた。

「私は四日の会議の段階で誰が参戦に反対したかは重視しない。どんな政策決定も、まず結果を見るべきだ。最初は十人十色で、まちまちの意見をもっているのは当然だ。事討論を経て、十人の意見が一つにまとまれば、十人とも一つの意見と見るべきだ。事後になって特に誰が当時不賛成であったかを取り上げていう必要があるのは、ただ一つの場合のみである。それは、会議の決定が間違った場合だ。当時某がただ一人反対したが、結果的に、彼だけが正しかったとき、彼が反対した原因を研究する必要がある。朝鮮戦争後、林彪、高崗そして劉少奇が出兵に不賛成だった、と暴露したことは、中国人の悪いところだ。いったん失脚したら、その人の正しい意見提起もみな悪意があるように決めつけられるのは、良くない風習だ」

「十月四日の会議で、毛沢東がみんなに、出兵に不利な要素を挙げるように言ったのだ。それでみんなが率直に発言した。当時の中国はたしかに困難が多かった。建国してわずか一年しかたっていなかった。中国本土も巻き込まれかねない大戦争に介入すべきかどうか。しかも対戦相手は米国だ。ある人は、勝利の可能性を疑い、ある人は参戦したら、中国が危ないと言った。これらの困難は言うべきではなかったのだろうか。会議を開くことはすなわち、プラスとマイナスの両面を比較することだ。〔参戦することは〕すべて有利でもなく、すべて不利でもなかった。林彪、高崗、劉少奇を含めて、彼らは当時、出兵の不利の面しか言わなかったのではない。出席者はほとんど、プラスとマイナスの両面に言及した。もちろん、一部の人は特にマイナス面を強調したのだが」

以上の説明のなかに、四日の会議の対立を単純化し、激突の度合いを軽く見るところがあるが、筆者は、その分析の「弁証法的」な姿勢には、共感をもつものである。

(1) 洪学智『抗美援朝戦争回憶』、九頁。
(2) 『周恩来軍事文選』第四巻、五八頁。
(3) シトゥイコフからグロムイコへの電報、一九五〇年九月三〇日。沈志華『解密文件』(中)、五六五頁。
(4) スターリンから毛沢東と周恩来への電報、一九五〇年十月一日。沈志華『解密文件』(中)、五七一頁。
(5) 柴成文他『板門店談判』、八〇頁。
(6) 前掲張希論文は、金日成が九月三十日夜、中国の駐朝大使館の地下室で催された国慶節祝賀レセプションに出席した後、中国大使・倪志亮、参事官・柴軍武(すなわち柴成文)と会見し、その場で、中国の第十三集団軍が迅速に朝鮮領内に出動し、人民軍の作戦を支援するよう要請し、また翌十月一日、金日成首相と朴憲永外相が連名で、毛沢東宛に緊急救援依頼の電報を送ったと、述べている(同論文一二三頁)。

(7)　たとえば張希論文、洪学智『抗美援朝戦争回憶』(一四頁)はそのように証言している。また、瀋陽軍区編『抗美援朝戦争論文集』(遼寧人民出版社、一九八八年十月内部発行)の付録「抗美援朝戦争大事月表」でも、十月一日前後、朴憲永外相が北京を訪れ、中国の参戦を直接要請した、となっている(三五二頁)。

(8)　『新華月報』第二巻第六号、一二二七頁。

(9)　張希論文、一二四頁。

(10)　九月二十九日、インド大使パニッカーがネール首相の親書を中国側に手渡し、九月十四日に開かれた米英仏三ヵ国外相会議の「国連軍が三十八度線を北上しない」合意を伝えた。一方、米軍機が中朝国境の中国側に対する爆撃でもたらした損害について米首脳は「賠償をする用意がある」と表明した。これらの動向に対し、中国首脳部の判断は、それは米国などが「まず中国をなだめて三十八度線を越え、北朝鮮を制圧した後に再度中国への攻撃を図る」という陰謀による欺瞞行為だと判断した。『周恩来軍事文選』第四巻、七四頁。

(11)　『文稿』第一巻、五三八頁。

(12)　鄧華から中央軍事委への電報、一九五〇年十月二日十一時。『抗美援朝戦争史』第一巻、一五三頁から引用。

(13) 張希論文、一二五頁。

(14) 柴成文他『板門店談判』、八一頁。張希論文、一二五頁。なお、筆者の調査では、林彪もこの会議に出席した。

(15) 逢先知・李捷『毛沢東与抗美援朝戦争』(北京・中央文献出版社、二〇〇〇年)、『抗美援朝戦争史』第一巻(一五三—一五五頁)などに収録されている。

(16) 逢先知・金衝及編『毛沢東伝(一九四九—一九七六)』(北京・中央文献出版社、二〇〇三年)、一一三頁。

(17) 中国の朝鮮戦争研究専門家沈志華、中国軍事科学院の編著になる『抗美援朝戦争史』などはいずれもこの見解を取っている。

(18) 『抗美援朝戦争史』第一巻、一五五頁。

(19) 毛沢東からスターリンへの電報、一九五〇年十月二日。沈志華『解密文件』(中)、五七六頁。

(20) ソ連軍参謀本部第二総局第二五一九九号電報、一九五〇年十月三日。沈志華『解密文件』(中)、五七七頁。

(21) スターリンの毛沢東宛電報は十月五日に送られたという説もあるが、筆者は三日か四日に打電したとする和田春樹の説に賛成である。この電報が十月五日の中国首脳部の参戦決定に影響を与えたのはほぼ間違いない。

(22) スターリンからシトゥイコフへの電報、一九五〇年十月五日。沈志華『解密文件』(中)、五八一—五八二頁。

(23) 外交部・中共中央文献研究室編『周恩来外交文選』(中央文献出版社、一九九〇年五月)、二五頁。前掲『聶栄臻回憶録』は、「十月二日早朝、米軍が中国の警告を顧みず、大挙三十八度線を越えた、という情報が入った」と述べている(七四〇頁)。また、同日深夜、周恩来がインドのパニッカー大使と緊急会見したときも、米軍はすでに三十八度線を越えた、と言及している。これについて、十月二十四日の周恩来報告でも、「十月一日、二日、米軍は三十八度線を越え、南朝鮮軍は三十八度線以北へ深く侵入したと伝えられた。そこで、われわれはインドのパニッカー大使を呼んだ」と語っている。『周恩来選集』下巻(人民出版社、一九八四年十一月)、五二頁。

(24) 倪志亮から周恩来への電報、一九五〇年十月二日。『抗美援朝戦争史』第一巻、一五〇頁から引用。

(25) 『抗美援朝戦争史』第一巻、一四八―一四九頁から引用。

(26) 張希論文、一二五―一二六頁。

(27) 師哲の説と見られる。張希論文から引用、一二六―一二七頁。

(28) 筆者の雷英夫などに対するインタビューによるもの。

(29) 同右。

(30) 張希論文、一二六頁。

(31) 前掲劉宏煊論文、四四頁。

(32) 参考資料――京雨「関於抗美援朝戦争我軍作戦経験的思考」、雑誌『軍事史林』一九八八年第三号、一九頁。張希論文、一二六頁。五〇年十月二日の毛沢東のスターリン宛電報でも、米軍の大砲の数を中国軍のそれと対比している（『文稿』第一巻、五四〇頁）。また、前掲徐焰『較量』二三頁では、林彪はこのような比較をして毛沢東の参戦主張に反対した、と述べている。

(33) 張養吾とその日記について筆者が北京で確認した結果は次の通りである。張は一九五〇年当時、西北局政策研究室の秘書であり、彭の生活秘書も兼任していた。十月四日、彭徳懐は、上京するとき、北京に呼ばれたのは経済問題の会議かと思ったため、張養吾に、西北地区経済建設に関する書類を携えさせて北京に連れてきた。しかし、北京で彭は義勇軍総司令官に就任することになり、西安と連絡することもできないので、そのまま張を秘書として東北、朝鮮に連れていった。この過程において張は日記を付けていた。しかし張の日記は今も非公開資料だ、ということである。

(34) 張希論文、一二八―一三一頁から引用。

(35) 胡家模「大較量　彭大将軍率兵抗美援朝記実」、雑誌『名人伝記』一九九〇年第十号、五頁。

(36) 張希論文、一三一―一三二頁。筆者のインタビューした北京の複数の軍研究者もこのように語っている。

(37) 『彭徳懐軍事文選』、三二〇―三二一頁。本書の記述は、彭徳懐報告が挙げた五カ条の理由にもとづいて、林蘊暉他『凱歌行進的時期（一九四九―一九八九年的中国シリーズ①）』（河南人民出版社、一九八九年十二月）一七九頁および斉徳学『朝鮮戦争決策内幕』四九頁などの資料を加えて整理したもの。

(38) 張希論文、一三二頁。

(39)『聶栄臻回憶録』、七三九頁。
(40)『彭徳懐自述』(北京・人民出版社、一九八一年)、二五八頁。
(41) 張希論文、一三一―一三五頁から引用。
(42) ローシチンからモスクワへの電報、一九五〇年十月二十五日。トルクノフ『朝鮮戦争の謎と真実』、一七八頁から引用。
(43) 参考資料――『彭徳懐自述』、二五八頁。張希論文、一三六頁。
(44) 参考資料――彭徳懐「在中国人民志願軍師以上幹部動員大会上的講話」(一九五〇年十月十四日)、『彭徳懐軍事文選』、三二一―三二三頁。中国人民政治協商会議第一回十八次常務委員会における周恩来報告「抗美援朝　保衛和平」(一九五〇年十月二十四日)、『周恩来選集』下巻、五〇―五四頁。中国人民政治協商会議第一回四次会議における周恩来の政治報告(一九五三年二月四日)、『中華人民共和国対外関係文件集(一九五一―一九五三)』、一一九―一二〇頁。『聶栄臻回憶録』、七四二頁。
(45) ローシチンからモスクワへの電報、一九五〇年十月二十五日。トルクノフ『朝鮮戦争の謎と真実』一七八―一七九頁から引用。
(46) 張希論文、一二七頁。ただ、この論文では十五日参戦の決議が出されたのが十月二日の会議となっているが、毛沢東が十月二日にスターリン宛に送ったB電報などを総合して判断すれば、この決議は五日の会議の結果だったと見るべきであろう。
(47) 参考資料――『抗美援朝戦争史』第一巻、一五五頁本文と脚注の説明。斉徳学『朝鮮戦争決策内幕』、四九頁。

(48) K. M. Panikar, *In Two Chinas*, London, Allen and Unwin, 1955, p. 110.

(49) 洪学智『抗美援朝戦争回憶』、三六頁。

(50) 後に毛沢東は、「われわれはたしかに困難であった。出兵に賛成しない一部の同志の気持ちを私は理解している。しかしわれわれは大国として、介入しないわけには行かなかったのだ」と話した、との証言がある。前掲薄一波『若干重大決策与事件的回顧』、四三頁。

第八章　出兵と中止の狭間で

第一節　出動命令に至るまで

研究会合(十月五日夜)

十月五日午後からの政治局拡大会議は日没まで続き、参戦に関する決定が採択され、翌日以降の日程も決まった。その晩、毛沢東は彭徳懐、高崗、周恩来を招いて夕食をともにし、食事後、四人で義勇軍出動に関する行動案を検討したという。(1)高崗は五日の政治局会議に出席していなかったと見られるが、北京にはいた。

会合中、毛沢東は次のような五項目の指示を出した、といわれる。(2)

一、彭徳懐と高崗は八日に瀋陽に帰り、東北辺防軍の高級幹部会議を召集し、中央政治局の決定を速やかに伝達し、各部隊が直ちに朝鮮出兵の準備を完了するよう督促する。

二、義勇軍の入朝参戦の初期における物資の補給は、全国各地からの支援を受けながら、

李志民（左）と楊得志（朝鮮戦争当時）

主に東北地域に依存する態勢をとる。高崗はその全責任を負う。

三、正式の出動命令が発布されると同時に、この決定を金日成首相に通告する。

四、中国軍の朝鮮出動の予定日を十月十五日とする。

五、周恩来はソ連を訪問し、ソ連空軍の支援問題、ソ連の武器装備の大量購入問題などについてスターリンと交渉する。

参戦行動案に関する研究会合が終わった後、毛沢東は引き続き、彭徳懐とさまざまな具体的問題について会談した。その場で、毛は彭に、長男の毛岸英を第一陣の義勇軍兵士として朝鮮に連れていくように託した、といわれる。岸英はロシア語が堪能で、英語も少しばかりできるため、将来ソ連側との極秘連絡が必要となった場合、彼に通訳業務を担当させればよい、というのが毛沢東の言い分のようであるが、毛は長男を危険な戦場に派遣することによって対米交戦の決心を示し、士気を奮わせようとした意図と、岸英の将来を勘案し、「朝鮮で戦火の洗礼を受け」させる狙いがあったと指摘される[3]。

同じ五日夜、毛沢東は第十九集団軍宛に極秘電報を送った。

「楊〔得志、司令官〕、李〔志民、政治委員〕、鄭〔維山、副司令官〕、陳〔先瑞、政治部主任〕各位、貴集団軍は、十二月五日までに津浦鉄道の山東兗州、泰安、滕県一線に集結し、次の命令を待つこととせよ[4]」

政治局会議決定を受けて、毛は第一、第二陣の参戦部隊のみならず、八月末の中央会議で構想した第三陣の参戦部隊に対しても、早期結集を命じる軍事動員令を出したのである。

軍事委拡大会議(十月六日)

六日午前、軍委副主席の周恩来は、中南海居仁堂で軍委拡大会議を主催した。会議の中心議題は、五日の政治局決定にもとづき、義勇軍が朝鮮に出動する場合の(ルート、順序など)具体的計画、武器装備の更新、後方支援の方法、彭徳懐指揮部に充当する幹部人事など、であった。

毛沢東はこの会議に顔を出さなかったが、周恩来以外に、朱徳、彭徳懐、聶栄臻、林彪および参戦関係各部門の責任者が、ほぼ全員出席した。この会議を傍聴した雷英夫の証言によると、林彪はこの日の会議に出席し、ここでも参戦反対の意見を述べ、「国民党軍との戦いならわれわれは勝算があるが、米国は高度に近代化した国で、原子爆弾もある」「出兵しないのが最上の策だ。もしどうしても出兵するものなら、「出而不戦」(出動するが戦わない)という方針をとるべきだ」と主張したそうだ。これに対し、周は内心ではまだ参戦への懸念を抱いていたが、政治局会議の決定は従うべきだとして、「今の問題は、われわれが参戦するか否かではなく、敵に迫られて応戦せざるを得ないことだ。朝鮮政府は一度ならずわれわれの出兵による支援を求めてきている。それを見殺しにするわけには行かない。党中央、毛主席が決定を下した以上、集中して考えるべきなのは出兵後、どのように勝利を目指していくか、だ」と応えた。朱徳も同趣旨の発言をした。前日、毛、周、彭、高が協議した案が出来上がっているので、六日の会議は順調に結論を出し、聶栄臻・総参謀長代理を実行責任者と決め、閉会した(5)。

一方、彭徳懐はこの日朝食後、秘書張養吾に対し、西安から携えてきた全書類を整理し、登録した後、中央弁公庁機密室に預けること、行政処から被服や日用品を受領することなど、出発の準備を指示した。午後、彭徳懐、高崗はふたたび中南海の毛沢東の住まいの菊香書屋を訪れ、十月六日の軍委拡大会議の討論結果をもとに、より綿密に、義勇軍参戦の最初の段階の作戦案と後方補給問題を検討した。彭徳懐の指揮所の設置場所について、毛沢東は、国連軍の爆撃を避けるために、鴨緑江北岸の秘密地点に設置したほうがよい、と提案したが、彭は、朝鮮領内に設置し、金日成と一緒にいたほうが、両軍の作戦を協調し、指揮するのに便である、と主張し、毛はそれに同意した。また彭徳懐は、義勇軍出動前後のマスコミの報道に関し次のような要望を出した。報道機関の陽動作戦で、敵軍の注意力を分散させ、その判断を攪乱し、わが軍各部隊が迅速に秘密裏に鴨緑江を渡河するのを援護射撃すること、有利な戦機をつかみ、緒戦の勝利を収めるため、戦闘を開始するまで、参戦問題を一切報道しないこと、戦闘に突入後も、報道を慎重に取り扱うことなどである。(6)

「特に記念すべき一日」(十月八日)

十月七日、国連総会で、「全朝鮮にわたって」「統一・独立・民主政府を樹立するために、選挙の実施を含むすべての制憲的行為が国際連合の賛助のもとに行われる」ことを求めた決議が採択された。同日、マッカーサーは再度、人民軍最高司令官に降伏を要求する勧告を発表した。これらの動きは北京首脳部に、国連軍の北上が間近になったと受け止めさせ、八日に毛沢東が「中国人民義勇軍の設立に関する命令」を発布することを促した最大の契

李濤

機になったと思われる。また、柴成文の証言によると、国連軍はすでに七日に、三十八度線を越え北上を開始したと中国が判断した（実際は、七日と八日は国連軍が三十八度線以北で偵察行動を行っただけで、正式に北上したのは九日）ことも、八日に毛沢東が出動命令を出した背景の一つとなっている、という。

「十月七日、国連でいわゆる朝鮮を「統一する」決議が採択された。米軍も三十八度線を越えて北朝鮮領に侵入し、われわれの警告が無効であったことが分かった。三十八度線で停戦し、和平解決をすることは不可能となった。そのため、十月八日は、特に記念すべき一日となった」(7)

八日午前、中央軍委主席の毛沢東は至急電報で、「中国人民義勇軍の設立に関する命令」を発布した。この命令は、実は解放軍総参謀部作戦部部長・李濤が毛沢東の名義で起草したものである。その一部は『毛沢東選集』（第五巻）にも収録されたが、『文稿』には、全文が掲載されている(8)。両者を比較すれば、前者には原文に手を加えた痕跡が残っていることが分かる。例えば、前者に「義勇軍に速やかに朝鮮領に出動することを命じる」とあるところは、後者では「東北辺防軍を義勇軍に改編し、速やかに朝鮮領に出動することを命じる」となっている。また、後者によると、電報の宛先は、「彭〔徳懐〕、高〔崗〕、賀〔晋年〕、ならびに鄧〔華〕、洪〔学智〕、解〔方〕、および中国人民義勇軍全指導幹部各位」となっている。参戦と直接関係のある東北局と東北軍区、彭徳懐司令部など各部門の責任者に同時に発信され、彼らを通して義勇軍各部隊宛に伝達されたと見られる。

命令の第一段では、出兵の大義名分を訴えている。朝鮮人民の解放戦争を援助し、米帝の進攻に反対し、朝鮮人民、中国人民および東方諸国人民の利益を守るために、七月から設立している東北辺防軍を義勇軍に改編し、朝鮮領に出動し、侵略者に対する作戦を行うようにせよ、という内容である。

第二段は、出動各部隊の軍団、師団名を列挙している。

第三段と第四段は、彭徳懐を義勇軍総司令官兼政治委員に、高崗を後方支援の全権責任者に、正式に任命している。

最後の二段は、義勇軍が朝鮮領に進出した後の注意事項を述べ、最後の勝利を勝ち取ろうと呼びかけている。

この命令に関し、二点の分析を加えることができる。一、十月五日、六日の会議の決定と比べて特に新しい内容もなく、あらかじめ文書が作成され、発表の時機を待っていた感がある。七日に、国連軍が北上したと(誤認の情報によって)判断されると、対外的には参戦契機を得たと認識され、内部的には、参戦に懐疑的であった一部の人とも立場が一致したので、中国首脳部内でコンセンサスに達した正式の参戦命令となる。二、命令の中で、鴨緑江を渡河し、正式に参戦する期日は明示しなかった。中央指導部は十月十五日の出兵を内定したが、八日は義勇軍の「設立命令」だけを発布し、出動日時を明記する「出動命令」の発布は九日に持ち越された。これは、十五日出動という期限について中央内部ではまだ異議があり、毛は一日かけて最終的に調整をしたいためであったのだろうか。

毛沢東の動向と併せて、同日、周恩来一行がスターリンに空軍支援と武器援助を求めるためモスクワに出発した(第九章参照)。また、彭徳懐、高崗も慌ただしい動きを見せていた。八日午前七時、彭、高および彭徳懐指揮部(義勇軍総司令部の原形)の成普、参謀徐畝、龔傑、秘書張養吾、通訳毛岸英一行は飛行機で北京を立ち、十時頃、雨の中、瀋陽飛行場に到着し、宿泊地の和平街一号・交際処(招待所)に迎えられた。午後、彭と高は、東北局と東北軍区の主要責任者李富春、賀晋年、張秀山らを召集して会議を開き、中央の決定を紹介して動員発言をし、続いて兵站業務について研究を行った。(9)

翌九日に参戦軍の軍団以上幹部会議を召集することは、彭、高が北京にいる間にすでに検討、決定していたようで、安東にいた第十三集団軍の幹部たちは八日昼間に指示を受けて、当日夜、列車で瀋陽に到着し、直ちに彭徳懐のところに行った。幹部たちは部隊の当面の戦闘準備状況と思想動向について報告をし、その場で、彭徳懐は「私は実は「義勇軍」ではない、もともと林彪が来ることになっていたが、林は病気だということで、代わりに私が毛主席の命令を受けてやってきたのだ」と語った。(10)

深夜、彭徳懐は朝鮮側の特使朴一禹と会見した。(11) 同日、毛沢東は金日成への参戦通告で、朴一禹と彭徳懐との会見を提案したばかりである。朴が当夜ただちに瀋陽に来たのは、中国の参戦に対する朝鮮指導部の渇望を表しているが、朴はその数日間、もともと中国領内に滞在しており、中国側からの返事を待っていたことも考えられる。実際、洪学智は、その晩、朴が列車を利用して朝鮮に戻ったと証言しているが、飛行機でないと、朴は半日で朝鮮領から瀋陽まで来るのは不可能であろう。彭徳懐に会った朴一禹は、敵軍の最近の兵力大量補充と進攻状況、朝鮮の政治、軍事状況を説明した後、義勇軍が迅速に出動し、一部部隊で咸興を、一部部隊で新義州を支配下に置いてほしいという金日成の再度の要請を伝えた。(12)

中国参戦、初めて金日成に通告

ソ連に対しては毛沢東は七日、ソ連大使を通じて、参戦決定を伝えている。スターリンが金日成に送った電報の中で紹介したところによると、毛沢東はスターリンからの出兵催促要求の「基本的見解に同意し」「中国は朝鮮に六個師団ではなく、九個師団を送る計画だが、ただ、直ちに出動するのではなく、もうしばらく時間を要する」と述べた。また、毛沢東はその代表をモスクワに派遣してスターリンと武器供与などの問題について協議したいという申し入れがあって自分はそれに同意した、とスターリンは金日成に伝えた。(13)

スターリンはこの電報で、中国が参戦を決定したのは全て自分の働きかけの結果であり、中国側の動きを自分は全部把握していると金日成に示そうとした。しかし、ここでスターリンは、毛沢東が中国指導部内の決定や考えの全部を彼に漏らしていないことに気づかなかったようだ。中国首脳部は十五日の出兵を内定したが、スターリンに伝えられたのは「出動するのにもうしばらく時間を要する」ことだった。これは翌八日に出発した周恩来の訪ソで、ソ連からの武器供与をできるだけ多く引き出すための駆け引き(中国がいつ出兵するかはソ連の武器供与次第、というメッセージ)の側面もあるが、中国から金日成にはもっと詳しく通報したところから見て、毛沢東は、すべてモスクワ経由で朝鮮側と連絡を取り合うのではなく、金日成と直接なパイプを構築しようとした計算もあったと考えられる。

実際、スターリンのこの電報が金日成の手に届く以前、中国から金日成に、より詳しい内容を通報した。

義勇軍の設立命令を発布した直後の八日昼ごろ、毛沢東は、中国の駐朝大使・倪志亮宛に、金日成に転送を依頼する至急電報をみずから起草し、発信させた。

「倪志亮大使経由金日成同志へ、

(一)当面の情勢にもとづき、貴国の侵略者に反対する闘争を援助するために、われわれは義勇軍を朝鮮領内に派遣することを決定した。(二)彭徳懐が中国人民義勇軍総司令官兼政治委員に任命された。(三)東北軍区司令官兼政治委員・高崗が中国人民義勇軍の後方支援業務および満州領内の朝鮮援助関連業務の全責任をもつことになった。(四)閣下がただちに朴一禹同志を瀋陽に派遣し、彭徳懐、高崗両名と、中国人民義勇軍の朝鮮領内における作戦に関連する諸問題を協議するよう、希望する(彭、高両名は本日北京から瀋陽に向かう)。

毛沢東　十月八日[14]」

この電報のなかでは、ソ連向けの説明同様、中国軍の具体的な出動期日に言及していなかった。毛沢東の義勇軍幹部宛の、出動期日を示した命令も九日に発布されているから、金への電報がそれに触れなかったのは当然といえば当然であり、また、このような首脳間の通知文書は主に重要な決定を伝えるためで、具体的な内容については彭徳懐、高崗らと朝鮮側幹部との折衝に委ねられたと解釈できよう。

毛の電報がピョンヤンの中国大使館に届くと、倪志亮大使、柴成文参事官の二人が金日成の執務室へ届けに行った。その伝達の経緯について、柴成文は興味深い証言を公表しているので、その箇所を引用する。

「倪、柴が車で金首相の執務場所に到着した。これは牡丹峰の裾野に設置された地下指揮所であった。入り口は偽装網で覆われ、両側には土嚢を積んだ防弾壁が作られていた。入り口から下へ降り、右へ左へ曲がって、広々とした明るいホールに出た。ホールの端に、首相の執務室があった。

二人が部屋に入ろうとすると、思いがけなく、入るも退くもできない困った場面に出会った。誰かが首相と激しく口論をしていた。外国の使節がすでに近くまで来たにもかかわらず、口論を止めようともしなかった。金首相と言い争っていたのは、ほかでもなく、朴憲永副首相兼外相であった。

朴憲永が執務室から出たあと、金首相は視線を初めて中国の賓客に向け、立ち上がって握手した。金首相は、「彼〔朴憲永〕は山に入り、ゲリラ戦を行う決心がまったく出来ていない」と言った。明らかに、これは金がさきほどの口論を釈明したのである。

席についてから、倪志亮は金日成に対し、中国共産党中央は、人民義勇軍部隊を派遣し、朝鮮で参戦することを決定したという北京からの電報の内容を伝えた。

金日成は中国が参戦すると聞くと、大喜びで席から立ち上がった。ついさっき緊張して口論していた表情が一掃され、笑いながら、「それは良かった！　良かった！」と何回も言った。彼はまた右手の親指と人差し指で大きな音を出し、「毛主席と中国党中央に、私と朝鮮党、人民からの心からの感謝の意を伝えてください」と話した。

金日成は倪志亮の手を引っ張って、ホールに行き、机の上から酒の瓶を取り、みずから三つのコップに酒を注ぎ、「中国軍の緒戦の勝利を願って、乾杯！」と言った[15]」

国連軍の仁川上陸後、金日成は朴一禹などを中国に派遣し、救援を求めていたが、「出兵は基本的に決まったものの、最終的に決定を下すまでは、「われわれは朝鮮人民の強固な後ろ盾である」という建前論しか言わなかった」と柴成文、洪学智が証言している。柴成文はさらに、十月二日以降八日までの間にも、中国側は参戦する意向を朝鮮側に知らせていない、と断言している[16]。また、前述のように、十月五日の政治局会議終了後、毛、周、彭などが朝鮮戦争介入の作戦案を検討したとき、数日後正式の出動命令を発布するのと同時に初めて参戦の意向を金日成に知らせるよう、毛が指示していることが分かる。

中国はなぜ、十月八日まで、義勇軍の朝鮮領内への出動、参戦意向と計画を金日成に明示しなかったのであろうか。

国際的ルールから言えば、十月一日、朝鮮の首脳が中国の出兵を正式に要請するまで、中国側は、それを通告する義務がなかったと言える。ただし、社会主義の「同志」である中国と朝鮮との関係は、一般的な国際的ルールで単純に割り切れるだろうか。中国は正式に参戦の準備、計画を通報しなかったのみならず、非公式にも一言も漏らさなかったし、個人ベースでも、かつての延安時代の戦友・朴一禹らが北京、瀋陽にやってきて支援を懇願したことに対し、原則論を繰り返しただけに留まった。外部の援助を期待できないと見たため、金日成と朴憲永がゲリラ戦を再開するか否かをめぐり口論していたのである。中国から少しでも暗示があれば、そのような口論は起こらなかっただろう。金日成は十月十一日に、「鮮血をもって祖国のすべての土地を守ろう」と題する演説放送をし、帝国主義勢力を打破する自信を取り戻した。これは明らかに中国の参戦決定を知ったからであろう。しかしこのことは逆に、それまで中国が参戦のことを全然漏らさなかったことの異例さを際だたせることになる。五〇年前半、朝鮮側が戦争準備について、北京にあらかじめ内部通報していたことと対照すれば、なおさらである。

中国側が十月八日まで参戦意向を漏らさなかった本当の原因として、次の諸点が考えられる。

一、金日成は六月より前に、「祖国解放戦争」を発動しても中国に迷惑をかけることは一切ないと言い、毛沢東から開戦に対する黙認を得た。しかし戦争は違う方向へ展開し、ついに中国も介入を決断せざるを得なくなった。毛は早い段階から参戦の軍事準備を推進してきたものの、内心では、米国の「わな」にはまった金日成の「無謀」に不満を抱いていたことが推察される。また、本来中米軍事対決が回避でき、少なくとも数年後に引き延ばせると考えた中国指導部内の「参戦反対派」と「消極派」も、不満が大きかったであろう。林彪が九月初め、朝鮮が負けたら、山に潜りゲリラ戦をすればよいと言ったのは、そのような気持ちの現れとも言えよう。

二、九月十五日国連軍が仁川に上陸するまで、朝鮮指導部の戦況分析はソ連の分析に追随し、中国の忠告にまったく耳を貸そうとしなかった。しかしその結果、仁川での大失敗を招き、中国にとってますます負担が増えた。当時の朝鮮側の傲慢さにも、中国は反発を感じていたと見られる。

三、九月初めから、中国指導部内で国連軍が三十八度線を越えることを参戦の時機として設定したが、このことはピョンヤンに説明するわけには行かなかった。人民軍はまだ洛東江付近で戦闘しているのに、国連軍の半島北部までの反撃を前提とする中国の参戦準備はさすがに伝えにくかった。同じ理由で、国連軍がソウルを奪還した後にも、三十八度線を実際に越えて北上するまで、中国は内部の参戦時機設定を朝鮮側に伝えることができなかったと推察される。

四、中国指導部内にも、参戦をめぐってさまざまな意見があり、正式の参戦決議が行われるまでは、朝鮮側に通報しないとする方針があったと見られる。柴成文は「われわれはまだソ連と十分な協議をしていないし、国内でも意見が一致していない。内部でも未決定のことを朝鮮側に知らせるわけには行かない」と筆者に説明している。

五、九月末から十月初め、中国は朝鮮人民軍が国連軍の攻勢の前で危機に直面していると判断したが、早い時期に中国参戦の意向を知らせれば、再三の公開警告を無視してきた米国に対し即効力がないばかりか、朝鮮側がわらをもつかむ思いでそれを宣伝に使うことでもあった場合、逆に中国軍秘密参戦の突然性を損ない、本来薄い勝利の見込みをさらに不確実にすることになると判断された。あるいは、中国軍が出動するまで、朝鮮人民軍に死力で抵抗させるためにも、最後まで知らせないほうがよいと考えられたのかも知れない。(17)

第二節　論争の再燃

参戦に伴う全国軍事力再配置を検討する会議

「記念すべき」十月八日が発車の汽笛を鳴らした日だとすれば、九日は列車が始動した日であった。

前日の「中国人民義勇軍の設立に関する命令」の発布に続き、九日、毛沢東の名義で義勇軍の朝鮮半島への出動命令が下った。『文稿』は、八日の命令のみを収録し、九日の命令には言及していないが、その実在については、筆者は複数の研究者から、それを確認し、疑問を挟む余地はない。三日後の十二日付で、毛が彭徳懐に送った、義勇軍の出動を見合わせることを命じた電報の中でも、「九日の命令」に触れている。それならば、なぜ、この命令の内容を今日まで隠蔽する必要があったのだろうか。

この出動命令文に、十月十五日という参戦期日が明示されているのはいうまでもない。これはおそらく義勇軍主力部隊の出動期日を指すものであり、先頭部隊や、偵察隊などの出動期日を意味するものではない。実際、中国軍の朝鮮介入の正式出動(十九日)より前に、このような先遣隊、偵察隊の出動が確認されている(第十章参照)。しかも、二十数万の大部隊の軍事介入に際し、先遣隊などの規模は連隊クラスかそれ以上の相当なものになることが推測される。今日にいたっても政府側が公表したくないのは——たとえ内部資料集でも——十月九日の命令の中でこの先遣隊出動の期日とその規模を明記しているからではなかろうか。

この推測が正しければ、後述の毛の十月十二日の出動中止命令からは、もう一つの意味が読み取れるような気がする。つまり、十二日電報が命じたのは、大部隊の出動の中止ではなく、先遣隊、偵察隊などの朝鮮領内への大規模派遣の中止なのである。十五日に予定されている大部隊の出動に対する中止命令だとすれば、十二日にこのように緊急発令する必要はなかったと思われる。

十月十日、もう一つの重要会議が北京で召集された。朝鮮戦争に参戦し、東北地域にあったほぼ全兵力を出動したのに伴い、その後続兵力の再配置およびそれに関連する全国的な軍事戦略の調整が検討の中心テーマであった。周恩来と林彪がソ連に行っており、高崗と彭徳懐は東北前線に向かったため、聶栄臻、羅栄桓、蕭華、李濤、楊立三、蕭克ら中央軍事委の各部門の責任者、および西南軍区政治委員鄧小平、華東軍区政治委員饒漱石、中南軍区第三政治委員譚政らが出席した。この会議の決定事項は以下の通りである。①すでに義勇軍に改編した第十三集団軍とその後続部隊となる第九集団軍、第十九集団軍といった第一陣から第三陣までの兵力以外に、さらに西南軍区から三個軍団の九個師団を引き抜き一個集団軍に編成して五一年一月の参戦に備え、中南軍区からは二個軍団の六個師団を引き抜いて五一年二月の参戦に備えること、②直ちに十七個の歩兵師団を砲兵部隊に改編すること、③五一年中に東北以外の各軍区で百万人の軍事力拡張を行うこと、④各軍区から幹部を集めて中国人民義勇軍総司令部を設立すること(これは彭徳懐の義勇軍司令部と

は別に、米軍との全面戦争に備えた全国的な統一的指揮機関を意味するが、後に設立されず)。(18)

新しい火種(十月九日)

ところで、すでに東北に帰った彭徳懐と高崗は九日午前、瀋陽の東北軍区第三招待所会議室で、義勇軍の軍団以上幹部会議を召集した。参加者は彭、高以外、東北軍区副司令官・賀晋年、第十三集団軍首脳・鄧華、頼伝珠、洪学智、韓先楚、解方、杜平、および各軍団の軍団長、政治委員などであった。(19)高と彭は先にそれぞれ、参戦動員報告を行ったが、高の報告はいまだに公表されていない。それに対し、彭の報告は軍幹部の士気を奮わせるところに重点を置き、その中心内容は次のようになっている。

「朝鮮戦場の情勢と、金日成首相の要請にもとづき、中央指導部は朝鮮を援助するための出兵を決定した。……周恩来総理は米国に対し、もし三十八度線を越えて北上するなら、中国は出兵すると、一度ならず警告を発した。しかし、米国と南朝鮮軍は、「国連軍」の旗を掲げて、わが国政府の警告を無視し、三十八度線をすでに乗り越え、中朝国境の鴨緑江に向かって進攻中である。われわれの敵は宋の襄公〔春秋時代の一国王〕ではない。彼らは宋襄の仁〔無用のなさけ〕をもって、われわれが陣形を整えるのを

彭徳懐（左）と鄧華（1952 年）

待って進撃するような、ばかげたことをするはずはない。敵は機械化部隊で、空軍と海軍の支援のもとで急速に前進している。われわれは時間を争う必要がある。私がここに派遣されたのも、中央が三日前に決定したばかりのことだ。

　今回の朝鮮援助の出兵に、われわれは打ち勝つ決心をする一方、撃破されても、くじけない意志を持たなければならない。万が一、米国がわが国まで進攻してきて、すべてを破壊しても、再建設すればよい。各軍団とも、夜を日に継いで準備を急ぎ、政治思想動員を強化し、幹部、兵士ともに必勝の信念を植え付けるべきだ。共産党中央と毛沢東主席の指導のもとで、かならず米帝国主義者を打ち破ることができると確信すべきだ[20]」

主戦派の彭の報告でさえ、国連軍と交戦することにあまり自信のない一種の悲壮感を匂わせている。また、同報告で彭が示した参戦の指導方針は、「革命の根拠地を保持し、今後敵を消滅する足場にする」というきわめて慎重なものであったと、洪学智が証言している。(21)

動員報告後の参加者による討論のなかで、ある軍幹部は、高と彭の報告の相違点を突き、「朝鮮に一番近い東北の主席〔高崗〕が出兵に賛成しないのに、西北の主席〔当時、彭は西北軍政委員会主席〕が積極的に出兵を主張するのはなぜか」と質問し、彭に怒られた、といわれる。また、各軍団の幹部は特に、参戦の際、空軍の支援があるか否かという点を質問した。(22)彭徳懐は任命を引き受けたとき、毛沢東から空軍の支援があるという説明を受けていた、といわれる。北京の日程が過密で、彭はそのことを深く考えていなかったが、九日の会議で軍団幹部から空軍に関し質問攻めに会うと、彭はあらためてことの重大さに気づいた。周恩来のソ連での交渉の成り行きも懸念して、彭徳懐、高崗の二人は、会議の進行中、午前十一時、連名で毛沢東宛に電報を送った。電報は冒頭、この軍団以上幹部会議を開いた目的を、「当面の情勢および中央の意図を説明し、同時に部隊の状況を知るため」と簡単に述べた後、空軍支援問題について、次のように質問し、提案している。

「わが軍が出動参戦する場合、中央軍事委はどれぐらいの戦闘機と爆撃機による空中支援を確保できるか、いつ空軍を出動させられるか、また誰がその指揮責任者になるか、至急明示されたい」「二、三ヵ月の間に新たな装備が確保できれば〔とりわけ空軍の出動が可能であれば〕、予定の計画通りに進めればよいが、そうでなければ、〔義勇軍の〕出動時期を遅らせるという意見はかなり考慮する価値がある」(23)

この電報は、十一日から表面化した、四回目の参戦問題をめぐる論争の火種となった。軍団以上幹部会議が終わった後、彭徳懐は鴨緑江渡河に関する実地調査をするため、九日夕刻から夜の間、列車で瀋陽から安東に出発した、と見られる。成普らの証言にもとづくと思われるが、列車の中で、彭は丁甘如、成普らを集めて会議を開き、現第十三集団軍司令部の全メンバーを、まだ白紙状態に近い義勇軍総司令部の各部門に吸収する、という人事構想を考えた、といわれる。(24)第十三集団軍司令部を義勇軍総司令部に合併させる中央軍委の命令は彭の提案にもとづき、実際、後に出されているから、彭徳懐は瀋陽に赴いてからその問題を考え始め、安東に向かう列車の中で合併案を構想したことは、別段憶測ではないように思われる。この構想は、数ヵ月前粟裕が嫌っていた北京と前線部隊の間で板挟みになったこのポスト(前の東北辺防軍総司令官、今の義勇軍総司令官の職務)を実権の伴うものにし、第十三集団軍の各軍団を直接、配下に置くものである。第十三集団軍首脳たちはこれに激しく抵抗したが、最後は毛沢東の再三の命令で押し通された(第十章参照)。十一月以降、その他の集団軍も参戦したが、彭徳懐と鄧華らがともに他の集団軍を指揮する奇妙な指揮系統は、停戦まで続いた。中国の参戦政策決定過程は、政治、軍事戦略レベルにおける論争のみならず、各野戦軍の間の縄張り、ライバル意識も絡んだのである。

同日、毛沢東は駐朝大使倪志亮に、「中央は、朝鮮の同志を援助する問題の関連事項を高崗に全権委任した。今後、これらの業務に関しては、直接高崗に指示を求めよ」と打電した。この電報の宛名が「倪大使ならびに高崗に転送」となっている[25]が、駐朝大使から用件を高崗に伝えるように依頼したのは、高が朝鮮側と出兵の具体的事項について協議するため、九日午後朝鮮に向かっていたことを窺わせている。

彭徳懐・金日成会談の中止（十月十日深夜）

十日早朝、彭徳懐一行は、灯火管制下の安東に到着、宿泊地の鎮江山招待所に入り、朝食後、部隊の戦闘準備状況を点検し、また鴨緑江北岸の渡河地点を視察した[26]。九日午前の軍団以上の幹部会議で、軍幹部から、参戦の必要性と空軍出動問題に関する質問が多く出されたが、彭徳懐も第十三集団軍首脳たちもいぜん、即時参戦に向けて準備を進めていた。十日、安東で行われた合同研究会議で、集団軍側は彭に対し、出動計画に関する新提案を行い、その意見を受け入れ、同日午後、彭は毛沢東へ次のような至急電報を送った。

「義勇軍の各方面にわたる参戦準備が不十分であり、米軍の戦車特にその空軍に対して懸念が強い。砲兵が陣地に入れば空軍と高射砲の援護がなければなおさら憂慮される。一個から二個の高射砲連隊を速やかに増援するよう要請する。〔中略〕ご指示通りに十五日の出動としているが、〔中略〕原計画では二個〔歩兵〕軍団と二個砲兵師団が先に出動することになっていたが、鴨緑江鉄橋が爆破されれば、優勢兵力を集中することが困難となり、戦機を失う恐れがあるため、原計画を変更し、四個〔歩兵〕軍団と三個砲兵師団を全部鴨緑江南岸に集結することに決定したい」(27)

七日に毛沢東がスターリンに伝えたのは三個軍団の九個師団の出動計画だった。それに対し、彭徳懐と第十三集団軍幹部たちは、国連軍の進攻速度と空爆の威力に脅威を感じ、東北辺防軍の全四個軍団を一斉に朝鮮領内に出動させ、兵力の優勢をもって戦勝の可能性を求めるものであった。参戦か否かの政策決定とは別に、参戦の規模はこのように、前線指揮官の要求によって次第に拡大されていく側面があった、ということをここで指摘しておきたい。この構想は翌十一日、毛によって許可された。それは義勇軍参戦後の第一次戦役で国連軍の北進の勢いを止めた肝心な一手となったのである。

十日午後、朝鮮を秘密訪問していた高崗が安東に戻ったと見られる。彭徳懐は高と意見交換し、また、鄧華が、(28)朝鮮側の指揮系統の乱れで、連絡不可能なため朝鮮行きを中止せざるを得なくなったこともあって、彭は直接金日成と会うことを決意し、当日二十時、再度毛沢東に電報を送った。

「まだ少なからぬ具体的問題を、金日成同志と面談して解決する必要があるので、明日〔十一日〕朝、安東経由で徳川に出発する予定であることを報告する」(29)

当日深夜、北京の毛沢東は、この電報を受け取り、すぐ同意の返事を送った。そのとき彭はまだ安東にいたにもかかわらず、徳川に向かうことを見込んで、大使館宛のこの「倪〔大使〕から金〔日成〕に転送、ならびに彭〔徳懐〕に伝える」電報のなかで、金日成に対し敵後戦場打開などを提案した以外、彭徳懐に対しても、金との会談時の協議事項(「朝鮮の同志とともに、敵軍が新たな後方上陸作戦を行う場合の対策」など)を指示した。(30)

しかし、右の電報を打った直後数時間内に、なぜか毛沢東は翻意した。その日の深夜、毛は聶栄臻・総参謀長代理に命じて、安東にいる彭徳懐に、金日成との会談予定を取り消し、ただちに北京に戻り、中央政治局会議に参加するよう指示させた。十一日早朝一時、聶栄臻がこの旨彭に電話連絡していたことを、当時安東にいた杜平が証言している。(31)

何が毛沢東にこのような重大な変更を急遽決意させたのであろうか。

九日の義勇軍軍団以上幹部会議の進行中に、彭と高が空軍出動問題をただす電報を毛に送ったことで、毛は動揺を感じ始めたようである。この動揺に加えて、彭の朝鮮入りを阻止するにいたる契機となったのは、十一日一時までに、ソ連を極秘訪問中の周恩来とスターリンの連名で送られた至急電報であったと見られる。周の電報は、ソ連空軍は中国義勇軍の作戦を支援するための出動はできないため、中国軍の出動についても再考を促すものだった(次章で詳しく検証する)。これは毛にとってはまさに「青天のへきれき」であった。

ソ連空軍の出動拒否は、義勇軍参戦のもともと可能性の薄い勝利をさらに頼りのないものにしたことを意味する。前日に、彭徳懐らから空軍出動に関する質疑を受けたばかりの毛も、出兵の期日ないし参戦そのものに対し、他の指導者ともう一度検討せざるをえないと感じたわけである。

毛沢東は再考の時間が欲しくなった。しかし、翌日、義勇軍総司令官の彭徳懐が朝鮮領内に入り、朝鮮首相の金日成と会見し、中国参戦の期日と作戦計画を朝鮮側に明示してしまうと、その後中国がふたたび出兵計画を変更すれば、国際的信用にかかわる問題になる。そこで取り急ぎ、彭徳懐の入朝を阻止することになったと考えられる。

彭徳懐と金日成の会見を具体的にアレンジしていたのは、中国の駐朝大使館であった。毛沢東の金日成宛メッセージも、倪志亮大使経由で届けられた。十月十日以降、東北政府も、第十三集団軍首脳部も、朝鮮側との交信連絡が途絶えた模様で、わずかに中国大使館だけが本国に情報を送り続けていた。(32) ここで中国大使館の移動状況を追跡してみる。

十月九日、朝鮮政府が、江界を臨時首都と決定したことにともなって、あらゆる政府機関、学校、団体はすべて移動し始め、各外国大使館も、国境都市・満浦に撤退するよう、通告を受けた。中国大使館は九日に朝鮮外務省から知らせを受け、十日夜ピョンヤンから撤退した。大使館員は三つのグループに別れて行動した。金日成の要請により、無線通信機を携帯し、少数の部員を連れて熙川に撤退することになった倪志亮大使、柴成文参事官は、中朝両国首脳部の連絡の使命を負っていた。金日成は国連軍が接近するまでピョンヤンに留まったらしいが、次の移動地点を徳川に予定し、中国大使館側に、その後の連絡先として徳川を指定した。そのため、彭徳懐と金日成の会談予定地として徳川が選ばれることになったのだと、柴成文が証言している。

また、薛宗華参事官、劉向文二等書記官は緊急時は鴨緑江北岸の安東、輯安経由で朝鮮北端の満浦に赴くよう指示を受け、一部の部員を連れて先に新義州に向かい、その他の部員は一等書記官張恒業、武官朱光の引率で暫時、北京に戻ることになった、という。移動途中、倪志亮大使は持病の喘息が再発し、オンドルに横になり休息せざるをえないほど重症になったので、外交部の許可を得て十月十四日に満浦経由で北京に治療に帰った。(33)その後は、柴が二度目の臨時代理大使として中国政府を全権代表し、朝鮮首脳部との接触、交渉に臨むことになった。十月二十一日、彭徳懐と金日成の最初の会談をアレンジし、その場に居合わせたのは柴成文であった。

第三節　四回目の論争

彭徳懐激怒する（十月十一日―十二日）

朝鮮徳川行きを中止した彭徳懐は、ふたたび指揮所の責任者・成普などを連れて、安東を発ち、列車で十一日深夜、瀋陽に引き返した。(34)

同十一日に、毛沢東は安東にいた彭徳懐に、空軍の援護がないことを電報で簡潔に伝えた。

「彭〔徳懐〕、ならびに高〔崗〕、鄧〔華〕に伝える、

十月九日、十日の電報はすべて受領した。(一)四個〔歩兵〕軍団および三個砲兵師団が全部出動し、予定位置に集結し、敵軍を殲滅する機を狙う構想に同意する。(二)すでに華東局に、一個高射砲連隊を十月十四日付で上海から瀋陽経由で前線に移動することを電報で指示した。高崗はその関連業務をアレンジせよ。(三)その他の各項目は別途回答を送る。ただ空軍は暫時出動不可能である(35)」

この電報をどう見ればよいのだろうか。部隊の集結地などの問題で、全部、彭の意見に

同意する。国連軍飛行機の空襲の脅威を軽減するため、さらに、中国全土にわずか数個連隊しかない高射砲部隊を一個連隊増援する。中央指導部として最大限の努力をしたことを理解してほしい。ただ、ソ連に主導権がある空軍支援の問題については、もはや望み薄だ、自分個人としてはどうしようもない、ということを毛が言いたかったのであろうか。

電文の中で、毛は空軍の援護のない状況下で、あいかわらず出動すべきか否かには言及していない。空軍支援なし、という事実だけを彭、高、鄧などに伝えて、自分が最終的に再決断する前に、東北前線指揮官の反応を探りたいという狙いがあったと推察される。

『文稿』に掲載されている日付が十一日となっているこの「空軍は暫時出動不可能」とする電報は、具体的な発信時間を明示していない。彭徳懐は安東をたつ前の十一日夜か瀋陽到着後の十二日早朝かにこれを読んでいる。当日午前、彭徳懐は高崗とともに、東北局と東北軍区の幹部を召集して緊急会議を開いている模様である。(36) この会議で、毛の電報について討論が行われたと見られる。

彭徳懐は、毛の電報を受け取ってから、空軍支援がないことに対し、怒りを爆発させた。彭が怒った時間と場所については特定できていないが、十二日午前の東北軍区会議で怒りを発した後、十二日夜北京で開かれた政治局でも不満を毛沢東にぶつけた、といわれる。信頼すべき中国軍事科学院の研究員の話によると、彭徳懐は、「空軍がなければ、私は朝鮮に行かない。蔣介石と戦うことには興味〔責任感、必要性のことか〕を感じるが、アメリカ人との戦いには興味はない」と叫び、「我洗手不幹了」、すなわち、義勇軍総司令官の職を投げ出す、とも話した、という。

国防大学の徐焰教官は、彭徳懐のこの激怒発言の時間は特定できないが、その真実性については、疑う余地はないと断定した。彼から筆者に宛てた書簡の一節を引用する。

「参戦前、彭徳懐が「アメリカ人との戦いに私は興味はない」と言ったのはたしかなことである。後に廬山会議で彭が批判を受けたとき、この話が暴露され、彼の罪状の一つとして取り上げられた。実は、これは怒っているときに口走った言葉であって、空中支援がないことに対する不満の現れだ。彭が怒った時間はたぶん十月十一日から十二日までの間であろう。なぜなら、十月九日の幹部会議で、彭はまだ自信満々だったからである。十日夜、事態が急変し、中央指導部は、彭に速やかに北京に戻り、出兵問題をあらためて研究する会議に参加するよう指示した。この間はたしかに心理的な動揺が見られた。しかし十月十三日彭が北京から東北辺防軍に電話したときには、態度はまた参戦の方向に固まっていた。その日、中央が討論を経て、最終的に決断を下し、彭の意見もはっきりした。というわけで、〔激怒発言は〕この二日間になされたとしか考えられない」

数十万兵士の出征という大軍事行動の総指揮官、第十三集団軍首脳、および東北軍区の幹部たちは、空軍の援護が得られなくなったことの深刻な意味を一番知っている。空軍の援護があってさえ、参戦は無謀だと林彪が言っているのに、今空軍の援護なしということを聞いて、もともと怒りっぽい彭が怒りを爆発させたのは無理もないであろう。彭が激怒したとき、居合わせたのは、第十三集団軍首脳か、あるいは東北軍区の幹部かである。怒りを爆発させても、直接、戦闘部隊の心理、士気に影響する心配はないし、高級幹部の間では、当時はたがいに比較的自由に討論する雰囲気があった。おそらくこのような状況の中で、しかも居合わせた者たちが口々に不平不満を言っている中で、最高責任者の彭も前述の言葉を口にしたと思われる。

彭徳懐をはじめ、諸幹部が怒りを感じた第一の対象はソ連であったと考えられる。ソ連が朝鮮戦争開戦を支持したことで、結果として中国が巻き込まれることになった。そればかりか、八月以降、ソ連は空軍部隊をすでに中国の東北地域に配備してきた。それが北京に参戦の政策決定を促す外的要因となったにもかかわらず、いざというときに、ソ連は空軍出動を拒否し、中国だけを米国と戦わせようとする――真実は東北の幹部たちが考えたのといくらか相違があるようだ(第九章で論ずる)が、ソ連のエゴイズムは、共産主義に対してまだナイーブなところがあった新中国の幹部の目に刺々しく映ったのは間違いない。

開戦に加わっていたソ連でさえ、手を引こうとしているのに、中国はなぜ無謀な冒険をする必要があるのか。彭徳懐とその他の幹部の怒りの発言は、まずこの角度から理解できよう。

また、毛沢東の積極参戦の主張に対しても、不満がないわけではなかった。彭が説得され、義勇軍総司令官の任を受命したとき、毛沢東から空軍支援があるとの説明を受けたと言われる。そのため、いよいよ出動というときに、空軍支援がないと聞いて、毛の「軽率」な見通しに対し、文句が出たのは当然とも言える。もちろん、今度の空軍支援態勢の急変は毛が引き起こしたものではなく、毛も苦慮していることを彭が知らないわけではない。これは彭が後に再度毛沢東の主張に傾く背景になっているが、十一日と十二日の時点では、不満のほうが一時理性を圧倒したのであろう。

確認はできないが、前後関係から見て、十月十二日午前、東北局、軍区幹部会議後、彭、高は毛沢東に対し電報を送ったと筆者は推測する(東北局、軍区幹部全員という名義を使った可能性もある)。おそらくその主な内容は、ソ連の空軍出動中止は背信的行為であると非難したことと、義勇軍の出動は空軍援護がなければリスクが大きすぎるとして、参戦の中止または延期を提案したこと、などであると考えられる。

出兵中止命令（十月十二日）

右の推測を証明する直接の証拠はまだ入手できていないが、彭、高らの怒りに答えるものと見られる毛沢東の返電は実在している。その日二十時、毛は彭徳懐らに、出兵中止を命じる電報を出した。

「彭、高、および鄧〔華〕、洪〔学智〕、韓〔先楚〕、解〔方〕各位、

（一）十月九日の命令は暫時実施しないこと。第十三集団軍各部隊は従来どおり現地で訓練を続行せよ。出動の要なし。（二）本件に関し検討するため、高崗、彭徳懐両名は明日または明後日、上京せよ(37)」

この出兵中止命令は、周恩来とスターリンの会談でソ連に空軍の出動を促すための、圧力を加える中国側の手段だったという解釈が北京で一部あったが、毛沢東が打電したのは周恩来とスターリンとの、空軍出動問題をめぐる会談が行われた後であり、それより前ではない（第九章参照）。それは、周恩来からのソ連空軍出動拒否の緊急通報を受けて、第一線指揮官が示した強烈な反応に対処するため、毛沢東が暫時、再検討する時間を設けようとして取った措置だと思われる。つまり、この措置はソ連向けではなく、東北の軍人向けのものなのである。なんといっても、戦争は前線の軍隊が実行することである。前線の指揮官のほぼ全員が反対しているとき、彼らに参戦を強要したところで、いい結果は生まれ

ない。

毛沢東の胸中が十二日の一日中、参戦と中止の狭間を揺れ動いていたのは、前線指揮官たちのなんらかの牽制によるものだと証明する有力な証拠がある。この日、毛は陳毅らに前後矛盾する内容の電報を二度送っている。

一回目の電報は、

「陳毅司令官、

宋時輪〔第九〕集団軍に北上を繰り上げ、東北に出動することを命令せよ。あわせて出動可能日時を報告せよ。

毛沢東　十月十二日」[38]

二回目の電報は、

「饒〔漱石〕、陳〔毅〕各位、

(一)十月九日の命令を暫時実行しない。東北各部隊は従来どおり現地での訓練を続行し、出動を中止する。(二)宋時輪集団軍も現地で訓練を続行せよ。(三)〔変更について〕幹部と民主派人士に対する新たな説明を行うことは暫時控えよ。

中央　十月十二日」[39]

両電報とも、『文稿』に毛の肉筆原稿として収録されており、署名は違うが、毛が執筆し、送ったものであることは間違いない。一回目の電報は、ソ連空軍の出動がないという連絡を受けた後だが、おそらく毛はまだ、空軍がない条件下において参戦問題をどうすべきかを迷っていた。その時点で毛沢東個人はすでに参戦すべきだとの決意を固めたとも考えられる。十一日に、毛の彭宛に送った、空軍支援はないが「四個歩兵軍団と三個砲兵師団を出動する位置に着くよう」と命ずる電報の主旨と同じである。二回目の電報は、彭徳懐らへの「出動中止」電報(夜二十時)とほぼ同時に発信されたと見られる。両電報の第一項目の言葉が類似していることに加え、東北軍の出動中止とあわせて第九集団軍の北上も見合わせると、内容も一致している。

自家撞着する両電報が同じ日に送られたことから見て、出兵中止の決定がソ連に圧力を加えるため事前計画されたものではないことは明らかである。この日にあった直接の原因となり得る動きと言えば、東北局・軍区首脳部の会議、彭徳懐の激怒発言、そして筆者が推測した彭、高の毛への即時参戦の方針について再考を促す電報だけである。

この参戦中止のアクシデントは、中国指導部内における四回目の意見相違の発生によるものであったが、導火線は八月下旬の一回目の論争で敷設されていた。十月四日、五日の三回目の論争で朝鮮領内への出動可否問題の決着がついた後、軍事戦術問題の意見相違が突出した。今回の論争の焦点は空軍援護がない状況下での参戦可否問題である。第一線の指揮官たちは空軍援護がなければ参戦すべきではないと主張したのに対し、毛は最初、地上軍の追加投入と高射砲部隊の増援などで空軍援護なしの弱点をカバーしようとし、いぜん、即時参戦を考えていた。しかし、ソ連の空軍出動拒否のショックが大きく、前線指揮官の反対も意外に強かったので、毛はついに大軍の出動を一時ペンディングし、再度北京で政治局会議を開いて検討することを決めた。

ただ、それは毛が譲歩してもよいと考えていたことを意味するものではない。毛が参戦を力説したのは、最初から、軍事的角度からのみ出発したのではない。彼は戦争で勝利を得る要素は戦略的思考、精神的要素も含む総合的なものであると主張している。今回の場合、毛は戦略的見地から、米国の対中侵略の意図を粉砕するため、たとえ莫大な人力の犠牲を払おうとも惜しまないと考えていた。だから、一時的中止があったにしろ、みずからの考えを変えるつもりはなかった。毛は彭徳懐を説得する自信があったようである。彭は軍事上の理由から参戦に不満をもっているものの、十月四日北京に飛来して以来、毛の戦略上の参戦理由に対し、一度も疑問を抱かなかった。そこで毛は彭、高に再度上京を命じた。

(1) 前掲張希論文、一三七頁。

(2)　張希論文に一部インタビューを加えたもの。
(3)　参考資料──張希論文、一三七─一三八頁。なお、権延赤『走下神壇的毛沢東』(北京・中外文化出版社、一九八九年四月)は前者の意図に言及し(一七八頁)、李湘文『毛沢東家世』(北京・中国城市経済社会出版社、一九八九年七月)は後者の狙いに触れている(二六二頁)。
(4)　楊得志『為了和平』(北京・長征出版社、一九八七年九月)、一二頁。
(5)　参考資料──徐焰『較量』、二四頁。雷英夫「抗美援朝戦争幾個重大決策的回憶(続一)」、二七頁。『抗美援朝戦争史』第一巻、一五九─一六〇頁。
(6)　張希論文、一三九頁。
(7)　柴成文他『板門店談判』、八二頁。
(8)　『解放軍将領伝』第十一集(解放軍出版社、一九八九年十月)、二〇〇頁。『文稿』、五四三頁。
(9)　張希論文、一四二頁─一四三頁。
(10)　洪学智『抗美援朝戦争回憶』、一七頁。
(11)　杜平『在志願軍総部』、三一頁。
(12)　洪学智『抗美援朝戦争回憶』、二〇頁。張希論文、一四三─一四四頁。
(13)　スターリンからシトゥイコフへの電報、一九五〇年十月八日。沈志華『解密文件』(中)、五九二頁。
(14)　『文稿』第一巻、五四五頁。
(15)　柴成文他『板門店談判』、八四─八五頁。ただし、柴成文の証言では、金日成と会った時間は八日の深夜、となっているが、張希論文を含め、北京の諸研究者は、この会見は同日夕方までに行われたと主張している。筆者も、金が中国外交官と会ってから朴一禹を当日夜、瀋陽に派遣したなどの状況と合わせて考えれば、夕方とする説に賛成である。金の地下指揮所では、当然昼間も電気をつけているから、それで柴の記憶に、会見時間が深夜だと錯覚して残ってしまったのだろうか。

(16) 柴成文他『板門店談判』、七七頁、八〇―八一頁。また、洪学智の回想録では、九月十五日以後、朴一禹が朝鮮党と政府を代表して、第十三集団軍首脳に対し出兵を求めたが、軍首脳は、朝鮮側の要求を北京に伝える、としか答えなかった、と述べている。

(17) 八月二十六日の「東北辺防軍準備検査会議」議事録は、周恩来はその時点ですでに、朝鮮側に参戦の準備を漏らさない考えをもっていたことを示している。周は、「朝鮮人民に早く期待をもたせてはならない」こと、敵に察知される可能性のあることをその理由に挙げている。

(18) 「軍委工作会議決定事項記録」、一九五〇年十月十日。『抗美援朝戦争史』第一巻、一七二頁から引用。

(19) 洪学智『抗美援朝戦争回憶』、一九頁。

(20) 張希論文、一四四頁。

(21) 洪学智『抗美援朝戦争回憶』、二〇頁。

(22) 張希論文、一四四頁など。

(23) 九日十一時の彭、高電報の内容について、『毛沢東軍事文集』第六巻(一一四―一一五頁)ではその一部を紹介しているが、張希論文(一四四―一四五頁)と王焰他編『彭徳懐伝』(北京・当代中国出版社、一九九三年、四〇四頁)にはもっと詳しい紹介がある。十月十一日の毛沢東の彭、高、鄧宛電報は、彭、高のこの電報に対する答えの形を取り、「空軍は暫時出動不可能である」と言及している。

(24)　彭徳懐が瀋陽から安東に出発する時間について、異なる諸証言がある。洪学智は、彭は十一日安東到着と述べている(『抗美援朝戦争回憶』二一頁)から、十日出発とする説を唱えていることが分かる。それに対し、杜平は、十日夜、聶栄臻・総参謀長代理は北京から安東にいる彭徳懐に電話をかけていると証言し(『在志願軍総部』三四頁)、彭は遅くとも九日夜までに瀋陽を立ったことを示唆している。一方、研究者の間では、例えば、達万「神兵天降　記彭総入朝第一仗」(雑誌『人物』一九九〇年第五号、九頁)は、彭徳懐十一日到着説を主張し、張希論文(一四六頁)は九日夕方瀋陽出発説を採用している。筆者は、彭徳懐は九日夕刻から夜の間に瀋陽を出発した、と見る。本章の後の各節でその根拠を論じる。

(25)　『文稿』第一巻、五四六頁。

(26)　張希論文、一四六頁。

(27)　『毛沢東軍事文集』第六巻、一一五頁。洪学智は、それは第十三集団軍首脳部が九日に開かれた義勇軍の軍団以上幹部会議の直後に彭に提案したものだ、と述べている(『抗美援朝戦争回憶』二一頁)。

(28)　洪学智『抗美援朝戦争回憶』、二二頁。

(29) 張希論文、一四六―一四七頁。
(30) 『文稿』第一巻、五四七頁。
(31) 杜平『在志願軍総部』、三四頁。
(32) 洪学智『抗美援朝戦争回憶』、二二頁。
(33) 柴成文他『板門店談判』、九二―九四頁。
(34) 彭徳懐が安東を離れた期日については諸説がある。洪学智は、十二日まで彭は安東にいたと主張し(『抗美援朝戦争回憶』二三頁)、杜平は、十二日彭が北京から電報を送っているから、十一日夜までに安東を離れたと示唆している(『在志願軍総部』三四頁)。徐焔『較量』は杜平説を取り入れている(二四頁)。また張希論文も、彭は十一日午後安東を離れたと主張している(一四九頁)。筆者は、毛沢東の諸々の電報と一部のインタビューにもとづいて、彭が十一日午後から夜までの間に安東を離れ、同日深夜、瀋陽に到着したとする説を採用している。
(35) 『文稿』第一巻、五四八頁。
(36) 張希論文、一四九頁。
(37) 『文稿』第一巻、五五二頁。
(38) 同右、五五一頁。
(39) 同右、五五三頁。

第九章　周恩来の秘密訪ソ

第一節　秘匿され続けた中ソ首脳会談

矛盾だらけの証言の原因

中国義勇軍が朝鮮戦争に介入する前に、周恩来首相が極秘裏にソ連を訪問し、スターリンと交渉していた、という史実は、『フルシチョフ回想録』が簡単に言及した(1)以外は、旧ソ連の解体直前まで、中ソ双方から公表されることはなかった。九〇年代に入って、旧ソ連の公文書が公表されてこの史実自体は秘密ではなくなったが、会談の内容、結果に関する第一次の詳細資料はなかったため、論争は依然続いている。九〇年代の時点で健在であったロシア側の生き証人はスターリン・周恩来会談にソ連側通訳を務めたフェドレンコで、中国側には二人いた。ところが、この三人の証言はいずれも微妙に異なっている。

一九五〇年十月、周恩来とともにソビエト連邦に同行した党中央政治秘書室主任・師哲

(一九〇五年生まれ、訪ソ団の秘書兼通訳)は一九八五年前後、上層部の指示にもとづき、五〇年の訪ソの経過について証言録を記している。この訪問が極秘裏に行われたものであったので、証言はそのまま檔案館に資料として保管された。九一年末、その大半の内容は師哲著『歴史の巨人のそばで』と題する回想録に収録された。[2] 周恩来に同行したもう一人、党中央弁公庁機要秘書・康一民(一九二〇年前後生まれ、訪ソ団の機密文書係)は証言録を書いていないが、師哲と同様、インタビューによる証言記録などをいくつか残している。問題は同行したはずの二人だが、異なる証言をし、また年寄りの意地もあるようで、自分の叙述のみが正しいと主張して譲らず、しかも二人で一堂に会して討論、研究することを拒否した、といわれる(高齢のため討論することが難しいのも事実だが)。筆者が北京で聞いたエピソードは、師哲と康一民の二人は木樨地の同じ住宅区に住んでいながら、周恩来訪ソに関する証言が違ったことを発端に、その後たがいに顔を合わせても挨拶をしなくなった、という。問題を一段と複雑にしたのは、中国の多くの学者がそれぞれこの二人に取材し、自分で得た証言を元に論文を発表したためであり、より多くの説が出される結果になっている。

このような錯綜した資料・証言の状況をことわった上で、これから北京の諸研究者の意見を参考にしながら、旧ソ連公文書とも照らし合わせて検証を進め、歴史の真相に迫ってみたい。

訪ソの経緯

師哲は次のように証言している。

周恩来首相、康一民と私の三人は十月八日、同じ飛行機でモスクワに向かった。林彪と葉群(林夫人)は先に、ソ連赤軍の招待で出発した。われわれが到着したとき、林夫妻はすでにソ連にいた。それまで中国指導者がソ連を訪れるとき、いつも米国・ダグラス社製の小型飛行機に乗ったが、モスクワに着くのに四、五日かかった。だが今回はソ連製大型飛行機で行ったので、途中、イルクーツクかどこかで給油しただけで九日、モスクワに着いた(3)。

一行はモスクワで一泊し、翌日また飛行機で二、三時間の飛行で黒海沿岸のソチ(Sochi)に着き、車に乗り換え、ソチ以東の海辺の別荘地、ロシア語では「アブハジア」(阿布哈季亜)に到着した。ソ連共産党政治局員はそろって待っていた。その時、スターリンは寝ていたので、われわれは昼食をとり、ミコヤン、モロトフと雑談した。午後六時から、スターリンとの会談が始まり、翌日午前、太陽が高く昇るまで続いた(4)。

それに対し、康一民は次のような訪ソ経緯を証言している。林彪夫妻は、周恩来、師哲、彼自身と一緒にあわせて五人で、毛沢東が義勇軍の設立命令を発布した直後に出発した。一行の乗ったイリューシン14型飛行機は航程が短いため、途中数回点検、ガソリン補給をし、二日間かかってモスクワに到着した。次に黒海沿岸のスターリンの休養地「クラスノポリャンナ」(中国語表記「克拉斯諾波梁納」)に向かった。そこで十日か十一日前後、中ソ首脳会談が行われた、ということである。(5)

周恩来・スターリン会談が催された場所について、師哲の言う「アブハジア」と康一民の言う「クラスノポリャンナ」の二通りの地名が出ているが、どちらが正しいかは筆者は特定できない。いずれにしても、黒海沿岸、ソチ付近のスターリンの別荘地であることは間違いなかろう。

周恩来一行の出発日について、十月七日、八日、十日の諸説があるが、柴成文は、周恩来が八日にソ連に出発したと主張し、これを裏づける傍証を次のように語ってくれた。

「周恩来の某秘書は、当時、周がソ連に行くことを聞かされなかったが、周の執務机の上のカレンダーは十月七日になったままだった、その後、周は十日間ほど姿を消していた、と証言している。林彪の家の家政婦も、林は十月八日頃ソ連に行ったと語っている。もちろん、カレンダーが七日になったままとしても、周恩来が国内のどこかに一時滞在し、八日より一、二日遅くソ連に出発したことの可能性を完全に否定するものではない。しかし周恩来の国内移動を秘書が知らないことはほとんどあり得ない」

当時、中国はソ連製イリューシン14型機を中央首脳の緊急連絡、移動用特別機に使っており(十月四日彭徳懐が西安から北京に飛来したときもイリューシン14型に乗った)、この飛行機は、一日でモスクワまで飛べないという指摘が北京の研究者の間で出されている。中国時間の十日深夜までに、毛は会談結果に関する周恩来(とスターリン)の至急電報を受け、聶栄臻を通し、彭徳懐に、直後に予定されていた金日成との会談を中止させている。その時間から遡って計算すると、八日にソ連に出発した可能性が一番強いことになる。筆者は雷英夫にこの点を聞いたが、彼も八日出発説を主張している。

さらに、黒海沿岸ソチ付近のスターリンの避暑地で行われた会談の時間についても、九日夜、十日夕方から深夜まで、および十一日の諸説があるが、結論からいうと、筆者は、十日夕方からの会談説に賛成する。(6)

黒海沿岸での会談の参加者は、中国側は周恩来、林彪そして通訳の師哲であった。ソ連側の会談出席者について、北京の軍研究者が師哲に確認した結果によると、スターリン以外には、マレンコフ、ミコヤン、カガノビッチ、ベリヤ、ブルガーニン、モロトフらであり、ヴィシンスキー外相はソ連代表団を引率して第五回国連大会に出席中で、会談に参加していなかった、という。(7) なお、師哲の別の証言によると、ソ連側の通訳はフェドレンコであった。

ソ連側からこんなに大勢の重要人物が黒海のスターリン別荘地に集まり、中ソ秘密首脳会談に臨んだことは、十月七日、毛沢東からの参戦意向を伝えた電報がモスクワに届いた後、ソ連指導部は中国の参戦問題を重視し、中国側代表の周、林から参戦の背景、意図などを直接聞きたかったからだと思われる。

会談内容①——「周恩来が出兵しないことを通告した」説

会談には、中国側は周恩来と林彪、ソ連側はスターリンとほぼ全員の党中央政治局員が参加した。師哲とフェドレンコの二人はそれぞれ自国首脳の発言の通訳を務めた。師哲の証言によると、やや緊張した雰囲気の中でまずスターリンが口を切り出した。彼は、「朝鮮の同志は戦争初期に順調に進軍したため、敵を軽んじてしまい、結局、米帝による仁川上陸を予想せず、今は耐え切れなくなった。敵は北上をやめる可能性はほとんどなく、一方、朝鮮の同志はすでに重大な挫折をこうむり、深刻な情勢にある」と述べた上で、「中国の同志たちの分析と見解を聞きたい」と、ボールを周恩来に投げた。(8)

毛沢東は十月二日付電報でスターリンに、「当面は参戦を見合わせる」と知らせたが、同じ電文で、中国側代表をソ連に派遣して協議したいとも伝えた。三日のスターリンの返電は中国側の出兵を極力勧めたが、同時に、中国側代表が訪ソして協議することを歓迎するとも答えた。七日、毛沢東は参戦の決定をスターリンに打電したが、具体的な参戦日時に言及しなかった。その直後の周恩来と林彪の飛来によって、スターリンはソ連側に対して何か重大な依頼と要求があるのではないかと感じとったので、周恩来からの意見表明を先に求めたのである。

そもそも周恩来がはるばると黒海沿岸まで来てスターリンに会う目的は何だったのだろうか。師哲は、それは中国側が出兵できない理由を説明するためだったと証言している。師哲によると、周恩来は、半島の最新情勢と中国国内の実際状況および主観的要因を総合的に検討した結果、出兵しないほうが賢明な選択だと述べた、という。周恩来はまた、中国国内は長年の戦乱が続き、回復していないこと、戦争の消耗に耐えられないこと、戦争が膠着すれば他の友好国にまで飛び火することなど、「出兵せず」の理由を並べたそうだ。

それに対し、スターリンは、金日成は軍事支援がなければせいぜいあと一週間の抵抗しかできないとして、「できればソ連が武器装備を供与し、後方地域では空軍支援も行い、中国軍が出動して支援するのが望ましい」が、挽回の可能性がなければ、金日成たちに、主要な政府幹部と軍人、装備、物資を中国東北まで撤退させ、負傷者、老人、女性をソ連領内に撤退させることを早期に勧告すべきだと言い、「今後の再起のためにも、我々両国ともこの責任を引き受けなければならない。ここで協議した結果、すなわち撤退に関する勧告を直ちに金日成に電報で知らせよう」と提案した。

スターリンの提案に対して、林彪は口を挟み、「軍隊を全て中国領に退避させるのではなく、朝鮮領内に留まってゲリラ戦をやったほうがいい。あそこは山と森が多く、南北朝鮮各地を転戦することも出来るし、本国で再起を狙うべきだ」と話した。

スターリンは、ゲリラ部隊はあっという間に消滅されるだろうとその意見を一蹴し、会談後の食事会ではさらに病気で酒を飲めない林彪に盛んに酒を勧め、「革命軍人が持つべき気概を見せるべきだ」と暗に林彪が軍隊を率いて朝鮮領に行く勇気がないことを揶揄した、という。(9)

旧ソ連公文書からは確かに、周恩来は出兵しないことを説明に来たとする師哲の説を裏付ける複数の資料が出ている。数日後にローシチン・ソ連大使が北京からモスクワに送った電報の中では、周恩来は毛沢東に「フィリポフ同志は、朝鮮に出兵しないという中国共産党中央委員会政治局の決定に反対する意見は述べなかった」と述べたと伝えている。(10)

会談内容②——「出兵するための空軍支援を求めに来た」説

ロシア側の記録と証言がほとんど、「周恩来が出兵しないことを伝えに来た」とする説を取るのに対し、中国側の大半の記録と証言(師哲を除いて)は、「出兵するための空軍支援を求めに来た」とする康一民の説を採用している。

軍事科学院が編集した『抗美援朝戦争史』では、会談中、「周恩来はスターリンに、朝鮮に出兵し、朝鮮の同志を支援して米国侵略者と対抗する中国党首脳部の構想を詳しく説明し、朝鮮の情勢および参戦に関する中国共産党中央の討論過程、政治局には出兵と出兵しないことについて二つの意見があることを紹介し、中国の出兵が直面する重大な困難も並べて、ソ連側の朝鮮問題で支援を提供する計画についても相手の考えを問いただした」となっている(11)。

『周恩来年譜』は、「会談中、中国共産党中央政治局の討論状況を紹介し、中国の実際の困難を説明し、ソ連が空軍さえ出動して援護してくれれば、中国は出兵して朝鮮を支援することが出来ると申し入れ、それと同時に、中国の参戦に必要な軍事装備を援助し、各種類の武器と弾薬を供与し、特に陸軍用の軽火器の製造青写真を提供して中国が模造できるよう要請した」となっている(12)。

周恩来の申し入れに対し、スターリンは、「中国の参戦に必要な飛行機、大砲、戦車などの軍事装備の供与には一切問題はない。ただ、ソ連空軍は準備を整えておらず、義勇軍の作戦を支援するための空軍出動は二ヵ月または二ヵ月半待たなければならない」と答えた。彼はまた、ソ連が出兵できない理由を説明し、「ソ連は自ら朝鮮を助けることも検討したが、ソ連軍は朝鮮から完全に撤収したとの声明を発表しているので、戦場に姿を見せるわけには行かないし、米国との直接対抗にはなおさら踏み切れない。さもなければ問題になってしまう」と語り、さらに、「ソ連空軍の支援を提供する場合でも、敵の上空に入ることが出来ず、飛行機が撃墜されることによってもたらされる国際的なインパクトを考えなければならない」と話した、という。(13)

十年後の一九六〇年、周恩来は党中央の会議でこのスターリンとの会談を振り返って次のように証言した。「米国が鴨緑江に迫ったとき、我々は決意を固め、スターリンと協議に行った。二種類の意見がある。出兵する、またはしない。これはスターリンが話したのだ。我々は、空軍の支援が出来るかと聞いたが、彼〔スターリン〕は動揺し、中国が困難を抱えていれば出兵しなくてもよい、北朝鮮を失っても我々は社会主義を続けられるし、中国も残っている、とのべた。一日話し合ったが、夜に決定を行わなければならない。そこですぐ毛主席に電報で意見を伺った」という。(14)

上述の検証から、中ロ両国の資料と証言に二つの共通点を見出すことができる。一つは、この首脳会談で中国が出兵しないのもやむを得ない、という点に双方が合意したこと、もう一つはソ連空軍が少なくとも当分の間、中国の出兵を援護する可能性はないと双方とも認識したことである。他方、両国の資料と証言は、ある微妙な相違を見せている。すなわち、ロシア側の資料と証言はほとんど、中国が出兵しないという会談の結果を重視するのに対し、中国側の資料と証言(師哲と康一民の二人を含めて)は、周恩来とスターリンとの会談の中心内容が空軍問題であり、ソ連が空軍の派遣を拒否したため中国が出兵しないという結論につながったとし、特にスターリンが空軍の出動を拒否した点を重視している。では空軍出動問題は一体、どういう背景と経緯があり、そして双方の受け止め方にどういう違いがあったのかを第二節で検証したい。

第二節　ソ連空軍支援問題の由来

中国側に根強い「スターリンに裏切られた」感情

中国側の当事者、研究者はほとんど、スターリンが空軍支援という約束を破り、中国軍の参戦を危険にさらしたと見ている。義勇軍副総司令官だった洪学智の回想録は次のように述べている。国連軍の仁川上陸後、毛沢東とスターリンは、朝鮮人民軍の戦力が限界にきたと判断し、中ソ両党の間で、朝鮮支援について協議し始めた。その結果、「陸軍出動は中国が受け持ち、空軍援護はソ連側が引き受ける」という合意に達した。これにもとづき、中国共産党中央が出兵を正式に決定した後、毛はただちに参戦決定をスターリンに電報で知らせたが、スターリンは、ソ連空軍の準備不充分を理由に、出動を見合わせると、急遽通告してきた。ソ連の豹変に驚いた毛沢東は、急いで周恩来をソ連に派遣し、スターリンに翻意を促したができず、そのため、十二日、毛は義勇軍出動中止を命じ、彭徳懐らを集め、次の対策を研究した、という(15)。

党中央弁公庁機要秘書だった康一民と初代駐ピョンヤン臨時代理大使だった柴成文は、周恩来がソ連に行った目的は、北京で参戦決定がなされた後、それをスターリンに詳しく説明するとともに正式に空軍の出動を要請し、さらに武器装備の援助を求めることであったが、会談では空軍を出動しないとスターリンに言われて中国側は大変なショックを受けたとの見解を示している(16)。

両者の折衷の説として、軍研究者張希の論文は、九月末までに、中ソ双方は、ソ連空軍の出動をもって中国陸軍の参戦を援護するという合意に達しており、周恩来がソ連に赴いたのは、「義勇軍の朝鮮出動に際し、ソ連が支援可能の戦闘機、爆撃機の機数と空軍指揮官の確認、および中国陸軍のソ連武器装備への更新問題などの交渉」のためであった、と述べ、首脳会談でスターリンが初めて約束の空軍出動を撤回した、と述べている。[17]

筆者は、周恩来訪ソまでに中ソ間で、ソ連空軍の朝鮮領への出動に関する正式な合意はなかったし、ソ連から空軍の出動中止という一方的な通告もなかった、とする康一民の説に基本的に賛成する。ただ、合意までは行かなかったものの、果たして十月より前に、ソ連空軍が中国地上軍の朝鮮出動を援護する問題について全然相談、打診は行われていなかったのであろうか。ソ連から空軍を出動しないことを知らされたときの北京の受けたショックからみると、中国側は、ソ連が空軍を出動させ中国地上軍を援護する、という心証を得ていたとも考えられる。それが十月五日の参戦決定にいたった重要な根拠となり、八日に義勇軍出動に関する命令が出され、彭徳懐が直ちに旧満州に赴いて参戦準備に取り組んだ背景であり、また、ソ連空軍の援護がないことを知っての彭徳懐の爆発、毛沢東が慌てて出した出動中止命令の背景でもあった。ホワイティングも、八月中、朝鮮戦場へ中国は陸軍、ソ連は空軍を出動するという約束が両国の間で合意された、と主張しているが、[18]真実はどこにあるのであろう。

空軍協力に関する中ソ協議の経緯

公表された旧ソ連の公文書によれば、中国は万が一に備えた参戦および米軍による中国領への爆撃を念頭に、ソ連からの空軍支援についてソ連側に提起し、それをめぐるやり取りが記録されている。七月二日、周恩来はローシチン・ソ連大使との談話で、中国軍が参戦する場合、ソ連空軍が空中支援を提供することが可能かどうかを打診した[19]。

第三章で引用したように、七月五日、スターリンは、中国首脳部の見解に賛同するとして、「九個師団を中朝国境に集結して、敵軍が三十八度線を越えたときに義勇軍の形で参戦する構想が妥当であり、これらの部隊のために空中支援を提供するよう努める」とローシチン大使に周恩来へ伝えさせた[20]。

そして七月十三日、スターリンがローシチン大使経由で毛沢東宛に送った電報は、「中国軍の九個師団を朝鮮国境に配備する決定は行われたかどうか。決定がすでに下されていれば、我々はそれを支援するため、百二十四機のジェット戦闘機師団を派遣する用意がある。我々のパイロットが二、三カ月かけて中国人パイロットを訓練し、その全部の装備を引き渡す用意がある。上海に駐屯する航空師団にもそのようにするよう指示する[21]」。

その後も、七月二十五日付でヴィシンスキー外相がローシチン大使に送った電報では、中国側が提案した中国軍パイロットの訓練に関する計画表に同意する旨を毛沢東か周恩来に伝えるよう指示しており、八月二十七日付でスターリンは周恩来宛に送った電報で、ソ連の防空専門家と空軍専門家を含めた軍事顧問を華東と東北軍区に派遣する要求に同意すると伝え、防空と空軍関係の専門家は全顧問の六十四人のうち三十八人を占めると詳しく説明している[22]。

空軍支援の問題は中国への防空軍派遣と中国軍の参戦に対する空中支援、という二つの側面に分かれるが、前者に関しては着実な進展を見せていた。

中国側資料でもそれを裏付ける記述があり、建国以後の軍事活動年表に当たる研究書は、五〇年八月十二日の日誌の中で、次のように述べている。

「中ソ両国政府の協議にもとづき、ソ連空軍ベロフ師団〔別洛夫師〕は八月に中国の東北に到着し、防空任務を担当した。後にこの師団はソ連国内に移動したが、その全装備、併せてミグ15ジェット戦闘機百二十二機、教練用機と通信用機十六機が、両国政府間の交渉により、低廉な価格で中国に売却された。これらの飛行機は第二陣として設立された解放軍空軍部隊に装備された[23]」

聶栄臻の回想録では、一九五〇年初頭、訪ソ中の毛沢東がスターリンと協議した結果、ソ連は空軍一個師団を上海に進駐させ、空中戦で国民党軍飛行機五機を撃墜した、と証言している[24]が、義勇軍の出動前の、ソ連空軍の東北進駐には触れていない。一方、第三八軍副軍団長江擁輝の証言によると、七月中旬、彼が瀋陽に到着したとき、東北軍区の幹部から、中国地上軍の出動には「空軍の保障」があると教えられた、という[25]。この話は、八月のソ連空軍ベロフ師団の東北進駐と何らかの関係があると見られる。

これについて北京の国防大学教官の徐焔は、次のような見解を書面で筆者に寄せている。

「ソ連空軍の中国領への配備の発端は、五〇年初め国民党空軍が上海など沿海都市を爆撃したことにある。七月以降、東北の防空任務が緊迫したので、もともと上海に配備する予定のソ連空軍一個師団が東北に移動された。ソ連空軍が中国領空の防衛にあたることは、中ソ条約で規定されたもので、朝鮮への出動とは直接の関係はない。義勇軍の朝鮮出動に対するソ連空軍の支援に関する交渉は十月初め、北京で参戦の決定が行われてから初めて提起されたものだ」

これはすなわち、ソ連の空軍支援といっても、本来は中国の防空への協力と中国軍の朝鮮参戦への空中支援は別々のことだったが、中国軍の首脳でさえ空軍に関する知識が乏しかったし、朝鮮人民軍の快進撃が続いている七、八月の段階で、中国軍出動のための空軍援護について中ソ間で詳細な検討を行う必要もなかったため、この二つの問題は少なくとも中国でも混同されていたと見られる。

五〇年当時、台湾、香港で発信されたニュースでは、八月初め頃、ソ連共産党の政治局級の幹部、おそらくモロトフが秘密訪中したと伝えられているが(26)、公表された旧ソ連公文書でもその裏づけはなく、憶測に過ぎないと見ていいだろう。もっとも、ソ連空軍の東北進駐に関する協議のなかで、ソ連顧問が、朝鮮領空への援護飛行について「前向き」の発言をした可能性は排除できない。特に、朝鮮戦況が逆転した九月下旬頃、毛沢東が出兵を決意した意向を受けて、周恩来か、あるいは他の軍事高官からの問題提起の形で、ソ連顧問との間に、ソ連空軍の中国軍出動への援護について話し合われた可能性を否定できない。いずれにせよ、北京指導部は、交渉あるいは打診の結果から、ソ連空軍の東北進駐は、朝鮮領への出動を含めた中国軍の軍事行動への全面的支持を意味するものだと理解することになった。そのため、江擁輝の証言が示したように、東北軍区幹部は、中国地上軍の出動に「空軍の保障」があると信じて疑わなかったのである。

しかし、心証があったとしても、それは本当に相手側の明確な発言なのか、それとも中国側の思い込み、ソ連の大国的戦略に対する無理解による推測、想像なのか、定かではない。後者の可能性が大きいように思われる。中国共産党幹部から見れば、中国領であろうと、朝鮮領であろうと、同じく米帝国主義の侵略に反対する国の領空であることに変わりはない。中国とソ連との間には、米国、日本を仮想敵国とした同盟条約が結ばれている。米国の侵略に反撃するために、ソ連は当然、どこへでも援護してくれるはずだ。中国は、ソ連をはじめとする社会主義陣営の防衛のために地上軍の出動を決意したのだから、少しばかりの空軍出動がソ連に不利益をもたらすことは何もなかろう、という認識、判断があったように考えられる(ましてソ連が朝鮮人民軍の武器装備およびその指揮に深く係わっているのを熟知してのことである)。当時、中国は、国境線の重大な意味も深く考えていなかったようである。七月七日の東北辺防軍の創設にあたり、「随時、朝鮮領内に出動できる態勢に入る」との目的を明示したことから分かるように、建国したばかりの中国指導者は、ソ連空軍の朝鮮領内への出動をいとも簡単に見ていたと推察される。それが、ソ連空軍が中国地上軍の出動を援護してくれるに違いない、と北京指導者に思い込ませた背景だろうと思われる。

スターリンの拒否

一連の事実と歴史資料から見て、九月末まで、スターリンは朝鮮戦争において自分の軍事顧問が深くかかわった金日成の戦いにエネルギーを集中し、内心では中国軍の武器装備、戦闘力を低く評価していたこともあって、中国軍の出動は念頭になかったのだろうと考えられる。もしそうだとすれば、九月までの中国側の軍事動員は主に東北防衛の意味でソ連に理解され、朝鮮戦場への中国介入にソ連空軍が出動して空中支援を行うことはスターリンの脳裏に全然なかったのかもしれない。その意味で、中国軍の朝鮮参戦にソ連空軍支援をあてにしていたのは、始めから、中国側の一方的な思い込みであったともいえる。中国が今まで周恩来訪ソを隠そうとしたのは、この計算の間違いを隠蔽する狙いもあったのだろうか。

それゆえ、周恩来との会談で、スターリンが中国軍の越境出動にソ連空軍が支援できないと話したのは特に、戦況が悪化したから「逃げようとした」ためではなく、最初から一貫したものだった。ソ連が空軍を朝鮮上空に出動した場合に恐れていたのは、万が一撃墜され、パイロットが米国側に捕えられた場合、米ソ間の直接衝突に発展する可能性があることであった。(27) しかし中国から見れば、中国義勇軍が国連軍と死闘するのを、ソ連空軍が、国境から数キロしか離れていないところで高みの見物をするのは、社会主義圏の盟主として許せぬ振る舞いと思われた。これに関し、「ここまで自国本位の態度をあらわにされて、新中国は初めて国際政治の冷酷さを思い知らされた」という声が、戦後五十年たった今も、当時の経験者から聞こえてきた。

また、ソ連側から見れば、彼らのしたことは間違っていないだろう。中ソ友好同盟条約の効力は、中ソ両国領内に限定されている。中国領空の防衛に関しては、ソ連は最初から言い逃れをしていない。毛沢東の十月二日付スターリン宛電報(未送出のA電報)は、義勇軍の朝鮮参戦後、国連軍が報復に出て、戦争を中国本土に拡大する可能性に言及しているが、スターリンはこのような場合、ソ連が中国防衛を目的として介入する点を、はっきりさせていた。しかし、中国軍の出国作戦については、条約上、それを援護する義務はないことになっている。その場合、米国との正面衝突を回避することなど、ソ連の利益と世界戦略を優先的に考えるのは当然である。

中国上空防衛に当たったソ連空軍のその後

中国上空防衛に関するソ連の対応について、中国の研究書は、次のように述べている。

「中ソ両国政府の協議にしたがい、〔五〇年〕十月と十二月に、ソ連空軍の十三個航空兵師団が、それぞれ中国の東北、華北、中南などの地域に到着した。その内訳は、ミグ15、ミグ19型ジェット戦闘機九個師団、ラ9型戦闘機一個師団、イル10型攻撃機二個師団、ト2型爆撃機一個師団、である。これらのソ連空軍部隊は、上述の各地域の防空協力の他、中国空軍部隊の訓練協力にも当たった。後に中国空軍は有償でその中の十二個師団の装備の引き渡しを受けた(28)」

十月中旬以降、ソ連空軍は大量に東北の各飛行場に進駐した。当初は中国空軍への訓練、米軍による中国領への空襲・空爆に反撃するのが目的であったが、中国軍が参戦して間もなく国連軍を南へ追い返す勝利を収めた段階で、スターリンは国境線中国側、もしくは朝鮮領の中国軍陣地の遥か後方の上空で、ソ連空軍による米空軍との空中戦参加を許可した。

十月以降、ソ連空軍の戦闘機が主に駐屯した第一線の飛行場は、安東付近の浪頭、東溝、寛甸付近の大堡、青椅山であり、東北内地防衛を主要目的とし、爆撃機も一部進駐した第二線飛行場は、吉林省内の柳河、東豊、吉林、鄭家屯、延辺の朝陽川、遼寧省の山源堡、鞍山、瀋陽の東陵、于洪屯、旅順の土城子、営城子、大連付近の周水子、三十里鋪、瓦房店(老虎屯)、普蘭店、登砂河、亮甲店、などであった。また、第三線飛行場の中で、ハイラルはソ連軍機が中国に移動する中継点として使用され、牡丹江の三つの飛行場は、中ソ空軍の演習、訓練に使用された、といわれる。

十一月から十二月にかけて、東北に進駐したソ連軍機が「東北領空防衛戦」に参加し、実際国連軍機と交戦した。十二月ごろから、ソ連軍機の飛行範囲は朝鮮領を含む鴨緑江周辺上空に拡大した。わずか一カ月前、国境線を絶対越えないとしたスターリンのこの変化の背景は、中国軍の第一、二次戦役の結果により、朝鮮北部が米国に完全制圧される危険と米ソ対決の危険がひとまず遠のいたことと、中国軍が戦線を清川江以南まで押し返したので、鴨緑江上空の空軍作戦に危険性が減少したとの判断があったからである。なお、義勇軍が三十八度線以南まで反撃した五一年第二四半期以降、ソ連は初めて空軍の作戦地域を清川江以北に拡大し、中国軍の鉄道輸送や兵站拠点の防衛に当たった。五一年九月以降、飛行範囲をさらにピョンヤン一線にまで拡大し、休戦まで四から七個連隊の空軍による臨戦態勢を保持し続けた。ただ、ソ連空軍は絶対、国連軍の支配地域の上空に出動せず、全戦争期間中に唯一の国連軍支配地域への爆撃は、西海岸の大和島などにある米軍と韓国軍の情報収集拠点に対するもので、それも中国空軍第八師団が単独で実施したものだった(この師団にいたソ連人顧問は戦闘前、帰国している)(29)。

第三節　周恩来・スターリン会談の結果の再検証

本国領での「亡命政権」を嫌った中国の指導者

ところで、中ソ首脳会談でスターリンが、北朝鮮政権が全員中国領内に退避するよう提案し、それに対して林彪が異議を唱えた一幕があったと本章第一節で触れている。このやり取りは中国で深読みされており、また、スターリンが実際に提案したのは金日成が中国東北で亡命政権を作ることだったとしている。

柴成文は、前述のように、九月初めの段階で、林彪がすでに、中国が参戦せず、金日成が山に潜り込みゲリラ戦をすべきだと主張していたことに言及している。これは中国が朝鮮戦争に巻き込まれないよう意図した発言だったと思われる。柴はまた、スターリンが「朝鮮で失敗したら、金日成を中国の東北に来させ、亡命政権を作らせるべきだと主張した」と述べている。[30] 別の研究書も、「ソ連は、その時点で朝鮮援助をすれば米国と衝突を起こす危険性があると見て、それを回避しようとした。また中国の出兵を〔米国の攻勢に対抗できるものではないとして〕選択肢に入れていなかった。そのため、スターリンは中国共産党中央に、「金日成同志が中国東北に赴き、亡命政権を設立する」と通告してきた」と述べており、フルシチョフも似たような証言を残している。[31]

ソ連が一時、金日成政権の全人員と軍隊を中国に退避させようとしたことは、後に公表された旧ソ連公文書でも裏付けられている。スターリンは周恩来との会談結果を踏まえて、金日成に中国領へ撤退せよとの電報を送っている。ただ、「亡命政権」まで提案し、協議したかどうかはロシア側の資料では確認できない。しかし中国側はその後、一貫してその説を唱え、一九六四年四月十六日、陳毅外交部長がインドネシア訪問中、スカルノ大統領(当時)との非公開談話でそれを明らかにし、その陳毅談話の記録が今もよく利用されている。[32]

中国指導者と大半の研究者はスターリンのこの提案をソ連のエゴイズムとみなしている。なぜなら、ソ連が金日成の戦争発動をサポートしながら、負けそうになったら、金日成の身を中国に預けようとすることは、万が一、米軍が追撃して軍事的圧力を加える場合、その対象が中国になって、ソ連ではなくなると理解されるためだ。そこで林彪が、スターリンに異議を呈して金日成が国内に留まり、ゲリラ戦をやるべきだと主張したことは、米国の次なる圧力が中国に向けられるのをかわすため、とされたわけである。

柴成文が筆者に対し亡命政府の件を次のように分析した。

「スターリンが金日成に中国に亡命政権を設置させる考えは、〔中国にとって〕毒の入った策略なのだ。全朝鮮半島を占領した後の米国の矛先を、亡命政権が作られている中国に向けさせ、ソ連への風圧をかわそうと考えたのだ。林彪は早い段階で、中国が朝鮮戦争に介入すると、米国に中国を攻撃する口実を与えてしまう、と意識していた。だから、スターリンの話を聞き、ソ連側の真の狙いを読みとって、すかさず、金日成が山に潜りゲリラ戦をやればよいと答えた」

米国の矛先を中国に向けさせようとする、はっきりした意図をスターリンがもっていたかどうかは確認できないが、スターリンはいかなることがあっても、ソ連が巻き込まれないようにすることを先決条件にしていたのは事実のようである。中国が、国連軍機の国境地帯への爆撃に関し強硬な声明を発表したのに対し、国連軍機がソ朝国境付近に頻繁に飛来したとき、ソ連は自分の行動を抑制して対米戦争の意志のないことを表明した。その延長線上で、スターリンは、金日成の亡命政権をソ連領に設置する考えは毛頭なかったと推察される。他方、中国は、東北に朝鮮亡命政権を作ることの危険性を感じ、ソ連の支持した戦争の結果として、ソ連領に亡命政権を作るべきだと思いながらも、この旨をスターリンに申し入れることもできなかったため、金日成は国内に留まり、戦いを続けるべきだという提案をしたと考えられる。このやり取りから、中ソ両国の指導者の間、特に中国指導者がスターリンに対して百パーセントの信頼を置いておらず、内心、「だまされる」こと、「利用される」ことを非常に警戒していたことが窺える。

会談の結果をめぐる諸説

では話を戻して、周恩来・スターリン会談の結果を再検証してみよう。中国側が期待したソ連空軍の中国軍援護のための出動はない、中国軍も出動を見合わせる、という結論はこの会談で間違いなく出されたが、会談の内容と合意された結果はそれだけではなかったようだ。

康一民の証言によると、スターリンは会談で、中国側に十個師団分の武器装備を供与することを約束し、また、ソ連空軍を北朝鮮に隣接する安東一帯に前進配備することや中国の沿海地域にある大都市にも配備することに同意した、となっている。(33) 後の中ソ軍事協力の飛躍的進展から見て、この合意があったと考えるべきである。

この会談でまた、中国軍が出動しない結論を踏まえて、朝鮮の同志に「タイミングを失わずに速やかに撤退の準備を整えること」を通告するべきであり、出兵しないことに関連する一連の措置を直ちに取るべきだと、スターリンと周恩来が合意した、と師哲が証言している。(34)

次は会談の結果をどのように北京と金日成に伝えるか、の問題である。金日成への連絡はすべてソ連側が一手に引き受けた。一方、北京への連絡も速やかに取られたことは間違いない。中国軍のある研究者は、毛沢東への連絡は周恩来、林彪がモスクワに帰った後、中国大使館から打電され、周恩来は緊急電報の中で、ソ連の空軍出動拒否を通報するとともに、スターリンとの共通意見として「出兵問題に関し、再考されたい」と提案した、という。(35)ロシア人研究者の一人も、双方は基本合意に至らず、スターリンと周恩来が一緒に北京の毛沢東宛に電報を送ることはありえなかったと主張している。(36)

しかし十三日夜二十二時の日付で毛沢東が周恩来宛に送った電報では「フィリポフ同志〔すなわちスターリン〕とあなたの連名電報」に直接に言及しているから、ソ連空軍は二カ月または二カ月半待って初めて出動できること、すなわち当面のソ連空軍出動がなく、中国軍も出動しないとする会談の結果について、会談終了後の十日深夜か十一日中に、スターリンと周恩来との連名で毛沢東に電報で知らせたことが明らかになった。今、『周恩来年譜』『抗美援朝戦争史』などいわば中国の朝鮮戦争関係の「正史」はいずれもスターリンと周恩来の連名通告説を採っている。

毛沢東の電報をめぐるモスクワの対応

ところが、十三日午後から夜にかけて、北京では「空軍支援がなくてもやはり参戦する」という出兵の再決定が行われた（第十章参照）。この決定が周恩来一行に伝えられたときの状況について、師哲は次のように証言している。

「〔十三日〕早朝、我々一行はブルガーニンの同行で飛行機に乗って午後三時、モスクワに戻った。周恩来総理が宿泊先に入ってお茶を飲み、自分は〔北京との電信連絡を担当する〕康一民の部屋へ、何か新しい指示があるかを見に行ったら、康は電文を写しながら、「毛主席からの電報がただいま届いた」と話した。自分が電文を手にとって読むと、やはり出兵をすべきだとの政治局の意見となっているので、慌てて周恩来のいる部屋に入り、その旨を報告した。

周総理はにわかに信じようとせず、私が読み間違えたと言った。

電文を読み下っていくうちに、彼〔周恩来〕はソファーに座って一言も言わず、両手で頭を抱えて思慮にふけった。わずか数時間前に、この電文と相反する内容を北京に送ったばかりだ。しかし今届いた電文は、中央政治局の大半の同志が出兵を主張しているとなっており、また情勢分析、兵力配備と作戦計画までが詳しく述べられている。そうなれば、今からソ連側に対して、数時間前までの主張を変え、中国人民義勇軍の出動に対する武器装備の支援を新たに交渉しなければならない。(中略)

周総理が電文を研究した後、私に至急、ロシア語に訳させ、ただちにモロトフに届け、また彼を通じてスターリンに伝えるよう指示した。

その時点でモスクワにいるソ連の政治局委員はモロトフとブルガーニンの二人しかいないので、夜、周総理はモロトフと会見した。モロトフは、「電報をスターリンに転送した。まだ返事が来ていない」と答え、「昨日の会談で武器装備の供与に触れており、それについて最終合意に至っていないが、問題はないだろう。新しい状況とあなたたちの希望を聞きたい」とも話した。(中略)

モロトフはまだ疑わしげに、「もし中国側の考えが確定的なものであれば、我々の話し合いはどこから始めればよいのだろうか」と聞いた。周恩来は前日にスターリンとの会談で求めた援助の項目と数量を再度説明した。(中略)

十四日、周総理はスターリンからの返電を受け取った後に、さらにスターリンに電報を送り、今後の空軍支援の可能性、「朝鮮領に入ってから朝鮮人民軍と協力して戦うときにどのような指揮系統をとるか」などを聞き、中国政府が求める第一陣の大砲類およびその他の武器装備リストも添付した[37]」

毛沢東の周恩来宛電報の送信時間は十三日夜二十二時となっており、モスクワとの時差を考えれば、周恩来一行が十三日夕方にモスクワに到着した直後に北京からの電報を受信したとする師哲の証言とほぼ照合する。

実は周恩来のところに北京の電報が届いたのとほぼ同時に、スターリンは先にローシチン大使経由で毛沢東からの電報を受け取っていた[38]。二つの電報の内容はほぼ同じだが、スターリン宛の電報はソ連大使を仲介しており、また現在はロシア語の記録しか見つかっていないので、周恩来宛の電報と比べれば、毛沢東が言わんとする意味は必ずしも十分に表現されていないことを感じる。そのため、筆者は第十章で主に毛沢東から周恩来宛に送った電報を検討する形で、その時点における毛沢東の考えについて真実に迫ろうとする。ただ、二つの電報を比較して、毛沢東がスターリンに送ったものには以下の二点の、取り上げる価値のある内容が含まれている。①毛沢東は「以前私の同志たちが動揺したのは、国際情勢、ソ連の軍事援助とりわけ空中支援の問題が明らかになっていなかったためだ」とスターリンに述べており、暗に、自分は動揺していなかったことを言おうとする。②「周恩来に新しい指示が送られた」と触れており、周恩来への電報が先で、スターリンへの電報が直後に送信されたことを示している。

スターリンと周恩来に別々に電報を打ったのは、この二人からの連名電報を受けている以上、両方に新しい決定を伝えなければならないが、スターリンという尊敬すべき外国首脳と自分の部下に当たる周恩来へ同じ電文でメッセージを伝えるのがなかなか難しいと感じられたためと見られる。

周恩来はモスクワ到着後に毛沢東からの最初の電報を受けた後の十四日中、さらに二つの指示を毛沢東から受信している。午前三時付の電報は義勇軍が出動した後に攻撃態勢をとらず、ピョンヤン以北の山岳地帯で防御陣地の構築をするという作戦構想を紹介し、二十一時半に送信されたもう一つは十九日の参戦予定期日と二十六万人の義勇軍の出動配備に関する通告だった(第十章参照)。この二つの電報の内容はいずれもスターリンに知らされた。

スターリンは「やはり出兵する」ことに関する毛沢東の電報を受け取ってから、武器装備の援助に関してかなり積極的に中国側の要望を満たし、借款方式による供与に同意し、そしてわずか三週間後の十一月初め、約束したとおり、最初の武器装備(大砲と弾薬など)を中国東北部に運んだ。それは中国人民義勇軍がいわゆる「第二次戦役」(マッカーサーの国連軍を一気に三十八度線以南に追い返した戦い)で大勝を収めたことに大きく貢献した。ただ、空軍支援に関してはむしろ中国側の過大な期待を戒める形で、ソ連空軍を中国領内に進駐させ、防衛に当たらせるが、「二ヵ月または二ヵ月半以後も、朝鮮領内に入って戦闘に参加することが出来ない」と周恩来に説明した立場をむしろ後退させた。(39)

ただ、中国側が米軍の空爆を押し切って参戦に踏み切ったことはスターリンに好印象を与えたのも事実で、中国東北部の瀋陽と鞍山の飛行場に配備されたソ連空軍機は義勇軍出動のわずか二週間未満の十一月一日、鴨緑江を挟んだ安東と新義州地域の上空に出動して米空軍と初の空中戦を行った。(40) もっともそれは中国人民義勇軍が最初の作戦でマッカーサー軍の鴨緑江沿岸まで制圧する夢を打ち破った後のことだった。

金日成への二転三転する説明

スターリンはそれまで、中国と朝鮮の両共産党に絶対的な影響力を有する国際共産主義運動の指導者の役を演じ、その役を結構楽しんでいたようだ。ところが、中国からいったん、参戦の決定が伝えられ、スターリンは自分の手柄のように金日成に知らせた直後、来訪する周恩来から、空軍の支援がなければ出兵しないと言われた。今度、スターリンはその二転三転する結論を金日成に伝える役目も負わされることになり、「全知全能」のイメージにやや傷がついた。

十月十二日から十三日、スターリンは周恩来との会談結果を踏まえて金日成に立て続けにいくつかの電報を送っている。十月十二日には「中国人は再び軍を送ることを断った。それゆえ、貴下は朝鮮北部から撤退し、軍隊も引き上げなければならない」と伝えるいわば緊急の第一報を送った。(41) ところが、どういうわけか、その後の双方のやり取りから見て、この電報は次の電報より遅れて届いたらしい。

翌十三日にスターリンは再度、「抵抗を継続しても未来が開かれないと我々は考えている。中国の同志はいま、参戦を拒否した。こうした状況の下で、貴下は中国またはソ連への全面的撤退を準備しなければならない。部隊および武器装備の全部を引き上げる必要がある。これに関連する対策のための詳しい計画を作成し、厳しく実施すべきである」という対応策を勧告した電報を送っている。(42) シトゥイコフ・ソ連大使は当日夜、金日成と朴憲永を訪ね、この電報を読み上げた。金日成は非常に驚き、「これは極めて受け入れがたいものだが、このような勧告が行われた以上、必ず従うつもりだ」と答えた、という。(43)

しかしシトゥイコフが金日成らと会見した直後、スターリンから別の電報が送られた。「つい先ほど、毛沢東からの電報を受け取った。それによると、中国共産党中央は情勢を再度検討した結果、中国軍の装備はかなり不十分だが、朝鮮の同志たちに軍事支援を行うことを決定したとのことである。毛沢東から一段と詳しい連絡を待っている。中国の同志たちによる新しい決定により、昨日貴下に送った北朝鮮で疎開を行い軍隊

を撤退することに関する電報の実施を一時延期するよう要望する」(44)

この電報の日付は十三日となっているが、それはモスクワ時間であろう。金日成のところに届いたのは十四日に入ってからだと見られる。そして十四日付でスターリンは再度、以下の電報を金日成に送った。

「ためらいと一連の暫定的な決定を経て、中国の同志たちはようやく、朝鮮への軍事支援について最終的決定を下した。

朝鮮にとって有利なこの最終決定が行われたことを私は嬉しく思う。

これにかんがみ、中国とソ連の指導者が前述の会議で出したいくつかの提案は撤回されたと理解してよい。中国軍の参戦に関連する一連の具体的な問題については、貴下と中国の同志たちが共同で決めるよう希望する。

中国軍に必要な武器はソ連から供与される」(45)

中ソ関係の転換点

中国側が空軍支援がないにもかかわらず出兵を再度決定したことを聞き、スターリンが感動して涙を流したという説を陳毅元帥自ら語っている(46)が、確認できない。ただ、スターリンが内心、ほっとしたことは間違いない。国連軍の前進を阻止できるかどうか分からないが、第一、それによって、ソ連が全面的に支援した金日成の戦いの敗北でつぶされたメンツを保つことになる。また、米国の東アジアでの軍事攻勢を阻止したいがソ連赤軍の参戦で米ソの正面衝突を引き起こすことも避けたい、というスターリンの計算にも合ったシナリオになる。もし米国が本当に社会主義陣営全体に進攻する意図があるとすれば、ソ連は中国軍の抵抗戦の間に準備の時間を得ることができるし、中国の参戦によって西側の糾弾の的は中国に絞られ、ソ連に対する米国の圧力が軽減される。何よりも、中国がいつか米英側につくかもしれない、という疑心暗鬼もこれからは不要になるだろう。

中ソ双方の判断のどちらが正しかったのであろうか。五〇年九月半ばまでは、朝鮮戦争に関するソ連の判断、政策決定に計算の間違い、「冒険主義」の一面が目立った。だが、少なくとも十月初めの段階では、両国首脳部ともそれぞれ、国際政治における地位、本国の安全、地理的位置、歴史的経験などにもとづいて合理的な選択をしたと思われる。ソ連は大国間のバランスを中心に考え、中国は自国への脅威を重視した。しかしそれは言い換えれば、ソ連は中国が外部の脅威をこれほど重視すると考えていなかったことになるし、中国も大国間のバランスを深刻に考えていなかったことになる。時として、一国の合理的選択が別の国からは、不合理で、エゴイズムに見えることがあるが、歴史研究の場合は、その両面とも見落とすべきではない。

いずれにせよ、中国は、自分の意志と判断で参戦を決定した。この決断によって、スターリンは毛沢東を見直し、ソ連の政策決定における中国共産党の存在が大きくなった。中ソ関係が中国軍の朝鮮戦争参戦で蜜月時代を迎え、一九五三年から始まる中国の第一次五カ年計画にソ連が全面的に、そして力を尽くして支援を行った。数年後、毛沢東は次のように振り返った。「革命勝利後、スターリンは、中国がユーゴスラビアで、私がチトーではないかと疑った。抗米援朝戦争が始まった一九五〇年冬からこの疑いが消えた」。(47)

(1)　それによると、スターリンが朝鮮戦争を諦めていたところへ、周恩来が訪れ、五十万の大軍による北朝鮮援助を申し出た、という。邦訳『フルシチョフ回想録』(タイム・ライフ・ブックス、一九七二年)、三七五—三七六頁、および *Khrushchev Remembers, The Glasnost Tapes*, Little, Brown and Company, 1990. 福島正光訳『フルシチョフ　封印されていた証言』(草思社、一九九一年)、二三八頁。

(2)　師哲『在歴史巨人身辺——師哲回憶録』(北京・中央文献出版社、一九九一年十二月)。

(3)　『周恩来年譜』第一巻(八五頁)など党の研究機関が編集した本では十日のモスクワ到着、となっている。

(4)　参考資料——師哲『在歴史巨人身辺』(四九五頁)。なお、スターリンの休養地までは周恩来一行がブルガーニンの案内で特別機に乗って向かった、と中国側文書が記している。『周恩来伝』

(三)、一〇一八—一〇一九頁。

(5) 康一民への取材は以下の研究論文に引用されている。張希「中国人民志願軍入朝前夕〝突然暫停〟的経過」、北京『党史研究資料』誌一九九三年一月号、三頁。熊華源「抗美援朝戦争前夕周恩来秘密訪蘇」、北京『党的文献』誌一九九四年第三号、八三頁。

(6) 『周恩来年譜』、『周恩来伝』(三)などは十一日説を採用している。

(7) 趙勇田・張希「『黒雪　出兵朝鮮記実』一書厳重失実」と前掲斉徳学論文、『軍事歴史』一九八九年第六号、四〇—四二頁。

(8) 師哲『在歴史巨人身辺』、四九五—四九六頁。

(9) 同右、四九六—四九九頁。

(10) ローシチンからモスクワへの電報、一九五〇年十月二十日。トルクノフ『朝鮮戦争の謎と真実』、一七八頁から引用。

(11) 『抗美援朝戦争史』第一巻、一六五—一六六頁。

(12) 『周恩来年譜(一九四九—一九七六)』上巻、八五頁。

(13) 『周恩来伝』第三巻、一〇一九頁。

(14) 中国共産党中央工作会議での周恩来報告の記録、一九六〇年七月三十一日。『周恩来伝』第三巻、一〇一九頁から引用。

(15) 洪学智『抗美援朝戦争回憶』、二四—二六頁。

(16) 斉徳学『朝鮮戦争決策内幕』六二頁から引用。また、柴成文の証言は前掲『板門店談判』八三頁。

(17) 前掲張希論文、一四七頁。

(18) Whiting, *op. cit.*, p. 90.

(19) Evgueni Bajanov, *Assessing the Politics of the Korean War, 1949–1951*, Cold War International History Project (CWIHP) Bulletin, 1995/1996, No. 6-7, p. 88.

(20) 第三章参照、ソ連軍参謀本部第八局第三一七二号暗号文、一九五〇年七月五日。

(21) 第三章参照、ソ連軍参謀本部第二総局の暗号電報、一九五〇年七月十三日。

(22) スターリンからコトフ(北京ソ連大使館武官)への電報、一九五〇年八月二十七日。沈志華『解密文件』(中)、五一四頁。

(23) 鄧礼峰『新中国軍事活動紀実(一九四九―一九五九)』(中共党史資料出版社、一九八九年)、一二一頁。

(24) 『聶栄臻回憶録』、七三三頁。

(25) 江擁輝『三十八軍在朝鮮』、八頁。

(26) 『朝日新聞』一九五〇年八月十日、十七日、二十八日。

(27) フルシチョフも、「私は、スターリンがわが国にはこの戦争に参加するつもりはないと話したのを聞いた。……彼は米国を恐れていた」と証言している。『フルシチョフ　封印されていた証言』、二三八―二三九頁。

(28) 鄧礼峰『新中国軍事活動紀実(一九四九―一九五九)』、一四四頁。

(29) 筆者はこれらの資料を入手した後、NHK取材班にも提供している。『朝鮮戦争 分断三八度線の真実を追う』(日本放送出版協会、一九九〇年十一月)、一〇六—一〇七頁参照。新しい資料としては、『抗美援朝戦争史』第一巻(一六九頁)参照。
(30) 柴成文他『板門店談判』、八三頁。
(31) 徐焔『較量』、二二頁。またフルシチョフも、スターリンは「金日成が失敗してもわれわれは軍を動かすつもりはない。ほっておけ。こうなった以上、極東では米軍をわれわれの隣人にすることにしよう」と話した、と証言している。『フルシチョフ 封印されていた証言』、二三八頁。
(32) 例えば、姚旭「抗美援朝的英明決策——紀念中国人民志願軍出国参戦三十周年」『党史研究』(内部発行)一九八〇年第五号、また、徐焔「出兵入朝参戦決策最後確定的曲折過程」『党史研究資料』第一六五号(一九九一年四月二十日)、一〇、一三頁。
(33) 以下の二冊が康の説を取っている。斉徳学『朝鮮戦争決策内幕』、六二—六三頁。裴堅章編『中華人民共和国外交史(一九四九—一九五六年)』(世界知識出版社、一九九四年)、三〇頁。なお、張希論文(一四八頁)は、スターリンが約束したのは、中国側に二十個師団の武器装備を供給し、速やかに満州里まで輸送することだったとしている。
(34) 師哲『在歴史巨人身辺』、四九七—四九八頁、五〇〇頁。
(35) 張希論文、一四八頁。
(36) Alexandre Y. Mansourov, *Stalin, Mao, Kim and China's Decision to Enter the Korean War, Sept. 16–Oct. 15, 1950: New Evidence from the Russian Archives*, CWIHP Bulletin,

1995/1996, No. 6-7, p. 103.

(37)　師哲『在歴史巨人身辺』、五〇一―五〇二頁。

(38)　ソ連軍参謀本部第二総局第二五六二九号暗号電報、一九五〇年十月十三日。沈志華『解密文件』(中)、五九七頁。

(39)　参考資料――Jon Halliday, Air Operation in Korean : The Soviet Side of the Story, in William Williams ed., *A Revolutionary War : Korea and the Transformation of the Postwar World*, Chicago, 1993, p. 151.『周恩来年譜』上巻、八六―八七頁。『抗美援朝戦争史』第一巻、一六八頁。

(40)　*Ibid.*, Jon Halliday, p. 150.

(41)　スターリンから金日成への電報、一九五〇年十月十二日。トルクノフ『朝鮮戦争の謎と真実』、一七五頁から引用。

(42)　スターリンから金日成への電報、一九五〇年十月十三日。トルクノフ『朝鮮戦争の謎と真実』、一四八頁から引用。

(43)　ソ連軍参謀本部第八局の暗号電報、一九五〇年十月十三日。沈志華『解密文件』(中)、五九九頁。

(44)　スターリンから金日成への第七五五二五号電報、一九五〇年十月十三日。沈志華『解密文件』(中)、六〇〇頁。

(45)　ソ連軍参謀本部第二総局の暗号電報、一九五〇年十月十四日。沈志華『解密文件』(中)、六〇一頁。

(46) 陳毅は、「中国が出兵を再決断したとき、スターリンは感涙を流した」と語っている。「一九六四年四月十六日陳毅談話記録」。前掲姚旭『従鴨緑江到板門店』二二頁から引用。

(47) 『毛沢東思想万歳(一九六九年)』(現代評論社復刻、一九七四年)、四三二頁。

第十章　鴨緑江の彼方へ

第一節　出兵の再決定

中央政治局拡大会議（十月十二日深夜―十三日）

十月十二日夜二十時、毛沢東は東北辺防軍に対し、出動を見合わせる旨命じ、また彭徳懐、高崗に速やかに帰京するよう求めた後、党中央政治局拡大会議が中南海頤年堂で召集された。

会議前、ソ連からは空軍の支援なし、中国軍が出動しないのもやむをえないという周恩来とスターリンの連名電報が届いており、北京にいた政治局幹部はほとんどそれを知っていた。また、義勇軍と予定された東北辺防軍の指揮官たちの、空軍援護に対する強い要望も、彭徳懐、高崗の電報などによって出されていた。そのため、政治局拡大会議の討論の焦点は、中ソ首脳会談の結果や東北辺防軍首脳の異議提起を踏まえて、一時中止命令が出ている義勇軍の参戦問題を再検討することであった。

この緊急会議の召集時間と参加者について、北京では複数の説がある。一説は、この会議は十三日午後に開かれたとしている(張希論文)が、それに対し、雷英夫は、会議は十二日二十時の毛の出兵中止電報の直後に行われたと主張している(筆者のインタビュー調査による)。十二日深夜からの会議はすなわち、十三日早朝であろう。

緊急会議の参加者についての意見の相違は、彭徳懐が出席したか否かに集中している。張希論文は、彭は十三日午前北京に到着したとしており(1)、彭徳懐とともに帰京した成普は、彭一行は十二日深夜か十三日夜明け前に北京に到着した(毛の二十時の電報を瀋陽で受け取った後、急遽北京に飛来した)が、政治局拡大会議には間に合わなかった、北京到着後、北京飯店に入ったが、聶栄臻がすぐ彭の泊まっている三階の部屋にやってきて、会議の最終決定を知らせた、と証言している。それに対し、雷英夫は、彭は十二日夜北京に着き(毛の二十時の電報が発せられたとき、彭はすでに北京に向かう飛行機の中にいた)、ただちに政治局拡大会議に出席した、としている(2)。

種々の資料を総合して見ると、政治局拡大会議は十二日深夜から行われ、彭徳懐も出席した、との可能性が高い。そして会議で彭は、①朝鮮側代表朴一禹との会談内容(3)、②朝鮮戦場における国連軍の兵力配備と最新動向、③義勇軍各部隊の戦闘準備状況と緊急解決を要する諸問題、について説明を行った。その中で、彭は空軍支援問題と装備の更新問題が参戦に先駆けて解決されるべきだと強調したといわれる。

彭徳懐は瀋陽会議での怒りを引きずって、ここでも大声で、ソ連空軍の支援がないことを「裏切り」などと批判し、自分は任命された義勇軍総司令官を辞めると話した、といわれる(第八章参照)。彭の発言後、会議の雰囲気は一時緊張したが、毛は冷静に対応したようである。毛は、ソ連空軍の不出動による困難を認める一方、スターリンが中国本土防衛の義務を確認したこと、中国軍に対する大規模な武器装備更新を約束したことなどを説明した上で、彭に対し、「我看不要洗手不幹了吧」、すなわち、総司令官の職に留まってもらえないかと説得した、といわれる。後に彭徳懐はこの会議でのやり取りを次のように振り返っている。

「周恩来総理と林彪がソ連に赴き、ソ連から銃、大砲、弾薬の供与が約束されたが、(中略)しかし飛行機は出動しないといわれた。毛沢東主席はこれらの条件を並べて自分に、戦えるか、またはソ連は完全にこの戦争と距離を置いてしまうかどうかと聞いた。自分は、ソ連は半分は絡んでいるから、完全に身を引くことはないだろうと答えた。最後に毛沢東主席はこう言った。「たとえ勝てなくても、彼〔スターリン〕は我々に大きな借りを作ったことになる。我々は次に戦いたい時はいつでも戦いを再開することができる」(4)」

この談話は彭徳懐が会議の冒頭で不満を激しく言ったことに触れていないが、毛沢東の説得を経て結論を見出す段階の討論を指していると思われる。彭は、最初から毛沢東の国家戦略的見地による参戦の考えに反対してはいなかった。東北の戦闘準備を視察する段階で、空軍援護の重要性を痛感したが、ソ連が空軍を当面出動しない代わりに、武器装備など多くの支援を約束したこと、「二ヵ月または二ヵ月半以後にはソ連空軍の支援が期待できる」こと(実はこれも甘い期待に過ぎなかった)を説明された。軍事指揮官として彼が出した武器装備や空軍支援に関する要求はある程度満たされたと言える。このような新しい条件下では作戦計画の見直しは一部必要だが、即時参戦に反対することは彭徳懐にはできなくなった。もう一人の反対者、高崗はもともと林彪、彭徳懐のような一本気の軍人ではないので、彭が退いた後まで自分の見解に固執することはしなかったようである。

全体的に見れば、この会議では、四日と五日の参戦決定会議と比べ、諸主張の力の対比の構図が大きく変わっていた。何よりも、五日会議後の情勢の発展は、毛沢東の対米基本戦略による参戦の主張の正しさを証明したと受け止められ、参戦の必要性はより多くの指導幹部に認識されるようになった。国連総会が七日、朝鮮を「統一」する決議を採択した後、九日、国連軍が正式に三十八度線を越えて北上した。マッカーサーが再度金日成に降伏を促す文書を発したのみならず、米政界、軍部で中国を侮っているような言論が続出した。国連軍の北上の気勢と、米国側の対中軽視の発言は、北京指導部の中で、さらに多くの人に、米国の次の侵略のターゲットが中国であり、中国の東北工業地帯の防衛のためにも軍事介入すべきだと確信させるにいたった。

このような会議の雰囲気の中で、具体的な作戦計画を調整する必要性が認められたが、ソ連空軍による当面の支援がなくてもやはり参戦すべきだとのコンセンサスに達した。この参戦の再決定が行われた時刻は十三日零時以降になっていたため、中国の研究書は通常、「十三日再決定」と述べている。

会議終了後、彭徳懐はただちに一緒に北京に来ている成普に命じ、十二日から中止されていた義勇軍各部隊の出兵準備再開の指示を東北の第十三集団軍参謀長解方宛に打電させた。杜平は、「十月十二日、各部隊は出国の準備を継続せよ、という内容の彭総司令官の至急連絡が北京から入った」と証言しているが、[5]それは十三日夜明け前(十二日深夜)を指すものだろうと考えられる。

毛沢東の周恩来宛電報(十三日二十二時)

政治局拡大会議の討論結果にしたがい、毛沢東は十三日中、スターリンと周恩来にそれぞれ電報を送り、再決定に至った経緯と理由を説明するとともに、周恩来には夜二十二時という日付による電報を送っている。この電報は九〇年代末以降、ほぼ全文公表されており、参戦を再決定した毛沢東の判断と意図および対ソ交渉の方針、新しい情勢を踏まえた新しい作戦計画などが紹介されている。(6) これは中国側がこれまで公表した参戦直前の指導部文書のうち、最も詳しいものでもある。以下はそれに関して段落ごとに分けて解説と分析を試みよう。

一、参戦の再決定および作戦計画の通知。

電報は第一段落で次のように述べた。

「高崗、彭徳懐両同志およびその他の政治局の同志たちと検討した結果、やはり朝鮮に出兵したほうが有利だとの一致した認識に達した。参戦初期において、もっぱら傀儡軍〔韓国軍を指す〕と戦う。わが軍は傀儡軍を対処するのに自信がある。まず元山・ピョンヤンライン以北の広い山岳地帯で根拠地を確保する。これによって朝鮮人民を奮い立たせ、人民軍の再建を支援する。二カ月後、ソ連からの義勇空軍が参戦する見通しだ。六カ月後になれば、ソ連から供与される大砲と弾薬を受け取り、戦車を装備することができる。そこで訓練を終えて直ちに米軍に攻撃をかけることができる。第一段階では傀儡軍の数個の師団を殲滅できれば、朝鮮の情勢は我々に有利な方向に変化が起きるだろう」

この中で、参戦の再決定にいたった考えおよび作戦計画に関する説明は事実とややかけ離れていることが分かる。すなわち、ソ連空軍の二ヵ月後の出動を前提に作戦計画を練り直した上で、中国軍の出動を再決定したわけだが、直後にスターリンから、二ヵ月後も朝鮮領内へのソ連空軍の出動はありえないと知らされている。なお、戦場情勢は、毛沢東が想定した元山、ピョンヤン一線で防御圏を構築する状況より遥かに悪化しており、十五日にピョンヤンが陥落し、国連軍と韓国軍は中朝国境の鴨緑江に向かって進撃を加速していた。それによって防御ラインを整えて韓国軍だけを選んで攻撃を行う戦法も現実では実施不可能となったのである。

二、中国参戦の意図の説明。

「われわれが前述の積極的政策を採択することは、中国にとっても、朝鮮にとっても、アジアにとっても、ひいては世界にとってもきわめて有利である。もしわれわれが出兵しなければ、敵は鴨緑江周辺まで制圧し、国内外の反動勢力の気焰はますます高まり、われわれは各方面で不利になる。特に東北はますます不利になる。全東北辺防軍が前線に引きつけられ、南満の電力は制圧されてしまう」

この第二段落は周本人に対する説得を兼ねて、スターリンに対しては、中国側のこの決定は誰かから圧力を受けて行われたのではなく、中国自身の利益と社会主義圏の利益を全面的に考慮して出されたものだと説明しようとしている。スターリンがその後、毛沢東を「マーガリン式の共産主義者」と見なさなくなり、中国の社会主義建設に全面的支援を決めた背景にも、毛沢東がここで述べた社会主義陣営全体への広い視野を評価したことと関係したのではないかと思われる。

三、武器装備の供与に関する交渉方針の指示。

「フィリポフとあなたの十一日付連名電報によると、ソ連側は我々に飛行機、大砲、戦車などの装備を全部供与してくれるとのことだが、それは借款方式なのか、現金支払いで購入するのかを知りたい。借款方式が出来れば、我々は二十億ドルの予算を経済、文化などへの支出と一般的軍事、政府支出に当てることが出来るようになり、それによってわが軍は心置きなく朝鮮領に入って長期にわたる戦争に対応できるし、国内の大多数の人々の団結を保つことも出来るようになる」

スターリンは間もなく、この申し入れを受けて借款方式による武器の供与に同意した。しかしここで借款方式を自ら申し入れたのはプライドが高い中国人(あるいは東洋人)特有の交渉方式によるもので、本心では無償供与を期待したのであろう。実際に師哲の証言によると、周恩来は、これらの武器装備の供与は我々の参戦に対するソ連の当然の貢献だと理解するが、ソ連側の具体的事務の担当者にそれを言っても通用しないため、こういう表現にした、ただし、次回のスターリンとの交渉ではこれ(無償供与の要求)を明言するつもりだと話している。[7] 実際にはスターリンは借款方式を言ったものの、いつ返済するかについて中国側にこれ以上交渉を求めなかった。しかし中ソ関係が悪化した五〇年代末、フルシチョフがその返済を中国側に求めてきた。もともとこれはソ連側が当然行う貢献だったと内心で理解する中国指導者はそれで一段とフルシチョフに反発を強めたのであろう。

四、中国本土防衛に関する構想の説明。

「ソ連側が二カ月または二カ月半後に義勇空軍を出動して我々の朝鮮での作戦を支援し、また空軍で北京、天津、瀋陽、上海、南京、青島など各地を防衛してくれれば、我々は大規模な〔米軍による〕空襲を恐れない。ただ、最初の二カ月または二カ月半以内に米軍の空襲に遭ったら一部の損害をこうむるだろう」

スターリンは確かに中国本土の大都市防衛に協力すると約束したが、朝鮮領内への空軍出動についてはそもそも中国側の一方的な期待であったため、義勇軍出動直前の北京首脳部内の論争に尾を引かせたことになる。

五、ソ連に留まって交渉の継続を指示。

「総じて言えば、我々は参戦すべきであり、参戦しなければならないと考える。参戦することの利益が極めて大きく、参戦しないことのマイナスも極めて大きい。ただ、上述の第三と第四の二点について自信がないので、モスクワに引き続き数日間留まってソ連の同志と改めてこれらの問題を協議し、また迅速に電報で結果を知らせよ」

武器装備の供与に関する支払い方式およびソ連空軍の出動といった「自信のない」問題に関して、周恩来が引き続きソ連側と交渉するよう、この電報の最後に指示を与えている。

モスクワへのより詳細な説明（十月十四日）

政治局拡大会議後、十三日の一日中、毛、彭、高三人で、また十四日午前も、毛、彭二人でそれぞれ、義勇軍の出動日時、渡河計画案、および後方供給の保障問題などを詳細に検討した模様である。(8) 当面の空軍支援なし、毛の出兵中止命令による時間のロス、などの新しい条件下で、予定された十五日という出兵期限に代わって十九日出兵案がここで提起されたと見られる。

十四日早朝一時、毛沢東は陳毅に、三十時間内の三回目の電報を送り、宋時輪の第九集団軍に「既定の計画通り、〔山東の〕泰安、曲阜地域に集結、訓練し、東北に出動する次の命令を待つこととせよ」と命じた。(9)

早朝三時、毛沢東は再び、モスクワにいる周恩来に電報を打ち、彭徳懐、高崗と検討し

た新たな作戦案と朝鮮戦場の最新情報を通報した。(10)

電報の第一部分では、「朝鮮の大部分の地域の敵情は空白であり」、「金日成の軍隊が抵抗を継続中」という混迷した戦場状況を紹介している。

第二部分は、毛、彭、高が数時間前に検討した新たな作戦案を説明したものである。中国軍が出動後、迅速に徳川一線の山岳地帯に進出し、ここを占拠すれば、国連軍に「憂慮を感じさせ、北上の続行を思い留まらせることができる」。国連軍が前進を停止すれば、義勇軍は時間を利用し装備を更新し、今後の大戦に備える。もし国連軍が引き続き北上するなら、米軍には防御戦をし、韓国軍にだけ攻撃を加え、局面の改善を図る。この時点で、中国軍の出動が早いうちに国連軍に発覚されることを予想し、発覚された場合、それを逆に国連軍北上を思い留まらせる威嚇力として使う、という構想である。

第三部分では、高は本日瀋陽に戻り、参戦の準備を督促し、彭は北京に留まり、ソ連での周の交渉結果を待つという両者の今後のスケジュールを知らせている。

『文稿』はこの電報の脚注の中で、「本電報を収録したとき、一部削除した」と説明している。九〇年代初めに内部版の『文稿』が伏せた部分には、①金日成政権との関係処理に関する中国指導部の意見、②ソ連空軍の朝鮮領出動や中国領空防衛に関する見解と提案、などが含まれていると推測されるが、十三日付で周恩来宛に送られた毛沢東の電報も公表された以上、他の一連の関連文書の次なる公表を期待したいものである。

ところで、毛の電報の通り、高崗は十四日午前、列車で瀋陽に引き返し[11]、彭徳懐は北京に留まり、周恩来の返事を待つことになっていたが、その間、特に予想の域を超えたものはなく(この時点で「二ヵ月後もソ連空軍の朝鮮領出動はなし」という連絡はまだ届いていなかった模様)、計画修正の必要はないと見た毛は、彭をさっそく飛行機で瀋陽に行かせることにした。筆者は、北京の軍研究者から、彭が出発する前、毛とともに作戦案を再度検討し、義勇軍各部隊が十九日に三ヵ所に分かれて鴨緑江を渡り、一斉に南下することがここで最終的に決定されたと、説明を受けた。この再度の検討結果を、毛沢東は夜二十一時、周恩来宛に三十数時間内の三回目の電報を送って通報した[12]。

電報の第一、二部分は午前三時の電報を補足する形で、半年間の作戦構想を説明したものである。国連軍が進攻してきた場合、米軍を避け韓国軍だけを攻撃するという方針を再確認し、義勇軍はピョンヤン、元山以北、徳川、寧遠以南地域で二重から三重の防御ラインを敷き、もし敵軍が六カ月以内にピョンヤン、元山を固守し、北上しなければ、わが軍もピョンヤン、元山を攻撃しない。装備の更新、訓練の終了、さらに中国自身の空軍などが「圧倒的な優勢を備えてから六ヵ月以降に進攻問題を考える」と述べている。

第三、四部分では、出動の日時と作戦開始の予定日を明示している。義勇軍全二十六万は十九日から鴨緑江を渡り、十日間で渡河を終了し、二十八日に徳川以南で拠点を構築する。十一月中に予想される敵軍の徳川攻撃の時点で最初の戦闘を開始する。もし戦闘がなければ、義勇軍の半分を国内に戻らせ、大規模戦闘が始まるときに再び出動する、というものである。

最後の部分では、中国軍の出動期間中、朝鮮人民軍に、米軍と韓国軍の前進を遅延させるよう引き続き抵抗を行ってほしいと述べている。この時点で北京から金日成への直接連絡が途切れがちになっており、念のために、ソ連経由でその勧告を伝えてほしいと依頼したと見られる。

ここからも分かるように、最初の参戦決定が行われた十月五日以降、毛沢東の対国連軍作戦構想には二回の変更が見られた。毛沢東は当初、比較的楽観的な構想をもち、防御戦を中心とするとされたものの、「朝鮮領内で、米国および他の国の侵略軍を殲滅、駆逐すること」を明確な目標に立てようとした(十月二日のスターリン宛A電報参照)。しかし、十月四、五日の政治局会議の激論を経て、特にソ連側が空軍の出動を当面見合わせると表明した後、毛沢東は作戦の戦術案と、達成目標を次第に下方に修正した。十二日深夜の政治局会議から義勇軍の正式渡河の十九日まで、その作戦構想は、防御戦中心で朝鮮北部の中国隣接地域において将来反撃用の足場を作ることを主要目標とした。足場が確立され、しかも中国軍の装備が更新され、自国の空軍が出動すると見込まれた半年以降に「攻撃の問題を考える」ことになった。米国と半島の戦場で対決する目標を放棄したわけではないが、少なくとも当面は、国連軍と対戦することすら回避しようとしたのである。

義勇軍師団以上幹部動員会議

十四日午前列車で出発した高崗と、午後飛行機で北京を離れた彭徳懐とが相前後して瀋陽に到着した。その夜、二人は瀋陽の東北軍区司令部で義勇軍の師団以上の幹部会議を召集した。[13] 安東はじめ各地にいた義勇軍幹部は、おそらく前日早朝の北京からの彭徳懐の緊急連絡によって瀋陽に呼び集められたものと思われる。

北京の研究者の間では、彭徳懐が瀋陽に向かったのは十四日か十五日かで、意見が二つに別れている。十五日とする説は、十四日午前三時に毛が周恩来宛に送った電報の中に、彭が北京に留まり、周の返事を待つというくだりがあったことを主な根拠としている。筆者は十四日説を主張する。十四日午前三時の毛の電報はたしかに、彭が北京に残る、と述べているが、当日の昼間にモスクワの周から返事がきたと見られ、その内容を知って、彭は参戦準備を急ぐため、ただちに瀋陽に向かったと考えられる。十四日夜二十一時の毛のモスクワへの電報の冒頭に、「私はすでに彭徳懐に次のようなことを告げておいた」と書かれており、彭はすでに自分のそばから離れ前線に赴いていることを示唆している。[14] さらに確固たる証拠は、信憑性の高い『彭徳懐軍事文選』に、十四日夜の義勇軍の師団以上の幹部会議で行われた彭徳懐の報告の日付が十月十四日と記されていることである。杜平も、彭徳懐の動員報告が行われたこの会議は十四日に開かれた、と証言している。[15] 筆者は北京での調査を経て、義勇軍の師団以上の幹部会議は実は十四日と十六日、二回開催されたことが分かった。彭の瀋陽入りを十五日とする研究者は、それを一回だけと誤認し、彭の報告も十六日の会議で行われたと錯覚したのであろう。

十四日の会議の主な内容はまず、高崗が中央政治局の参戦に関する再決定を伝達し、続いて彭徳懐が動員報告を行うものであった、といわれる。彭の報告の内容は論理正しく、毛沢東の意図がよく反映されている。おそらく、彭徳懐が構想を述べ、秘書が起草し、十四日午前、彭が毛沢東と会ったとき、毛の添削を受けたと推察される。その全文は三つの部分に分けられ、①出兵の必要性、②作戦構想、③朝鮮領内に進出後の注意事項、からなっている。[16]

報告の第一部分で、彭は、参戦すべきか否かという問題において、「党内で意見の相違があった」ことを率直に認めた上で、参戦賛成・反対者のそれぞれの理由を列挙した。義勇軍の師団以上の幹部は、十月九日の軍団以上幹部会議における高崗の発言、十月十二日の毛の出兵中止命令などで、上層部に意見の相違が存在していることを知っていた。したがって、たぶん毛の考えで、彭は報告の中で両者の意見を並列し、決断の困難さを説明するかたわら、即時参戦の必要性を強調し、義勇軍幹部の理解を求めたと見られる。

参戦の必要性を強調した理由の中で、軍事的角度に関するもの以外に、二つの理由が注目される。

一つは、もし出兵しなければ、「国内外の反動派の気焔が増長され、親米派の活動が活発化する恐れがある」という指摘である。筆者は第六章で、軍内部に存在する「恐米病」に触れた。国内における「反動派の気焔」とは、台湾の国民党政府と大陸に残留、潜伏していた反共産党勢力を指すものと思われる。三八軍副軍団長江擁輝の回想録によると、朝鮮戦争が始まって間もなく、「国内に隠れていた反革命分子と敵対者は日増しに活躍し始めた。米国を恐れ、崇拝し、米国に親近感をもつ思想も表面化した。あたかも米国が参戦すれば、向かうところ敵なし、と言わんばかりだった」、「第三次世界大戦の機に乗じて大陸への巻き返しを狙っていた蔣介石が、復旧の夢を見始め、国内の敵対分子と諜報員も動き出し、不法地主は農民の前で威を振るい、軍部隊駐屯地付近にも反動標語が現れた」という。[17] 後に明らかにされた資料によると、五〇年二月ごろ、台湾の国民党が支援した暴乱が中国各地で一斉にのろしを挙げ、朝鮮戦争勃発前後、貴州省の八〇%の地域が匪賊に占拠され、湖南省西部の三十万人の地域に匪賊が七万以上おり、五二年末までの三年間に併せて二百七十万の匪賊が粛清され、匪賊討伐のために解放軍の百四十個師団以上の兵力が動員されたという。(18) このような国内状況は、中国指導部がなかなか朝鮮戦争介入を決断しえない一要因であったと同時に、米国の侵略に反撃する必要があるという毛沢東の戦略思想の背景の一つにもなっているのである。なぜなら、毛は、朝鮮戦争に介入し、国連軍の攻勢を食い止めて初めて国内の思想問題を解決でき、国民党残留軍などの暴乱の根を絶やすことができると信じているからである。この理由を挙げての動員は、数十年の階級闘争を命がけで戦ってきた中央指導幹部、解放軍の指揮官にとって分かりやすく、納得できる説明になるだろうという判断が彭徳懐の頭にあったのかも知れない。

もう一つの理由は、「もし米帝国主義に朝鮮の占領を許したら、われわれにとって直接的脅威となるだけでなく、次は米国は兵力をベトナム、ビルマに回し、種々の陰謀をたくらむだろう。そうなれば、わが国は受動的局面に陥り、国防、辺境防衛はすべてきわめて不利な状態に置かれるだろう。海外においてもわれわれに不利な影響をもたらし、一部の国家はさらに米帝国主義に傾斜するだろう」というものである。これはつまり、「三路向心迂回」戦略打破を狙った毛沢東の一貫した指導思想である。今、彭がこの考え方を受け入れ、またそれをもって幹部を教育したわけである。

報告の第二部分は空軍問題に触れている。わずか数日前、彭徳懐本人も空軍支援がないことに怒りを爆発させていたが、中央政治局が出兵を再度決定し、彭本人も同意した以上、前線指揮官たちの前で、「空軍は戦争の勝ち負けを決めるものではない」、「空軍もそれなりの限界があり」、「想像するほど怖いものでもない」ことを強調した。また、空軍だけを見るのではなく、国連軍は兵力に限度があり、輸送ラインが長いのに対し、中国軍は、戦術能力、政治の質が敵軍を上回っている点も着目すべきだと語っている。

この部分で、中国の予定参戦規模が明らかにされている。即時に戦闘に投入される部隊は二十五万余り、第二線部隊は十五万、第三線部隊は二十万、併せて六十万、となっており、八月末の北京軍事会議の構想とはほとんど変わっていない。「空軍は参戦後の二カ月目で八個連隊、三カ月目で十六個連隊の投入が見込まれる。六カ月内に陸軍三十個師団の装備が更新でき、弾薬の供給も問題がない」という。ここで言及した空軍の投入の量は、中国自身のパイロットの育成を見込んだものだと見られるが、あまりにも楽観的すぎて、参戦決定時の軍事力の判断の甘さを露呈している。

第三部分では、中国軍内部に、金日成政権が軽率に戦争を発動し、中国を巻き込んだことに不満をもち、その政権を助けるための出兵を躊躇する思想があることに対し、彭徳懐は、参戦は朝鮮政権を援助するのみならず、中国自身の防衛でもあることを強調し、「朝鮮の共産党はまだ若く、その欠点に対する批判、指摘を控えよ」と言い、「大国的な援助者のつもりで相手に対応してはならない」ことを戒めている。

第二節　「第二次停止」

毛沢東の政策決定方式（十月十五日）

十三日の政治局拡大会議決定、十四日の義勇軍師団以上幹部会議後、中国の軍事マシーンが朝鮮戦争介入の方向に完全に動き出した。

十五日丸一日、彭徳懐は瀋陽で、参戦に関する諸準備を指導するかたわら、時間をさいて鞍山製鉄所と瀋陽兵器工場を視察し、テスト生産中の六連装ロケット砲の実弾射撃を見学し、絶賛したといわれる(19)。

当日早朝一時、毛沢東は高崗宛に次の電報を送った。

「(一)わが人民義勇軍は十月十八日、遅くとも十九日に渡河し、前進することを決定した。糧食などは即時前方に輸送し、遅延することがないように注意せよ。(二)彭徳懐は一両日中に安東に帰るべし(20)」

ところが、四時間後の午前五時、毛沢東は再度、まだ瀋陽にいる高崗と彭徳懐二人宛に電報を打ち、繰り上げ出兵を命じたのである。

五時の毛の電報は冒頭で、米、英、韓国軍が猛スピードで北上し、ピョンヤン攻撃の態勢に入っている、という朝鮮戦場の最新情勢を通報し、第二部分では、

「わが軍の先頭軍団の十七日出動を期待したい。二十三日に徳川地区に到着し、一日休息し、二十五日に拠点を構築し、満を持して敵を迎えうつ。第二の軍団は十八日に出動し、その他はそれに続き出動し、十日間以内にすべて渡河を完了せよ」

と指示した。

第三部分では「糧食、弾薬の渡河輸送が始まったかどうか報告せよ」と、四時間前に高崗に送った命令の執行結果を聞いている[21]。

中央軍委主席の毛沢東のこの電報は、実質的に十九日出動という決定を変え、十七日の正式出動を命令したものである。早朝一時に「十八日か十九日」という予定の出動期日を知らせたばかりなのに、わずか四時間後に急遽、「十七日出動」に繰り上げたのは、できるだけ早く防御陣地を確保すべきだという考えと、毛の内心の焦りとも言える気持ちを反映したものだと思われる。

毛の電報命令を受けて十五日昼間から、義勇軍各軍団は鴨緑江沿岸の安東、輯安一線に秘密前進、集結し、決められた作戦構想どおりに、それぞれ渡河予定の渡江口で橋梁、道

路などに対し偵察を行い、渡河準備態勢に入った。[22]

しかし、賽は投げられたと見えるこのとき、毛は内心まだ、いくらか迷いが残っていたのである。中国の参戦は毛が一手で押し進めてきた。中国にとってプラスになるかマイナスになるか、歴史は毛の責任を問うであろう。国内戦争しか戦ったことのない中国軍は果たして世界最強の米軍と渡り合えるのか、それにも不安が残る。何よりも空軍問題が気がかりだ。十三日、ソ連空軍は準備不足ですぐには出動できないが、二カ月後には参戦する義勇軍を空から支援するという周恩来からの間違った情報に基づいて彭徳懐らを一応説得して出兵の再決定にこぎつけたものの、その後、二カ月後もソ連空軍は朝鮮領には行かないとの連絡が入った。彭徳懐、高崗と義勇軍の幹部たちは再度反発し、ないし出動を拒否するかどうか、また、実際に空中支援のない義勇軍が米軍の物量作戦に耐えられるか、心配事が募るばかりだ。

『聶栄臻回憶録』は、この前後の毛の迷いを証言している。聶によると、義勇軍部隊がすでに出動し、鴨緑江岸にさしかかったときに、毛はもう少し考える時間が欲しいと言い、聶に命じ、部隊の出動速度をもう少し落とし一時停止するよう、鄧華に電報を送らせた。毛は再三考えた末、ようやく決心がついた、という。[23]

聶が証言した毛の迷いは、十五日、大軍が鴨緑江北岸にさしかかった直後から十七日午前までの間に続いたと見られる。

五〇年七月から、中国最高指導部は朝鮮戦場における対米戦争の準備を推進していたが、九月までは、毛沢東は必ずしも参戦日時、規模に関して明晰な構想を持っていなかった。指導部内で数回の対策研究会議があったが、毛は八月四日の会議で九月参戦を構想したかと思うと、八月中旬、高崗らの異議申し立てを受け入れ、参戦予定時期を十月に延期した。九月末、国連軍の北上により、中国自体が脅威を受け、参戦がにわかに現実問題になったときに、十月一日夜、金日成の救援要請書簡を契機に、参戦問題を討論する政治局会議が慌しく召集された。しかし継続協議した二日の会議では、毛が中心になって進めた参戦構想は否決された。大論争を経て五日の会議で参戦決定に漕ぎつけたが、一週間後の十二日二十時、毛は義勇軍に出動中止を命じた。そして数時間後の翌日早朝、政治局会議で参戦決定が再度採択された。十三日前後の三十時間内に、第三野戦軍司令官陳毅へ「朝令暮改」の電報を三回も打った。さらに十四日から十五日は決定したはずの参戦の日時を続けて二回変更しようとした。十四日の周恩来宛の電報で出動の日時を十九日と明示したが、十五日早朝一時の高崗宛の電報になると、「十八日遅くとも十九日渡河」と、出動の日時を前に繰り上げる考えを示した。そして四時間後の電報では、十七日に先頭軍団の渡河開始を命じたのである。また、聶栄臻が証言したように、十三日の政治局会議で参戦を再決定した後は毛みずからが迷いを感じ始めた。他方、対国連軍作戦構想について、十九日までに防御戦を決定していたが、その後の一両日中に、毛は前線指揮官に命じ、作戦方針の重点を敵後に回り込む「運動戦」(流動的進攻作戦)戦術に変更させた。

五〇年七月から十月までに見られた毛の考えの変化の激しさは、ある意味では、新中国建国間もない五〇年当時、「米国の侵略」というかつてない重大な脅威の前での政策決定の難しさを物語っている。一方、これと同時に、毛の政策決定の特徴ともいうべき不規則性をそこから見出すことができる。朝鮮戦争介入に関する政策決定全過程が今でも謎に包まれる部分が多い要因は、資料の公開が不足していること、証言がまちまちであることなども挙げられるが、もう一つは、この毛の政策決定の不規則性の特徴にあると思われる。悪く言えば「恣意的」、よくいえば「縦横無尽に」と見えるこの不規則性を特徴とする政策決定過程は、毛沢東の個性、風格と無関係ではあるまい。毛は、周囲の大半ないし全員から反対を受けると、十月二日から十三日までの参戦決定過程に見られたように、逆に自分の意見に一層固執することがある。ところが、彼は部下の個別的な反対、抵抗を、意外なほど大目に見ることもあり、それらの意見からなるべく長所を吸収し、妥協という形で解決を求める場合もあった。十月上旬までの林彪の反対、十月十一日から十二日の彭徳懐の不満、大軍が出動する寸前までの鄧華ら、第一線指揮官の抵抗に対し、彼は忍耐強く説得を重ねた。ちなみに、毛沢東の休息時間もきわめて不規則のようで、時には三日間一睡もせず仕事を続けたかと思うと、いったん眠りにつくと、どんな急用の報告が入っても起こされるのを嫌い、起こされたら八つ当たりをしたといわれる。(24)

このような不規則性を、どう評価すればよいのであろうか。毛はまさにこの不規則性のなかで、刻々と情勢の流れを観察し、把握し、速やかに計画を修正し、一瞬の戦機をつかんでいた。細部にこだわらないが、急所と戦略的大問題は見逃さない。これは大戦略家の素質ともいうべきであろうか。もちろん、「自由奔放」に政策決定が行える背景の一つは、毛の権力が形式上の政策決定機関の拘束をあまり受けないことである。毛は一九四三年以来、党内で「最終的決定権」を持っていた。それに比べ、対戦する米国は政策決定プロセスが個人の上にあり、それに挑戦しようとしたマッカーサーを待っていた運命は免職であった。

毛のこの政策決定の特徴は、長年にわたって形成されたもので、外部から見れば、意志疎通と実行に常に混乱と強引さが伴うのではないか、と感じられるかも知れない。しかし、周恩来、林彪、彭徳懐ら幹部は皆それを熟知している。少なくとも朝鮮戦争介入に限っていえば、この不規則性による政策決定上の混乱は、ほとんど起こらなかった。彼らは毛の不規則性の中に規則を見出して対応し、一日中に二、三回も決定を修正、変更することに対し、それは情勢変化によるものだと善意に理解を示した。この不規則性を取り立てて毛の権威に挑戦する者は朝鮮戦争より前にも後にも現れていない。何と言っても、毛は彼独特な政策決定パターンをもって、山奥のゲリラ部隊を全中国の新政権に導いたのである。さらに、歴史文化のなかでこの点を見れば、毛の「動態的」政策決定の特徴は、中国の文化伝統とも関係があるように思われる。(25)

ピョンヤンが国連軍の攻勢の前にさらされている状況下で、金日成は、一刻も早い中国の参戦を求めるため、十五日、朴憲永外相を瀋陽に派遣し、彭徳懐と会見させた。朴は即時出兵を再度要請し、金日成の彭徳懐と早期会見したい要望を伝えたのに対し、彭は、参戦の期日を伝え、朝鮮人民軍が敵軍の進攻を遅延させるために引き続き戦闘するよう希望したという。しかし、洪学智の証言によると、十九日、義勇軍出動当日になるまで、彭徳懐は中国参戦の具体的期日を朝鮮側に明らかにしていなかったそうである。(26)筆者は、十五日の会談で彭徳懐は、彭・金会談の取り消しおよび出兵中止命令によって混乱した中国と朝鮮双方の意志疎通を促進し、十三日政治局の参戦再決定にもとづき、朝鮮側に出兵の約束を再度確認したと見ている。具体的な出兵期日を朝鮮側に明示したかどうかは確認できないが、数日前に出兵中止のアクシデントがあったし、十五日前後には、毛はいくつもの出兵期日案を提示しており、一時、迷いもあったことは前述した。このようなとき、毛沢東の指示がない限り、彭は正確な出兵期日を知らせることができなかったと思われる。

渡河計画実施会議(十月十六日)

毛沢東の「十七日出動」命令にしたがい、第十三集団軍の出動計画の実行を督促するために、十五日夕方、彭は瀋陽を出発した。翌十六日朝安東に到着した彭は、午前、二回目の義勇軍各部隊の師団以上幹部会議を召集した。高崗は前日彭と同行したかどうか不明であるが、この会議には出席したと確認されている。

この二回目の会議と十四日の会議との関係について、片方は瀋陽、片方は安東という開催場所の相違以外に、北京のある軍研究者はこう説明してくれた。両方とも義勇軍の師団以上の幹部会議であったが、十四日の瀋陽会議の主要内容は、中央政治局の十三日の会議の出兵再決定を説明し、十二日の毛の出兵中止に関する電報命令により、幹部の間にもたらされた心理的動揺を消去するためのものであったのに対し、十六日の安東会議は、十七日の出動を前にして具体的作戦計画を説明するものであった、という。翌日の鄧華の電報はこの会議を「渡河計画実施会議」と称したことからも分かるように、十六日の会議は参戦の最終的準備を検査し、参戦軍を激励したものであると見られる。

この会議は軍事会議なので、彭徳懐ら軍事指揮官が中心になって動員と報告を行った。彭徳懐は作戦方針を説明するなかで、朝鮮北部は「山岳と、森林地帯であり、地形が狭く、三面臨海である」という特徴を取り上げ、「今までわれわれが国内戦争でとった長距離移動式の運動戦は、朝鮮戦場では必ずしも適用しない」と言明し、陣地の確保を中心任務とするよう命じた。(27)

同日、毛沢東は彭宛に、「各部隊の派遣する朝鮮領に入る義勇軍偵察隊は、敵軍をまどわすため、全員朝鮮人民軍に扮装し、中国人民義勇軍を名乗らないように注意せよ」、「戦局を安定させ、またそれを〔有利な方向に〕変えることの鍵は、急襲の利点が生かされるか否かにある」という内容の電報を送った。(28) 毛の作戦構想は、十四日の周恩来への電報が示したような、参戦が公開された後の威嚇力重視から、この電報が強調した秘密出兵の利点の最大限利用に重心が移った軌跡が窺える。

再度の停止命令(十月十七日)

ある研究者によると、十七日午前、彭徳懐は第十三集団軍参謀長・解方に対し、作戦参謀・龔傑を連れて、十五日夕方彭徳懐と一緒に安東に来ている朴憲永とともに鴨緑江を渡り、新義州の「李委員長」のところへ、義勇軍渡河時の具体的事務について交渉に行くよう命じた、という。[29] これは、十七日夕方からの先頭軍団の朝鮮領出動に関する技術的問題を朝鮮側と交渉するためだと見られる。

十七日までに、義勇軍の各参戦軍は相次いで鴨緑江岸に出動し、待機した。[30] しかし、その矢先に、毛沢東はまた参戦にペンディングをかけたのである。筆者の調査では、出兵当日の十七日早朝、二日間にわたり迷い続けた毛沢東がついに、聶栄臻・総参謀長代理に命じ、義勇軍の朝鮮領進出を再度停止させている事実が判明している。つまり、聶栄臻の回想録が証言した、「毛は、もう少し考える時間が欲しいと言い、私に命じ、部隊の出動速度をもう少し落とし一時停止するよう、鄧華に電報を送らせた」ということである。

この事実の詳細に関して中国の文献はいわゆる「内部資料」を含めて、一切言及していない。筆者は自分の調査を通して、これが事実であることを確認している。この史実を知っている数少ない中国の軍研究者の間では、このことを「第二次停止」と呼んでいる。

国防大学の徐焰教官はこの出動停止のアクシデントについて、次のように書面説明をしてくれた。

「毛沢東が十五日早朝、義勇軍の十七日出動を命じたのにしたがい、彭徳懐は十六日安東で、参戦部隊の師団長以上幹部会議を召集し、具体的な出動計画を説明した。だが、十七日朝、毛はまた、参戦軍の鴨緑江渡河を見合わせよと命じた。毛の〔聶に打たせた〕この電報の中で、周恩来がソ連から帰国するのを待って最終的決定を行うことを説明している。これが「第二次停止」の真相である」

一方、毛の第二次停止命令と再度帰京の要請を安東で受け取った彭徳懐、高崗は、当日さっそく、飛行機で瀋陽に引き返した。北京に出発する前、二人は東北局と東北軍区の幹部を召集し、義勇軍出国作戦の装備機材、被服、医療施設などの保障問題に関する検討会議を召集した。数日間の延期があっても、即時出兵はもはや変わらないと見た彭、高は、参戦に関する準備をいぜん怠らなかったようである。しかしそのとき、二人の手元へ鄧華、洪学智その他第十三集団軍指揮官が署名した、参戦を数カ月以上に延期するよう申し入れる電報が安東から届いた。

杜平の証言

杜平は次のように証言している。「出兵の二日前〔十七日〕、集団軍の責任者はまだ、出兵延期を考えていた。われわれは連名で彭総司令官に電報を打ち、「わが軍は高射砲の数が少なく空軍の支援もない。このような状況下の出兵はマイナスが多い。そのため、二、三カ月以内に、新たな装備の供給が保障され、特に空軍を出動できれば、元の計画通りに参戦してもよいが、そうでなければ、出動を延期するという意見は十分に考えられるべきだ」と提案した(31)」。

国防大学教官徐焰の研究書は、杜平の証言を採用し、第十三集団軍首脳が彭徳懐に出兵延期を申し入れた電報の期日は十七日であることを確認している(32)。別の研究論文は、第十三集団軍首脳の電報内容の細部の一部を明らかにしている。それによると、電報は冒頭で、「昨日の渡河計画実施会議後、討論を経て多くの同志は次の結論に達した」と述べ、大半の幹部の意見であると言明し、高射砲、空軍、戦車など装備の劣勢を指摘するとともに、「朝鮮は山地と水田が多く、低温で地面が凍結し、陣地を構築するのが難しい」点を挙げ、「敵軍の大挙進攻の前で、陣地を固守しがたい」と主張し、「冬季を過ぎて明春に出動する」ことを提案した、という(33)。

北京の命令なら執行するとしながらも、前線部隊の指揮官が内心、参戦間際まで即時参戦に反対し続けていたことはこの電報からはっきり読み取れる。鄧華らは、中国軍の作戦条件はすべて不利であり、国連軍に撃退される可能性が大きいと、参戦への暗い見通しを抱いた。電報はまた、武器装備の早期更新の可能性について疑問を提起し、特に空軍の参戦が見込めないことを指摘した。おそらくこの時点で、二カ月後も空軍を朝鮮領内には出動しないというスターリンの明確なメッセージが第十三集団軍首脳のレベルまで届いた。

それなら、十三日の参戦再決定の前提も崩れているのではないか、空軍支援をはっきりと取り付けるまで出兵をやめるべきだと鄧華らは言いたかったのかもしれない。後の経過から見れば、彼らの疑問はあながち消極的な「悲観主義」から来たものではなかった。義勇軍参戦の最初の秘密性による戦術効果が消えた後、これらの問題は実際に、中国軍の戦闘力を大きく制限したのである。

毛の「第二次停止」命令が「数日間待て」と要求したのに対し、鄧華らは、数カ月間の延期を提案している。その裏のニュアンスの差を彭徳懐が感知しないわけはない。その時点では、彭と高は軍事的立場だけでなく、政治、戦略的角度から参戦問題を考えるようになり、毛沢東の即時参戦主張を支持しているので、彭はただちに「困難がいくら多くても、大きくても、出動は変えられない。さもないと、今後はますます受動的になるだけだ」と　して、第十三集団軍首脳部に即時参戦の準備を継続せよと明確に命じた。(34)

鄧華らと彭徳懐との対立が表面化した十七日の夕方五時、毛沢東は東北に次の電報を送った。

「彭、高、ならびに鄧〔華〕、洪〔学智〕、韓〔先楚〕、解〔方〕に伝える、
(一)先頭二個軍団は十九日出動を準備せよ、正式命令は明〔十八〕日発せられる。(二)彭、高両名は明日飛行機で帰京し、相談すること(35)」

注意深く読めば、この電報の言い回しは十五日前の作戦構想といくらか異なっていた。毛は十一日に、四個歩兵軍団と三個砲兵師団の全部出動に同意した電報を彭徳懐に送っている。十三日政治局会議の決議後、毛、彭が決めた参戦構想は、義勇軍の第一陣全軍団が十九日を期に一斉に出動する、というものであった。また実際に、十九日に出動したのは四個歩兵軍団全部であった。しかしこの電文は、「先頭二個軍団」の十九日出動の「準備」にしか言及していない。いちおう十九日出動に再度確定(予定?)したものの、正式命令は彭、高の翌日帰京後、政治局会議を再度(何度目だろうか)開いた後に発布すると、毛はまだ慎重な姿勢を完全には崩していないように思われる。

第三節　カウントダウン

最後の書記局拡大会議(十月十八日)

早朝、彭徳懐、高崗が飛行機で北京に到着した。彭にとって、西安から召喚されてからの三回目の帰京であった。二人はそのまま中南海の菊香書屋に赴き、第一線部隊の準備状況を毛沢東に報告し、第十三集団軍の鄧華らの電報が訴えた困難などについて毛とともに検討した。(36)

同じ十八日、午前までと見られるが、ソ連訪問を終えた周恩来も北京に到着した。[37]彼はさっそく、中南海の毛沢東の執務室に向かい、朝鮮領に出動する中国軍への空中支援は見込めないが、ソ連が中国本土の防空を引き受けたこと、武器弾薬の大量かつ迅速な提供が約束されたことなどに関する詳しい交渉結果を報告した。内戦時期以来の政策決定時のパートナーである周恩来の意見を特に聞きたかったのかも知れない。周からも支持が得られたと見られ、毛はついに、数日間の迷いを振り切り、計画通りに参戦することを決意した。昼過ぎまで、毛沢東は引き続き周とともに参戦問題を長時間検討した。彭徳懐、高崗もこの協議に加わったとみられる。

当日午後、政治局委員と各方面の責任者が参加した中央書記局拡大会議が召集された。会議ではまず、周恩来と彭徳懐がそれぞれ報告を行った。周はスターリン、モロトフらと相次いで行った会談の内容と結果について、「スターリンは参戦する義勇軍に対するソ連空軍の空中支援に同意しなかったが、軍事物資の供与を約束した」と説明した。[38]それに続いて彭徳懐は、朝鮮戦場の緊迫した軍事情勢を紹介した。

この時点で、ほぼ出席者の全員が即時出兵の必要性を認識した。そこで、毛沢東は、「今、敵軍はピョンヤンを包囲、攻撃中だ。あと数日もたたないうちに鴨緑江まで進攻してきそうだ。われわれは山積する困難があっても、義勇軍の朝鮮領への出動はもはや変更してはならない。日時もこれ以上引き延ばしてはならない。もとの計画通りに鴨緑江を渡河すべきだ」と発言し、出兵を「最終的に」決断した、という。[39]

参戦による内外への影響については八月の中央軍事会議からすでに検討され、東北地域の工業施設の疎開を含めた一部の対応策が取られ始めたが、[40]十月十二日深夜の政治局拡大会議と十八日の書記局拡大会議でも、参戦の影響と対応策について詳しい検討が行われた模様である。参戦による国内への影響に関し、北京指導部は、①隣国で戦争を行うが、国内は影響されず無事である、②隣国で戦争を行うことにより、国内が爆撃を受ける、③隣国の戦争が拡大され、敵軍が中国沿岸に上陸し、全中国が戦争に巻き込まれる、という三つの可能性を想定し、そのなかで、②の可能性が一番強いと判断した。したがって政府の各方面の対応策は、②の局面の想定の上にたって決定された。「こうすれば、もし情勢が①の方向に向かうなら「備えあれば憂いなし」ということになるし、もし情勢が③の方向にいくとしても、現在の②の局面の対応策もそれと矛盾するものではない」ということである。[41]米国が戦争を中国大陸に拡大してくる可能性を常に警戒していた北京指導部の思考法はここでもその一端を窺うことができる。

このような全般的な情勢判断に基づき、国家の軍事戦略ないし政治・経済方針に関しても一連の重大な調整が行われた。①五一年の国家財政予算における軍事費の予定された三〇パーセントの比率が四一・一パーセントに引き上げられた。②五〇年二月の中ソ貿易協定ではソ連による三億ドルの借款のうち、半分を海軍装備の購入に当てられることになっていたが、朝鮮戦争参戦に伴って借款の大半が空軍機および陸軍装備の購入に使われるようになった。③五〇年下半期から全面的に繰り広げられた軍の復員は停止された。④全国防空準備委が設置され（十月三十一日）、東北部の工業施設の疎開が加速された。⑤蔣介石軍が朝鮮半島における米軍の行動に呼応して台湾海峡方面で上陸してくることに備えて、広東省には五個軍団、福建省には四個軍団を配置して対処し、さらに湖南省に二個軍団を後続部隊として待機させた。(42)

「即刻出動に備えよ」との命令（十月十八日）

書記局拡大会議の終了後、彭徳懐は毛沢東の指示にもとづき、長距離電話で鴨緑江左岸に待機中の鄧華、洪学智らに対し、「義勇軍各部隊は秘密を厳守し、偽装を完全なものにし、糧食と弾薬を十分に携帯し、政治動員を行い、宣誓大会を開き、朝鮮領内への即刻出動に備えよ」、と命じた。(43) 夜二十一時、さらに毛沢東の名義で、第十三集団軍指揮官宛に至急電報が送られた。

「鄧〔華〕、洪〔学智〕、韓〔先楚〕、解〔方〕、ならびに賀〔晋年、東北軍区〕副司令官に伝える、歩兵四個軍団および砲兵三個師団は予定通り、朝鮮北部に出動し参戦することを決定した。明十九日晩、安東、輯安一線から鴨緑江を渡河する。秘密を厳守するため、各部隊は毎日渡河を夕方から開始し、翌朝四時に停止し、五時までに偽装を完了することを確実に監督せよ。最初の晩〔十九日晩〕は二個ないし三個師団の渡河を予定し、二日目の晩以降は状況を見て渡河部隊の増減を決めよ。その他は高崗、彭徳懐両名からの連絡を待つこととせよ」(44)

この電報は『文稿』に収録されているが、それは彭徳懐が毛の指示を受けて、毛の名義を使って発したものだという。(45)彭は義勇軍総司令官に就任したものの、数回にわたり第十三集団軍側のサボタージュを受けた。今回の命令は絶対有無を言わせるべきではないものなので、毛沢東の名義による電報命令であれば、もっと権威性を持つものと考えたのであろう。

同日夜、北京は、朝鮮北部の山地をさまよい続けている中国大使館の柴・臨時代理大使宛に、彭徳懐が入朝後、金日成と早期会見できるように至急連絡せよと、電報で命じた。周恩来は、柴成文らが今後、金日成の指揮部を追随して行動をともにせよとも指令している。(46)

なお、彭の第十三集団軍各部隊に対する指揮をさらに確実なものにするために、彭の提案にもとづき、毛沢東は十八日、中央軍委の名義で、「義勇軍の指揮機関を統一することに関する命令」を発布した。この命令文は、次の通りである。

「彭徳懐の臨時指揮所は第十三集団軍司令部と合併し、中国人民義勇軍総司令部を構成する。彭徳懐を司令官兼政治委員に、鄧華、洪学智、韓先楚を副司令官に、解方を参謀長に任命する(47)」

ただ、洪学智の回想録はこの説に反対し、「第十三集団軍司令部を義勇軍総司令部に合併することは、参戦前に決められたのではなく、〔朝鮮領内の〕大楡洞に到着してから毛主席と彭総司令官が急遽決定したものだ。二十四日夜の彭電報に対し、翌二十五日、毛主席が中共中央の名義で返答をし、これで義勇軍総司令部が正式に発足した」と主張している(48)。洪学智が言及した十月二十五日の電報は実在しているが(49)、十八日の命令の実在を否定するものではないように思われる。二十五日の電報は、「任命」という形をとっておらず、また、朝鮮側代表・朴一禹を義勇軍の副司令官、副政治委員、党副書記に指定している。これはおそらく二十一日、彭徳懐と金日成とが初めて会見したときに合意されたものに対する追認であり、またそれによって生じると予想される混乱を避けるため、東北軍区を含めた各部門に対する正式説明だと考えられる。第十三集団軍首脳部のメンツを潰さないように、二十五日電報は前の経緯に触れていないが、確認できる資料の中でも遅くとも二十一日、毛は、第十三集団軍司令部と彭徳懐指揮部との合併をすでに明言しているのである。

十八日の命令が実在するとなると、第十三集団軍首脳部の毛沢東に対する「抗命」が今日、浮彫りにされることになる。そのため、元第十三集団軍幹部はそれを認めたくないのであろう。しかしそもそも十九日、第十三集団軍首脳が彭徳懐と行動を別にしたことは不自然である。それは集団軍幹部側の一種の抵抗としか言いようがない。

毛沢東はそれをいち早く察知し、二十一日三時三十分の鄧華宛の電報で、「作戦を指揮するため、私の意見では、第十三集団軍司令部はただちに彭徳懐の所在地に合流し、中国人民義勇軍総司令部に改組すべきである」と要求している。(50) さらに二十三日十七時の毛の鄧華ら宛電報は、「二、三日のうちに敵軍がわが軍の動向を察知する可能性があるので、いまだにわが軍が統一した指揮がなければ、戦機を失うかも知れない。貴官たちは迅速に車で彭の居場所に向かい、彭と合流し、彭の指導のもとで戦役計画を決め、作戦を指揮すべきである。出発ならびに到着の日時をすぐ報告せよ」となっている。(51)

毛のこの厳しい命令を受けた翌日、つまり大軍出動後六日目の二十四日、第十三集団軍司令部はようやく彭の指揮所と合流したのである。(52) 筆者がここで、義勇軍総司令部改組命令の期日の論争に加わったのは、一、参戦に関する政策決定における微妙な縄張り意識の要素の存在を指摘し、二、政策決定過程そのものがいかに急いだものであり、矛盾を孕んだものなのかを説明したいためである。

大軍渡河(十月十九日)

歴史的な十月十九日はついに到来した。早朝、彭徳懐と高崗は飛行機で北京から安東に向かい、安東で彭は第十三集団軍幹部を召集し、毛沢東と中央軍委の戦略構想を伝達し、各部隊の入朝路線、時間について最終的命令を発した。(53)

この軍事会議の直後、朝鮮側の対中交渉代表・朴一禹が安東に駆けつけたと、洪学智が証言している。朴は彭徳懐に会うや否や、「中国参戦の期日は決まったか」と聞いた。彭は「すでに決まった。今夜四個歩兵軍団、三個砲兵師団が一斉に出動する」と答えた。朴はピョンヤンが間もなく陥落するであろう戦況を紹介し、金日成と連絡が途絶えたことを認めた。彭は「それなら金日成を捜しに行く」との言葉を残して出発したという。(54)

彭の朝鮮出発の日付について二説がある。『彭徳懐自述』では、彼は十八日夕方、義勇軍の先頭部隊とともに渡河したと述べているのに対し、(55)洪学智は、彭徳懐十九日入朝を証言している。前述の十八日二十一時に発信した毛の第十三集団軍への電報は、そのとき彭がまだ北京にいたことを裏付けており、十九日当日午前、彭徳懐と高崗が飛行機で北京から安東に到着したとの記録も残っている。(56)『彭徳懐自述』は文化大革命中、彭がやむなく書かされた「供述書」をもとに整理されたもので、日にちを間違えたことは十分に考えられる。

彭徳懐は十九日夕方、鴨緑江鉄橋を渡り朝鮮領に入ったとき、参謀一名、警備員二名を連れて、無線機一台を携帯し、ジープに乗っていた。また、洪学智は、彭に同行したのは元軍委の通信処長崔倫、秘書楊鳳安と四人の警備員だったと証言している。他方、鄧華、洪学智、韓先楚ら第十三集団軍指揮官は十九日夕方以降、別々に朝鮮領に入ったが、二十日早朝また一緒になり、二十四日初めて彭徳懐と合流した(57)。

毛沢東の衛士長・李銀橋は、十九日当日の焦燥する毛の様子を次のように証言している。「あの日の午前八時か九時頃、毛沢東が睡眠薬を服用し、横になったばかりのとき、聶栄臻が報告に来た。東部屋で待っていた彼に席を勧めたが、彼は座ろうとせず、部屋のなかを行ったり来たりした。彼の焦りの様子を見て私は毛の寝室を覗きに行った。毛はまだ眠っておらず、しきりに寝返りを打っていた。私は部屋に入り、小さい声で報告した。「主席、聶栄臻同志が執務室にきています」

それを聞くと、毛は身を起こし、「もう寝ない」と言った。私は毛が服を着るのを手伝った。彼は両足を地面に付けると、すぐ東部屋に向かった。

毛が入ってきたのを見て、聶が一歩前に進み、敬礼して言った。「主席に報告します。義勇軍は鴨緑江の渡河を開始しています。前方の情勢は……」

約三十分後、聶が帰った。毛はなにも表情に現さず、一言だけ言った。「これから寝る」。横になって間もなく、深い眠りについた」[58]

最近公表された当時の経験者(洪学智、杜平ら)と研究者の諸証言はみな、大軍渡河の最初の時間は十九日夕方であるとしている。もっと正確に、それは十九日午後五時三十分であると明らかにしたのもいる。これは李銀橋が証言の中で触れた「午前八時か九時頃」という時間帯とずれがある。「午前八時か九時頃」は記憶の間違いか、誤植と思われる。ただし、文脈から見て、李は大軍渡河当日のことを証言していることは間違いないであろう。国防大学教官徐焔の著書も、右の李銀橋の証言内容を引用しているが、聶と毛とが会ったのはその日の夕方としている。[59]

同日、毛沢東は全国各地方当局首脳に電報を送り、義勇軍の出動を通報すると同時に、「不言実行」を要求した。

「中国防衛と朝鮮支援のため、義勇軍は本日をもって出動することを決定した。まず朝鮮北部のまだ〔敵軍に〕占領されていない一部の地区で足場を作り、戦機を見て流動

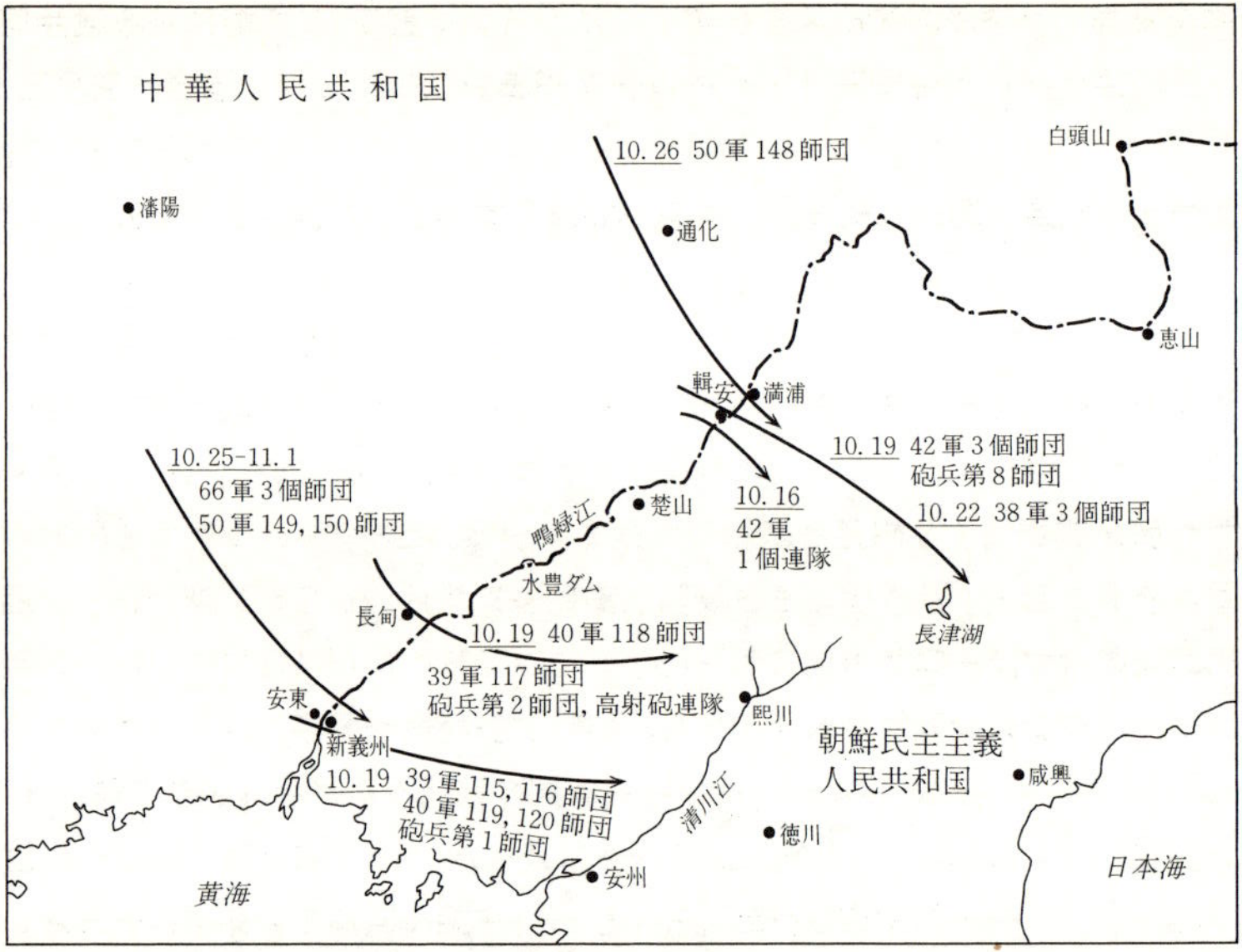

図3　中国人民義勇軍の朝鮮領への出動(1950年10月中旬～下旬)

的進攻作戦を行い、朝鮮人民が引き続き奮闘するのを支持する。ただいまからの数ヵ月はこれを不言実行せよ。新聞ではいかなる公開宣伝報道も行わない。業務計画準備のため、党内の高級指導幹部にのみ知らせる。この点はよく心得よ」(60)

午後五時三十分、第四〇軍が渡河を開始したのを皮切りに、義勇軍の主力部隊は当日夜、三ヵ所の渡江口から鴨緑江を越え南下した。中国の参戦はこれをもって正式に開始された。安東からは、第四〇軍一一九、一二〇師団、三九軍一一五、一一六師団および砲兵第一師団が渡河し、長甸河口からは、第三九軍一一七師団、四〇軍一一八師団、砲兵第二師団、高射砲連隊が渡河し、輯安からは、第四二軍、三八軍(二十二日出動)そして砲兵第八師団が渡河した。(61)

十九日の大軍出動の当日まで、北京首脳部は右の四個歩兵軍団併せて十二個師団を第一陣の出動兵力とし、また五〇軍と六六軍を「戦役予備隊」としていた。十月二十三日、彭徳懐の提案と見られるが、この二個軍団の即時出動も北京より命ぜられ、二十五日と二十六日、それぞれ安東、輯安から渡河を開始した。これで十一月一日までに実際朝鮮に出動した総兵力は六個歩兵軍団の十八個師団、それに三個砲兵師団、一個高射砲連隊、二個工兵連隊など、併せて二十八万余りに達した。(62)

義勇軍主力部隊の渡河は十九日に開始されたことは間違いない。しかし、一部の新しい資料は、それより先にも、軍用物資の輸送、および先頭部隊がすでに鴨緑江を渡っていたことを明らかにしている。

聶栄臻によると、朝鮮戦争勃発後間もないころ、東北軍区は、一部の高射砲部隊を江南の朝鮮領に配備し鉄橋の防衛に当たる可否について、総参謀部に指示を仰いだ。聶はその必要性を認め、毛、周に報告書を提出し、理由を陳述した。ほどなく許可がおり、また朝鮮側の同意も得て、「中国高射砲部隊は鴨緑江鉄橋に対し、厳重な防衛措置を取ることができた」という。(63)この証言には日時が明示されていないが、中国軍参戦のかなり前から、一部の砲兵部隊がすでに朝鮮領に入ったことを示唆している。

義勇軍兵站部隊の責任者李聚奎は、「われわれは十月十一日から、命令にしたがい、朝鮮北部へ各種の物資、機材を緊急輸送することを開始した」と証言している。(64)前述の十月十五日五時の彭、高宛の毛の電報のなかに、「糧食、弾薬の渡河輸送が始まったかどうか報告せよ」という内容が入っていることも李聚奎証言を裏づけるものである。

十六日の彭宛の毛の電報は、「各部隊の派遣する朝鮮領に入る義勇軍偵察隊は……せよ」と命令している。その原文は「我各部派遣的援朝志願軍偵察隊」となっており、ほとんどの場合、それは過去形か現在進行形を意味するが、未来形の場合もないわけではない。しかしたとえ後者であっても、この偵察隊のことと、まだ出動時間を最終的に決めていなかった大部隊の出動とは別件であることは明らかである。それは十九日より前に義勇軍の各部隊がそれぞれ偵察隊を前線に派遣していることを意味したものである。筆者は、これらの偵察隊の朝鮮領への進出は、十一、十二日以降であると推定する。

主力軍の先頭部隊の出動時間については、最近北京で公表された資料によると、「第四二軍一二四師団三七〇連隊が蕭剣飛副師団長の引率で十月十六日夜、輯安より鴨緑江を渡り、朝鮮領内三十キロ余りのところへ入った」となっている[65]。

(1) 前掲張希論文、一四九頁。
(2) 筆者のインタビュー調査によるもの。
(3) 洪学智の証言によると、朴一禹は十月十二日に再度朝鮮から中国を訪れ、彭徳懐に対し、可及的迅速な出兵を再度要請した、という(『抗美援朝戦争回憶』二三頁)。彭が十二日深夜の政治局拡大会議で説明したのはこの一番最近の会見のことだと思われる。
(4) 彭徳懐が一九五五年二月八日に部下たちに対して話した内容(記録あり)。北京『党的文献』誌一九九五年第六号、八七頁。
(5) 杜平『在志願軍総部』、三四頁。
(6) 自分の知っている限り、その全文を初めて公表したのは軍事科学院が編纂した『抗美援朝戦争史』(第一巻、一六七―一六八頁)である。

(7) 前掲師哲回想録、五〇二頁。

(8) 十四日の周恩来宛の二通の毛電報はこのことを示唆している。午前三時送信した一通目の電報は、彭、高とともに対策を検討したと示唆し、夜二十一時の二通目の電報は彭徳懐と二人で作戦案などを検討したことを示唆している。また張希論文(一五一頁)もこの研究会合に言及している。

(9) 『文稿』第一巻、五五七頁。

(10) 同右、五五八―五五九頁。

(11) 張希論文、一五一頁。

(12) 『毛沢東軍事文選(内部本)』、六四九―六五〇頁。『毛沢東軍事文集』第六巻(一二二―一二三頁)の同内容とほとんど相違はない(最後の段落は後者にのみ収録されている)。ただし、「二十一時」という発信時間は『毛沢東軍事文選(内部本)』にのみ紹介されている。

(13) 前掲『彭徳懐軍事文選』(三二〇頁)と杜平『在志願軍総部』(三四頁)による。この会議の開かれた場所は東北軍区講堂であった、と筆者は取材で教えられた。

(14) 『文稿』第一巻、五六〇頁。

(15) 『彭徳懐軍事文選』、三二〇頁。杜平『在志願軍総部』、三四頁。

(16) 『彭徳懐軍事文選』、三二〇―三二六頁。

(17) 江擁輝『三十八軍在朝鮮』、一四頁。

(18) 参考資料――羅国明『中国大剿匪記実』(江蘇文芸出版社、一九九〇年三月)、序文と一五五

—一五七頁。『当代中国軍隊的軍事工作』上巻、二七九頁。

(19) 張希論文、一五二頁。

(20) 『文稿』第一巻、五六三頁。

(21) 同右、五六四頁。

(22) 「当代中国叢書」譚旌樵主編『抗美援朝戦争』(中国社会科学出版社、一九九〇年九月)、二五頁。

(23) 『聶栄臻回憶録』、七三九頁。

(24) 権延赤『走下神壇的毛沢東』、六二頁。

(25) たとえば、張岱年・姜広揮著『中国文化伝統簡論』(浙江人民出版社、一九八九年五月)第六章「中国古代思維方式的特点」の第一節(六七頁)は、毛沢東の政策決定の「動態的」特徴と関係ある「整体動態平衡観念」を論じている。

(26) 張希論文、一五二—一五三頁。洪学智『抗美援朝戦争回憶』、三一頁。

(27) 洪学智『抗美援朝戦争回憶』二七頁と、張希論文一五三頁。ただし、両者とも、十四日の瀋陽会議に触れておらず、中央政治局の十三日の決定が十六日の安東会議で初めて通達されたと述べているが、それは間違いであろう。

(28) 張希論文一五五頁から引用。この電報は『文稿』に掲載されていない。

(29) 張希論文、一五七頁。なお、ここで触れた「李委員長」のことは、筆者のインタビューで数回も登場したが、具体的な名前は明らかにされていない。洪学智回想録でも、李委員長は「片腕の大男」としか言及していない(『抗美援朝戦争回憶』四三頁)。

(30) これについて、「当代中国叢書」譚旌樵主編『抗美援朝戦争』が引用した資料以外、新しい証言も出ている。五〇年十月二十五日、温井で参戦の火ぶたを切った義勇軍四〇軍団一二〇師団三六〇連隊は、十七日に、鴨緑江岸の安東市に前進し、待機したと証言している。『錦西日報』一九九〇年十一月十日。

(31) 杜平『在志願軍総部』、四〇頁。

(32) 徐焰『較量』、二五頁。

(33) 張希論文、一五七頁。

(34) 杜平『在志願軍総部』、四〇—四一頁。

(35) 『文稿』第一巻、五六七頁。

(36) 張希論文、一五七頁

(37) 周の北京着は十六日説(師哲)、十七日説(徐焰)などもあるが、張希論文(一五七頁)は十八日到着説を唱えている。『周恩来年譜』(上巻、八七頁)も、周恩来執務室の記録に基づいて十八日説を採用している。

(38) 『周恩来年譜(一九四九—一九七六)』(上巻)、八七頁。

(39) 張希論文(一五八頁)に筆者のインタビュー調査を加えたもの。

(40) 王建華「抗美援朝戦略決策和作戦方針的考察」、『党的文献』(内部発行)一九八八年第六号、五九—六二頁。その中で、五〇年九月頃から、中央の指示に従い、東北工業施設の一部が疎開され始めたことに言及している。

(41)　中共中央文献編輯委員会編『陳雲文選』第二巻(北京・人民出版社、一九八四年)、九九頁。なお、『毛沢東軍事文選』第六巻(一〇六―一〇七、一四一頁)にも似たような戦略的判断が示されている。

(42)　『抗美援朝戦争史』第一巻第十一章を参照。

(43)　張希論文、一五八頁。

(44)　『文稿』第一巻、五六八頁。

(45)　張希論文、一五八頁。

(46)　柴成文他『板門店談判』、九四頁。『周恩来年譜』上巻、八七頁。

(47)　張希論文(一五八頁)と『解放軍将領伝』第七集(三一頁)がこの任命命令に言及している。

(48)　洪学智『抗美援朝戦争回憶』、四九頁。

(49)　十月二十五日の毛沢東の「義勇軍指導機構の設置と主要幹部の配備に関する中共中央の電報」の全文は次の通りである。「第十三集団軍党委員会、ならびに各級の党組織および東北局、(一)偉大な戦闘任務に適応するため、第十三集団軍司令部、政治部およびその他の機構は、ただちに人民義勇軍司令部、政治部とその他の機構に改組すべきである。(二)彭徳懐が人民義勇軍総司令官兼政治委員となり(通知済み)、鄧華、朴一禹、洪学智、韓先楚の四名が副司令官となり、鄧華、朴一禹二名が副政治委員兼任で、解方が参謀長となる。政治部、後方勤務部およびその他の機構の責任者は元の通りである。(三)党委員会組織は元のメンバーに彭、朴二名を加え、彭徳懐が書記となり、鄧華、朴一禹両名が副書記となる」(『文稿』第一巻、六〇〇頁)。
(50) 『文稿』第一巻、五七七頁。
(51) 同右、五九六頁。
(52) 杜平『在志願軍総部』、五〇頁。また洪学智『抗美援朝戦争回憶』、四七頁。
(53) 洪学智『抗美援朝戦争回憶』、三〇頁。
(54) 同右、三一—三二頁。
(55) 『彭徳懐自述』、二五八頁。
(56) 『抗美援朝戦争史』第一巻、二〇二頁。
(57) 参考資料——張希論文、一五九頁。洪学智『抗美援朝戦争回憶』、三二—三七頁。
(58) 李銀橋『毛沢東衛士長雑記』(香港・文化教育出版社、一九八九年七月)、九二頁。
(59) 徐焔『較量』、二五、三九頁。
(60) 『文稿』第一巻、五七一頁。
(61) 前掲『中国人民義勇軍抗美援朝戦史』(一五頁)と「当代中国叢書」『抗美援朝戦争』(三五—四一頁)などの資料を整理したもの。
(62) 『当代中国軍隊的軍事工作』上巻、四五二頁。
(63) 『聶栄臻回憶録』、七四八頁。
(64) 『李聚奎回憶録』(解放軍出版社、一九八六年九月)、二六五頁。
(65) 『抗美援朝戦争史』第一巻、二〇一頁。

第十一章　五十年後の回顧

第一節　参戦理由

本書の検証のまとめ

第一章から第十章にいたるまでの検証を通じて、中国人民義勇軍が朝鮮戦争に参戦するまでの準備、政策決定のプロセスは次のように再現することができる。

一、開戦前、中国指導部は確かに金日成がスターリンの支持を取り付けて進めていた朝鮮「祖国解放戦争」の準備を予知していた。しかし、ある程度懸念を抱きながらも、戦争に米国は介入しないだろうとの判断から、国内の政策、方針を変えなかった。

二、六月二十七日のトルーマン声明発表後まもなく、北京は、米国が中国大陸を目指す「三路向心迂回」戦略の実行を開始したと判断し、対米交戦の可能性を予想して、鴨緑江対岸に出動することを想定した戦争準備を進めた。東北辺防軍を発足させる一方、七月初めまでにベトナム、台湾、チベットなどに対する既定の方針を変え、朝鮮半島での対米作戦のための環境整備をはかった。

三、八月前半、毛沢東は、九月参戦を構想していたが、国連軍の仁川上陸後その準備が加速された。だが、軍幹部をはじめ、経済など各分野の指導者が即時参戦に消極的なため、最終的に参戦決定が行われるまで、波乱に満ちた紆余曲折があった。

四、即時参戦に反対する側は、軍の準備不足、装備の劣勢、国内安定、経済最優先、などの理由を挙げたが、毛沢東は、米国の対中侵略意図およびその打破など、戦略的視点から、即時参戦を強く主張した。この毛の考えは、国連軍が三十八度線を越えて北上して以降、指導幹部の大半に受け入れられるようになった。

五、参戦の戦術構想として、「短期決戦」という大胆なものから、国境付近で反撃用足場を確保するものへと、次第に慎重な方向へ修正が行われたが、米国の「対中侵略」を実力で阻止する意志を示そうとしたことでは一貫していた。

中国の参戦理由に関する諸分析①(冷戦時代)

このような参戦決定のプロセスから見て、中国参戦の本当の理由はどこにあったのであろうか。

戦争当時の西側諸国のマスコミは、中国参戦を共産主義陣営の対外拡張であると見ていた。マッカーサーは、中国の朝鮮戦争介入は独自の「帝国主義的野望」にもとづき、中国がみずからの責任において遂行したもので、ソ連はそれに満足しながらも背後に留まっていたと解釈した。(1) I・F・ストーンは、中国は鴨緑江水豊ダム、東北工業施設の保護を優先に考え、そのために緩衝地帯を設置する目的で参戦したと主張し、(2) ホワイティングは、中国の参戦要因を、①もし朝鮮半島全体が米国に占領されたら、アジア地域における中国の威信が傷つけられる、②その場合、米国が蔣介石とともに、大陸に進攻する可能性が増える、③世界に、新中国の存在をPRし、中国の国際的地位を高める、と列挙している。(3)日本の研究者の中では、平松茂雄は、中国が参戦した政治目的は、「究極的には中国の主導の下に朝鮮半島を統一することにあった」と述べ、(4) 神谷不二は、「中国の軍事介入は、鴨緑江の発電施設とか満州の工業といった特定の限定的目的が理由ではなく、より広い関心の所産である」と論じ、具体的理由として、「日米関係の新傾向、アジアにおける中国の役割、新政権の対内的、対外的安全保障」などを挙げている。(5)

八〇年代前半までの三十年間、中国当局側は、次のように参戦理由を説明してきた。すなわち、米帝国主義は世界制覇の計画を実現するため、全朝鮮を占領しようとするだけでなく、朝鮮を踏み台にして次に社会主義中国を侵略してくる。朝鮮、中国および全「民主陣営」を守るために参戦したのだ、ということである。(6) 中ソ論争が起こったときも、参戦は社会主義陣営防衛のためだったという説明がなされた。(7) それに対し、中ソ論争の最中にソ連当局側が出した解釈は、「スターリンから圧力をかけられ、中国の安全保障が直接に脅威を受け、そして朝鮮民主主義人民共和国が存亡の危機に瀕したときになって、中国はようやく義勇軍の派遣を決定した」というものである。(8)

中国側の当事者として、義勇軍指揮官の楊得志は、米国の侵略に直面して中国は参戦せざるを得なかった、と述べ、もう一人の洪学智は、朝鮮の存亡、中国の安全だけでなく、世界平和の防衛にも係わったことなので参戦が決断されたのだ、と語っている。(9)

中国の参戦理由に関する諸分析②(九〇年代以後)

冷戦終結後の九〇年代以来、ロシアと中国などで新資料が相次いで見つかったのを受けて、中国が参戦に踏み切った背景と要因について各国の学者、研究者の間で新しい見解が多数出ている。米学者T・クリステンソンは、中国側の文献に対する研究の結論として、戦争勃発後、トルーマンが第七艦隊を台湾海峡に派遣した時点で毛沢東が米国による中国侵略の意図を警戒し、軍事的対処の準備に取り掛かったが、十月七日に米軍が三十八度線を越えて北上したことで、米国の中国侵略の意図を確信するにいたり、義勇軍を送ることを最終的に決断した、と述べている。[10] ロシア人学者A・マンスーロフも、安全保障の角度から中国の参戦要因を分析し、大半の中国指導者は本当は参戦を避けたかったが、マッカーサー司令官は居丈高に金日成に無条件降伏命令を出し、またこの戦争をストレートにソ連と中国の「脅威」と結びつけて非難を繰り返したため、それはもともと分裂していた中国指導部内の意見をまとまる方向に押し上げ、また中国指導者に、いずれ米国と戦わざるを得ないからには、朝鮮戦場を選んで対決の意思を示したほうが合理的な選択だと決断させた、としている。[11]

在米中国人学者陳兼は、一風変わった分析をし、中国の出兵はただの地政学、安保的考慮より「もっと広い、複雑な背景」があると考え、それには、毛沢東の革命世代がもつ理想主義と情熱、国際政治において一つのパワーになりたいという渇望、我慢が出来ない「米国の傲慢」へのチャレンジ精神、国際的影響力を向上させる計算、および中国の民衆に建国以後も革命を持続させる政治動員の方法、といった狙いが含まれると考えた。[12] それに対し、もう一人の在米中国人学者薛理泰は、スターリンも毛沢東も、イデオロギーを目的とするのではなく、国益と現実政治を主に考えたもので、毛沢東が参戦を決めた主な要因は、①第七艦隊が台湾海峡に派遣されたことで、中国側はそれを自分への宣戦布告と見なした、②朝鮮問題への介入は国内政治にとってプラスの影響があると毛沢東が考えた、

③中国の東北地域が朝鮮北部に進軍する米軍の脅威にさらされたと判断した、ことであると論じた。(13)

中国の著名な朝鮮戦争問題研究者沈志華は、三つの角度から、毛沢東が難しい参戦決定を最終的に下した背景を分析している。第一、北朝鮮政権が存亡の危機に際し、スターリンと金日成が中国の出兵を要請したとき、もともと「中国のチトー」と疑われていた毛沢東は、第七艦隊の台湾海峡派遣で米国との修復はもはやないと認識し、それゆえ社会主義陣営における孤立を特に回避したかった。第二、イデオロギーと安保戦略のいずれから見ても、米国は絶対、中国から追い出されたことを黙認するはずはなく、北朝鮮を制圧した後に中国東北部に攻めてくるとの認識に従い、米軍の侵攻を食い止めるのに朝鮮半島を米中対決の戦場に選んだ。第三、米国が戦火を中国領内に広げることにより、ソ連が中ソ同盟条約を利用して中国東北部に派兵することになるが、伝統的な対ロ警戒感により、その可能性を事前に回避したかった。(14)

沈志華の分析の三点目はやや強引な感じを免れないが、ほかの二点の分析は当を得たものと筆者は考える。客観的な背景から見れば、右の諸見解のうち、多くは、それぞれの時期の内外政治環境および専門の影響を多かれ少なかれ受けていると言えよう。マッカーサー、ホワイティング、六〇年代の中国の公式見解などは見方が相反するものの、東西対立時代の二極構造の発想を反映した点では類似性がある。それに対し、中国の一部研究者が、朝鮮戦争参戦を「一国利益防衛」のためと強調したのは、八〇年代以来の中国の外交方針――「国際問題の是非曲直をイデオロギーではなく、自国人民の利益にもとづいて判断する」という主張から影響を受けた部分が感じられる。なお、陳兼のイデオロギー主因説と沈志華の対ソ警戒説はいずれも、五〇年代後半以降の中国に現れた内政と外交の動向を、一九五〇年の時点にスリップさせて出した結論であって、建国当時の中国の現実に即した裏づけがあるとは必ずしも見られない。

中国参戦要因分析の諸視座

中国参戦の原因、理由に関する上述の諸見解、主張は多岐にわたるものだが、図4のようにまとめることができると考えられる。

a―c軸は、中国の参戦決定時の優先配慮順位に関する分析軸であり、b―d軸は、参戦決定時の目的傾向に関する分析軸である。二本の軸の交差により、A、B、C、Dの四つの分析空間が生まれ、上述の諸見解、主張は例外なく、この四つの空間にそれぞれ位置するものと思われる。

つまり、戦争当時の西側諸国の政府とマスコミは、中国の参戦を「共産主義の拡張」と

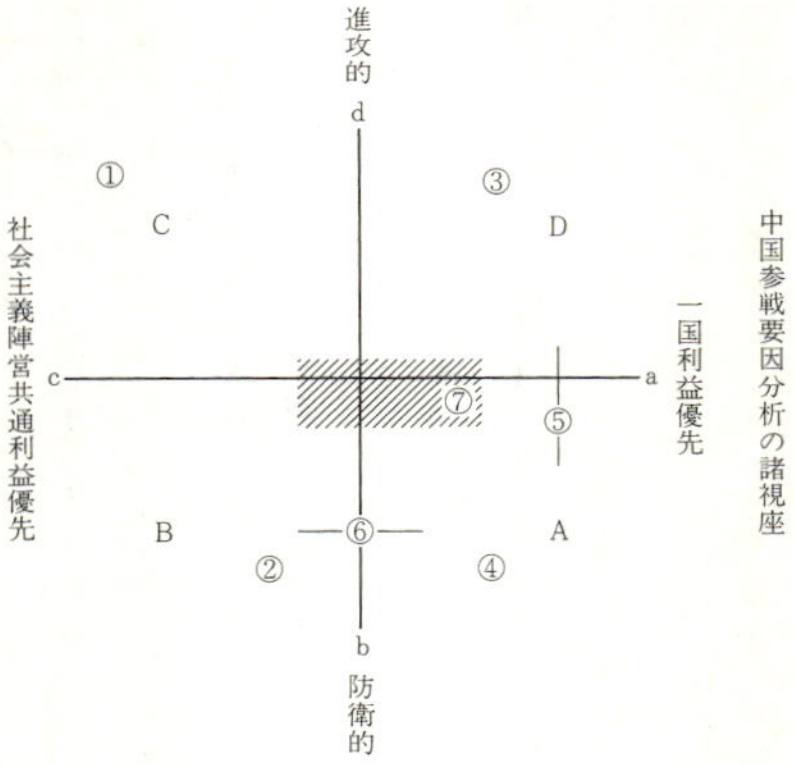

図4　中国参戦要因分析の諸視座

いう、イデオロギーを共有する集団の進攻的行動として捉え、その主張は図式のCの域に分布する①である。反対に、六〇年代までの中国の公式見解は、自国防衛に触れながらも、「国際主義」――社会主義陣営利益の共同防衛を参戦の優先要因に掲げ、B域に分布する②と言えよう。マッカーサーはそれを中国の独自の「帝国主義的野望」による行動だと見、その見解はDの域に分布する③と言えるが、I・F・ストーンおよび現在の中国は、それを独自の純粋な防衛のための④というA域の行動であると主張している。ホワイティング、神谷不二は、中国参戦を自国利益中心の広域にわたる関心の所産と指摘し、A、D両域の中間点に近い⑤の視座を示しているが、『抗美援朝戦争史』など中国側の「正史」出版物は「愛国主義」と「国際主義」の結合の防衛的反応だと分析し、A、B両域にまたがる⑥の視座を提供している。

中国参戦の背景、原因分析において、断定的に、ある一点を言い切る上述の①―④の視点はいわば「点状分析法」であり、偏りを免れないものであろう。⑤と⑥は諸要素を検討の視野に入れ、複合的に「線状分析」を行っていると言える。

本書の全検証を通して論じた中国参戦の主因は、朝鮮半島を戦場に選択して米国の「対中侵略の計画」を打破しようとする北京指導部の決意である。この参戦要因を上述の分析図式に置いてみると、筆者はそれを、「点状分析」でも、「線状分析」でも捉え切れない、より複雑で、複合的なものだと感じざるを得なかった。したがって、「線状分析」法からヒントを得、傾く重心があるものの、二本の軸および四つの分析空間とも関係のある⑦の視座を提出し、「面状分析」を試みたわけである。この分析法は四つの方向性を曖昧で無意味なものにしかねないとの批判を受けるかも知れないが、筆者が強調したいのはまさに、当時の特定の歴史条件下(中国的思考法の影響もあって)においては、毛沢東の対米戦略重視思想と反撃の決意は実際に、総合的思考法の産物だ、ということである。

中国はソ連、朝鮮に対して、「国際主義」——社会主義共通利益を参戦の優先要因として説明した。だが内心では自国利益防衛を優先にしていた。ただし、それが単純防衛ではなく、進んで朝鮮半島に出動して米国の「対中侵略」の気勢をそごうとする、一種の「進攻的防衛」の行動パターンであった。

自国利益の考慮が中国参戦の実質的要因だと述べたが、その内容をさらに分解してみれば、ストーン、ホワイティング他の「自国利益優先」要因分析との相違が浮かび上がってくる。仮にその「自国利益」が、国内政治の安定、経済発展の両方を含めたものを指すとすれば、五〇年十月になっても中国は参戦しなかったはずである。結果的に参戦が中国の政治、経済環境を守ることになったが、当時はむしろ、参戦によって戦争が中国本土に飛び火して、経済建設が後回しになることを覚悟していたからである。ゲリラ戦を勝ち抜いて政権を手にいれたばかりの中国共産党の指導者たちは、政権の存続を経済建設と別個の問題として捉え、米国の脅威からまず政権を守るために参戦に踏み切り、経済優先派の主張はこれによって圧倒された。つまり、当時考えた「国益」の内容は、現在と違って、経済は必ずしも重要な要素ではなく、政権存続のためには一時的にしろ経済を犠牲にしてもやむを得ない、というものであった。

この延長線で考えれば、中国が朝鮮戦争に介入した自己利益防衛の側面において、鴨緑江上の水豊ダム、東北重工業地帯の防衛をあくまでも二の次の目的としていたことも明らかになってくる。参戦前から、東北の工業施設の一部を解体し内陸地域に移動しようとし、その地域が爆撃を受け、破壊されることを北京は覚悟していた。

慎重に見るべき歴史の因果関係

「国境緩衝地帯」という概念は、当時の中国指導者の脳裏にはあまりなかったように思われる。長期にわたり、「国境」意識を伴わない内戦を戦ってきた人民解放軍は、四〇年代後半、国民党軍の消極的な防御戦略をうち破って全国的勝利を手中に収めた。単純防御の無駄なことを知り尽くした新中国の指導者の目には、ピョンヤン政権が半島の北半分を支配している(広義の「安全圏」)ならともかく、国境線沿いに数十キロの「安全地帯」(狭義の「安全圏」)を作ってもなんら安全保障に役立つまいと、映っていたにちがいない。国連軍が三十八度線突破後、ホワイトハウスが鴨緑江沿いに四十マイルの緩衝地帯を作ると宣言したが、それを北京は信用しまいと決意した――実際数日後、マッカーサーが鴨緑江岸を目指すと明言し、ホワイトハウスもそれを黙認した。

それより優先課題とされたのはやはり、いつか必ず起こると予想されていた米国の対中侵略の意図から、新政権の存続を守ることであった。米国に対し一度、自国防衛の決意を示すことによって今後長く安定した周辺環境を維持しようと、毛沢東は考えた。

ホワイティング、陳兼らの主張した、国家威信の発揚という国益考慮の精神的部分が、毛の念頭にまったくなかったとは言い切れない。しかしこれを参戦主因の一つに据えるには無理があるように思われる。当時の北京政権は、マッカーサーが五〇年十月まで軽視していたほど弱いものでもなければ、陳兼が主張したアジアへの影響力をあらかじめ参戦決定の計算にいれるほど強くもなかった。米国の朝鮮戦争介入に対し、自国の威信発揚よりも、政権の存亡に係わる危機感を抱いたのであって、アジアにおける威信などに関する考えは、主に義勇軍の朝鮮戦争介入後、副次的に生まれた結果ではなかろうか。

一方、中国の軍事力、経済力がきわめて不十分であるとして大半の指導者が慎重な態度をとっていたにもかかわらず、毛沢東が米国の「対中国侵略」に過剰とも言える反応を示し、見通しが立たない戦争への介入を決断し、しかも最終的にその考えを中央内部の反対者、懐疑者にも受け入れさせたことは、当時の国内外の情勢を勘案すれば、イデオロギー的背景もあったと言わなければならない。だが、このイデオロギーの内容も簡単に共産主義の拡張に帰せず、具体的に分析されるべきである。一九五〇年の時点では、そのイデオロギー的背景に、共産党政権を帝国主義勢力は絶対容認するはずはない、とする理論上の判断に由来する過剰な猜疑心、また、中華人民共和国は当時はまだ「新民主主義国家」であったが、ソ連を始めとする社会主義陣営の一員を目指しており、朝鮮戦争参戦によって中国の社会主義国家指向を表明しようとする熱意なども含まれていたと考えられる。

思うに、毛沢東はただ、中国の指導者としてだけでなく、社会主義を目指す途上国の中国の指導者として参戦問題を考えていたのである。まさにこのような視点からの参戦決断によって、中国指導部がスターリンに信用され、尊重されることになった。もし中国自身の国益のみを考えての出兵だったら、スターリンからの思い切った援助は得られなかったし、参戦後スターリンが毛沢東をチトーと同等に考えなくなった、という話も成り立たなくなる。チトーはある意味においては、自国利益を優先し、社会主義陣営の共通利益を二の次にした典型的な例である。

第二節　作戦構想の変遷から見た参戦目的

参戦初期の防御戦方針

中国軍参戦の軍事目的について、一九五〇年十一月末、国連軍が発動した「クリスマス攻勢」が義勇軍の要撃を受け、大失敗に終わった後、マッカーサーは、中国軍は大きなわなを仕掛け、最初から米軍を殲滅し、米国を朝鮮半島から追い出す狙いであったと話した。前述の義勇軍作戦構想、目標の変化過程に照らし合わせてみれば、それは歴史的真実でない。他方、I・F・ストーンは、国連軍の「クリスマス攻勢」が始まるまで中国軍は、米軍を攻撃する意図はなかった、と主張したが、本書の研究結果は、中国にとって好都合なこの説も否定している。中国の朝鮮戦争関係書の多くは、現在なお、三十八度線まで戦線を押し戻すことが、まるで義勇軍参戦の唯一の軍事目的のように書かれている。たとえば、義勇軍将軍・楊得志の参戦回想録の題は『為了和平』(平和のために)となっている。それも真実とは言えないだろう。ホワイティングは、朝鮮における「公正な」和平("just" peace)は、中国の最終的目的ではなく、目的を達成するための手段であると指摘している。[15]今日から見ても、これは示唆に富む見解である。

中国介入の作戦目標に、十月十九日の義勇軍出動までに数回にわたり変更があったことをこれまで検証したが、本節では、参戦後の作戦目標の調整を追跡し、改めて中国参戦の背景と決断の理由を考えてみたい。

十月中旬、毛沢東と彭徳懐が決めた作戦方針は、「もし敵軍が六カ月以内にピョンヤン、元山を固守し、北上しなければ、わが軍もピョンヤン、元山を攻撃しない」、「六カ月以降に進攻問題を考える」(毛沢東十月十四日電報)といううきわめて慎重なものであった。しかし数日後、大軍が鴨緑江を渡河している途中、毛の作戦構想に再度変更が見られ、これが次第に参戦の軍事目的の修正にも発展していった。

十月十九日十二時、鄧華、洪学智、解方が連名で朝鮮領に出動中の各戦闘部隊宛に、「積極的防御、陣地戦と遊撃戦の結合をもって、敵の主力軍を殲滅し、消耗させる」ことを参戦後の戦術方針として、まず亀城、球場、徳川、寧遠一線で防御陣をしき、国連軍の進攻を食い止め、朝鮮人民軍の撤退、再結集を援護するために時間を稼ぐことを戦闘構想として発布した。(16) これを十四日の作戦構想と比較すれば、予定の防御ラインをさらに北部に移動し、より狭い「反撃用の足場」の確保に重点を置いていることが分かる。

マッカーサーの戦術的欠陥を見逃さず

しかし、国連軍は毛が予想したよりはるかに早く、北上していた。十四日、毛は国連軍がピョンヤンを攻撃するのにまだしばらく時間を要すると判断したのに対し、十九日、国連軍は早くもピョンヤン市内に突入した。二十日、韓国軍第二軍団は新倉里、成川、破邑一線に進出し、義勇軍の予定防御線の九〇―一三〇キロ以内（一部は予定防御線付近）に到着した。二十日から二十四日の間に、国連軍はさらに北へ一〇〇キロ前進した。これに対し、義勇軍の先頭五個師団は二十日、まだ義州以東、朔州、満浦以南地域にしか進出しておらず、予定防御線から一二〇―二七〇キロ離れており、国連軍より先に予定陣地を占領することはもはや不可能になった。この深刻な情勢を前に、彭徳懐は、新義州の放棄も予想し、半年以内の基本方針は、朝鮮北部の一部山岳地域と中国への交通路の確保であるとして、全国境線の安全すら保証できないことを毛沢東に説明した。(17)

他方、マッカーサーは最初から中国軍の大規模介入の可能性を排除していたので、国連軍は無人の荒野を行くように、ただひたすら鴨緑江を目指して猪突猛進していた。この猛進撃のなかで、マッカーサーは、東西両戦線の間に八〇キロ余りの大きな間隙を空け、兵力を細分化し、中部の韓国第二軍団の三個師団を突出させた態勢になるという、致命的な誤りを犯した。毛沢東はこの一瞬の戦機を見逃さなかった——というより、中国側の策定した作戦構想がすべて実行不可能になったので、「窮余の一策」で作戦構想を変更したのであろう。二十日の戦場情勢を検討した後、毛は二十一日早朝二時三十分と三時三十分、それぞれ彭徳懐、鄧華宛に電報をうち、義勇軍が既定の防御戦構想を放棄し、流動的進攻作戦によって敵軍を殲滅する方針に変更するよう命じた。鄧華宛の電報のなかで、「現在は、一定の時期において防御を計画し、その後に攻撃を考えるのではなく、戦機をつかみ、数日中に作戦展開を完了し、数日後に戦闘を開始することが問題となった」と指示した。(18)彭徳懐は毛の電報命令にしたがい、同日夜二十一時、三個軍団を集中して西部戦線で積極的に出撃し、韓国軍三個師団を殲滅する新作戦方針を制定し、毛に報告した。(19)

二十一、二十二両日、毛はさらに数回にわたり彭、鄧に電報を送り、新しい方針のもとでの戦場選択、作戦方法、戦機選定などの具体的戦闘構想を指示した。二十三日になると、毛はこの作戦方針の調整を、全般的軍事態勢の大枠の中で考えるようになった。この日、彭徳懐、高崗に送った電報で、毛沢東は、もしこの戦役で三、四個の韓国師団を殲滅できれば、「現在の兵力の条件下で、敵軍はただちに受動的な態勢に陥る」ことを予想し、この戦役を通して米空軍の破壊力を検証し、もし耐えることができれば、「米国にわがほうと外交交渉を迫る可能性と、わがほうの大砲、空軍の条件が整ってから大都市を逐一攻略する可能性が出てくる」と展望し、「一切の勝利の可能性を追求せよ」と命じた。もっとも毛沢東は決して自信をもってこの新方針をとったのではなかった。同電報のなかで、この作戦が失敗したら、「わが軍の後退もやむをえまい」と述べている。[20] それにしたがって、二十四日、義勇軍総司令部は新たな作戦案を策定し、二十六日、毛の許可を得て、新しい作戦方針への変更を初めて決めたのである。

義勇軍の大進撃

このように、作戦構想に消極的防御から積極的防御へと変化が見えたものの、第一次戦役(十月二十五日—十一月五日)中、朝鮮北部で取りあえず足場を作るという作戦目標は変わらなかった。韓国軍を攻撃したとき、米軍の一部とも交戦したが、熙川に米軍一個連隊が駐留中と誤認した第三八軍が、米軍との戦闘を避けるため、一日攻撃を遅らせた(十月二十八日)ことが象徴するように、その時点では、米軍との交戦をできるだけ回避する方針であった(毛は、米軍を進んで攻撃しないよう、再三指示した)。

第一次戦役後、毛は自信を次第に回復したように見える。十一月九日、毛は彭に対し、

「一ヵ月以内に、東西両戦線でそれぞれ一、二回戦闘を行い、戦線をピョンヤン、元山一線に推進するよう」命じた。[21] 十一月十二日の電報では、義勇軍五、六個師団で米軍二個連隊を殲滅せよ、という慎重な構想であったが、初めて主動的に国連軍に攻撃を仕掛けることに言及した。さらに十三日のスターリン宛の電報で、毛は、「私の観察では、朝鮮戦局は変えることができる」と予想し、朝鮮西部戦線で「防御的態勢を進攻的態勢に変えられる」と述べ、参戦の軍事目的の修正を窺わせた。[22] それでも、マッカーサーが「クリスマス攻勢」を発動するまで、毛沢東は「六ヵ月以内に」三十八度線に進攻すること、国連軍を半島から追い出すことは考えていなかったようである。緒戦に勝ったものの、戦果は少なく、毛にはまだそのような「余裕」がなかったのであろう。

十一月二十四日、マッカーサーは再度、国連軍の北上を命じたが、同じ日、朝鮮北部に進出した義勇軍の総人数は四十五万(内、戦闘部隊が三十八万)に達した。[23] 中国国防大学の徐焰教官は、義勇軍三八軍が国連軍の背後への迂回攻撃に成功した十一月二十八日が、毛沢東の構想した参戦の軍事目的の大きな転換点であったと、筆者に語った。毛は、同日朝五時半の電報で、米軍三個師団の殲滅を命じ、同日夜二十四時の電報ではさらに、七個の米、英師団、五個の韓国師団の殲滅は「完全に可能なことであり」、「これは朝鮮問題を根本的に解決するための極めてよい時機である」と強調した。十二月十一日、毛は米国側極秘情報を引用する形で、米軍が朝鮮半島から全面撤退中であると、彭、高に通報し、義勇軍の出撃を促した。第二次戦役後、義勇軍は三十八度線以北数十キロの地域で休息し、補給を待つことにしたい、との彭徳懐の報告に対し、十二月十三日、毛は三十八度線以北に留まることは「政治的に不利である」とし、(24)朝鮮全域の解放を念頭において、義勇軍が三十八度線を越えて南下することを強く要求した。

五〇年の大晦日からの第三次攻勢でソウルを占領した後、五一年一月五日の『人民日報』は、「ソウル収復を祝う」と題する社説を掲載し、中朝軍は「朝鮮における米国侵略軍を完全に消滅し、放逐する力を持っている」と述べた。一月十三日、国連総会では即時休戦、外国軍隊の段階的引き上げ、米英ソ中の四カ国会議による「極東諸問題(台湾や中国の国連代表権問題を含め)」の協議など五項目からなる決議が採択されたが、中国にとって極めて有利な内容のはずだが、毛沢東によって拒否された。

マッカーサーの解任でほっとする毛沢東

ところが五一年一月末、国連軍が反撃に転じ、三月、戦線を三十八度線に押し戻した。その後毛はまたいくぶんか冷静さを取り戻したようである。四月からのいわゆる第五次戦役が反撃に出会い、再び南下することがもはや不可能だと分かると、六月末、中国は戦線を三十八度線に固定させることを目的に、対国連軍停戦交渉に応じることになった。

以上の検証が示したものは、中国の作戦構想は参戦前から数回にわたり大きく揺れ動き、正式参戦の翌日からさらに大きな調整がなされ、最終的に三十八度線を堅守するところに落ち着いたことである。マッカーサーが言ったように、米軍を朝鮮半島から追い出すことを真剣に考えた時期もあれば(ただし、それはマッカーサーの「クリスマス攻勢」を撃退した後に拡大された作戦構想であるが)、単に国境線付近を防御し、最低限の「反撃用足場」の確保だけを参戦の第一の目標に掲げた時期もあった。

軍事目的の修正の幅を規制する枠は、毛沢東の対米戦略思想である。毛は、参戦直後から五〇年十一月中旬までは、米国の鴨緑江を目指す急速な北上を阻止することを軍事目的とした。作戦が予想外に順調に進められたので、作戦目標も格上げされ、毛は次第に国連軍部隊の殲滅を構想し、ないし朝鮮半島における米国勢力の一掃を考えるようになった。しかしそれは、作戦目標の調整であるが、毛の対米戦略思想の調整を意味するものではなかった。米国の「対中侵略」の意図を打破する、という参戦の最重要理由から見て、両者は一致していたのである。

その後、戦況は一進一退が続き、五三年七月、中・朝軍と国連軍双方は三十八度線停戦を内容とする協定に調印した。中国はこれを自分の勝利だと主張している。米国の「対中侵略計画」を阻止したことで、中国は心から勝利を感じた。停戦後、共産党内における毛沢東の指導的地位がこれまで以上に揺るぎないものになったのも、毛の参戦決断の主要理由が、国連軍を半島から追放することではなく、前述のように、米国の「対中侵略」の意図を長期的に阻止することであり、その意味で、毛の参戦目的が達成されたと評価されたからである。

ちなみに、毛沢東はいつから、米国の朝鮮戦争介入の目的「中国本土侵略の計画」がひとまず「遠のいた」という判断をするようになったのだろうか。最終的なこの判断は、一九五三年七月の停戦協定の調印において得られたことはいうまでもないが、それに傾いた最初の転換点は、マッカーサーの解任(五一年四月十一日)であるといわれる。そのニュースが北京に伝わると、毛沢東は「龍心大悦」(皇帝は大満悦)だったと、側近が証言している。マッカーサーの解任で、毛沢東は、米国が中国本土に戦争を拡大する現実的可能性がひとまず遠のいたと、初めて信じるにいたり、それまでは、本気で米国に対中侵略の意図のあることを警戒していたようである。

第三節　参戦の影響

義勇軍参戦により中国にもたらされた影響について、各国研究者がさまざまな見解を述べた(序論参照)が、ここでは、本書で検証した参戦政策決定プロセスの角度から、その影響を二、三指摘したい。

一、中国共産党指導部には、朝鮮戦争勃発まで、国際派と国内派、言い換えれば社会主義共通利益と自国利益の一体化(すなわち共通利益優先)を主張する勢力と、自国利益優先を主張する勢力との主導権争いがあった。王明派が主導権を握っていた三〇年代もさることながら、新中国成立前後も、一時的にしろ、社会主義共通利益の優先を目指すべきだ、とする考え方が大きな勢力をもっていたと見られる。一九四九年十一月、アジア・オセアニア労働組合会議において、劉少奇は、中国革命の道は「他の植民地、半植民地国家の人民が解放をかち取るための基本的な道である」と発言し、イデオロギー突出の対アジア外交構想を公にした[25]。毛沢東の「向ソ一辺倒」のスローガンは、自国の安全保障などを考慮し、進んでソ連に支持と援助を求めるために打ち出されたものであるが、それまでの毛沢東の発言と比較すれば、社会主義国家間の連帯関係を重視し、社会主義ソ連の「無私」の援助を期待する側面もはっきりと読み取れる。ソ連顧問の導入(一九四九年八月)[26]も、社会主義ソ連モデルを取り入れようとする毛沢東の決意の現れと言えよう。朝鮮「祖国解放戦争」の開戦決定にノーと言えなかったのにはいろいろの原因があるが、社会主義共通利益指向の思考法に影響されていることも否めない。

毛沢東は井崗山時代から、王明ら「国際派」に反対し、中国の独自性を強調して革命を指導してきた。新中国成立前後、毛の頭のなかで「社会主義共通利益」の重視が国益の考慮を圧倒したとは考えられない。彼は早くも四九年末に、実情にそぐわない指導をするソ連顧問に、中国の特殊な事情を配慮せよと注意を促した、と伝えられている。[27]しかし一方、彼がスターリンの権威を疑ったり、ソ連の社会主義モデルに挑戦したりしたという事実は見あたらない。戦時状態下と政権樹立後とは考えが違ってくるものである。前者の場合、毛沢東は二十数年間にわたるみずからの経験にもとづき、農民を主体とする中国の戦争とソ連、東欧の革命とは性質の違うものだということを、自信をもって証明できる。だが、新中国の建設は、毛沢東にとっては、まったく新しい課題である。そこで彼は、立ち遅れた農業国である中国を、ソ連のような「社会主義工業国」に発展させることを目標に立てた。毛沢東以外の指導者も、当時は大半、ソ連モデルに憧れていた。

その憧れのムードを打破したのは朝鮮戦争介入をめぐる中ソ間の綱引きであった。六月二十七日のトルーマン声明後、米国が戦争を中国領に拡大することを防ぐため、中国は自国利益を優先して戦争準備を進めていたが、これは「新民主主義」政権の防衛、社会主義陣営全体の防衛、というイデオロギーの側面と矛盾するものではなかった。しかし、八、九月までのソ連の朝鮮戦争に関する判断、指揮の拙劣さを目の当たりにしていくうちに、アジアとソ連との相違を認め、ソ連の社会主義経験が必ずしも世界各国でこのまま通用するものではないという認識が深まる結果になった。さらに、ソ連の空軍出動拒否から受けたショックはその変化を決定的なものにした。それまでは、対帝国主義侵略の面で、社会主義各国は同一歩調をとることを信じ、また、ソ連も中国と同じ考えをもっていることを当然視していた。そのため、確約がなかったにもかかわらず、ソ連空軍の出動を前提に、十月五日、参戦決定を下した。ところが、この一番信じて疑わなかったことが裏切られた。スターリンは、社会主義陣営の盟主である前に、ソ連の国益の維持者で、自国利益のためには、朝鮮を犠牲にすることも辞さなかった。ソ連は後にまた、中国参戦のために提供した一部の軍事物資の代金の返済を催促してきた。中国はこの過程において、社会主義国家でも、また社会主義国家間でも、自国利益が社会主義共通の利益に優先されるべきことを覚えさせられた。

前節で、中国の参戦要因が、社会主義共通の利益と自国利益の両面を含めた対米戦略の重視にあることを検討した。しかし、参戦の政策決定プロセスは同時に、「共通利益」優先を排除し、「一国利益」優先を明確に打ち出した外交路線の起点となった。一九五六年、中国は、社会主義国家間においても、「平和共存」の原則を守るべきだという見解を提起した。それは、社会主義国家間は「社会主義的国際主義」が優先的に適用される、というソ連の主張に修正を加えようとしたものであった。中国はみずから朝鮮戦争介入の体験をもって、「社会主義的国際主義」なるものは、実はソ連の一国利益にだけ利用されるものだ、ということを見抜き、新しい外交方針を打ち出す基盤を築いたのであろう。

二、中国の朝鮮戦争への介入は、社会主義圏における中国の地位向上を促した。中国はスターリンの一時的な動揺を振り切って参戦し、その結果、社会主義陣営全体を「防衛」することになった。これにより、社会主義圏内で中国はナンバー2の地位を確立した。もちろん新中国が成立したときから、スターリンは中国の役割を重視していた。中ソ同盟条約の調印により、社会主義諸国間における中国の発言権は、実質的にソ連に次ぐものであった。だが、スターリンは、毛沢東が真の共産主義者だろうかと、いぶかっていた。それに、このナンバー2の地位は、盟主ソ連との間に大きな格差があった。しかし、朝鮮介入により、中国はソ連からも一目置かれる、文字通りの「次兄」になった。スターリンが存命中は、この点はまだ明るみに出なかったが、スターリン没後、毛はフルシチョフとの対

金日成（左）と毛沢東の会見（1950年）

等意識を表面に出し始めた。数年後の中ソ分裂は、政治、外交、文化など種々の要素が重なる結果であることはいうまでもないが、朝鮮参戦により、社会主義圏における中国の地位が向上し、ソ連と対等に議論ができるようになったことが一つの遠因と言えよう。

北京とピョンヤンとの関係も、義勇軍参戦後大きく変わった。それまで、金日成をはじめ、朝鮮指導部内の大半の者は、中国新政権の軍事装備、作戦力を低く評価していた。本書が検証した通り、ソ連の武器で装備し、ソ連の軍事顧問の訓練ないし直接の指揮を受けた朝鮮側は、開戦前後までソ連だけに顔を向け、中国との間に距離を置いていた。しかし、「祖国解放戦争」が裏目に出、毛沢東の軍事情勢判断の正しさが時間がたつにつれて証明され、最終的にはソ連ではなく、中国が救援の手を差しのべたことは、双方の関係を完全に逆転させた。

五〇年十二月初め、金日成はみずから北京に出向き、毛沢東による戦略と戦術の指導を全部受け入れ、中朝軍合同司令部が組織された後、毛沢東の指導のもとで、金日成は彭徳懐と同格の地位に甘んじるよりほかなかった。(28) 停戦後も、朝鮮と中国は、両国首脳がいつも訴えるように「特殊」な関係が続いた。中国に比べ、ソ連から莫大な援助を受けていたにもかかわらず、中ソ対立の時代を含めて、ピョンヤンは一貫して中国との友好関係を維持してきた。それは、朝鮮が中ソの間で綱渡りをし、「弱者の逆脅迫」をやっていたのだとの指摘もあるが、朝鮮戦争で、中国に多大な借りを作ったこと、危急のときに中国が頼りになることを認識し、毛沢東とは同じ高さに座れないという潜在心理が生まれたことも、大きな背景であると思われる。ちなみに、毛沢東、周恩来が逝去した後、金日成はこのような潜在心理から解放されたように見える。

三、朝鮮参戦の決定が行われた後、毛沢東の独断、独裁化にますます拍車がかかった。それまでも、毛は党中央で絶大な権力を擁していたが、指導部内には一応、会議討論を行う集団決定プロセスが存在していた。国家利益をめぐり、毛の権威を損なわない程度で、部下が異議申し立てをしたり、サボタージュをしたりすることがあった。朝鮮参戦問題における林彪の反対、鄧華の異議申し入れなどがそうである。また、スターリンの絶対的権威に対し、毛はある程度、憚りを感じていた。ところが、参戦決定を下した毛の「英邁さ」が証明されてからは、スターリンも彼を高く評価していると伝えられ、中国共産党指導部内では、毛の指導能力は戦争時代だけでなく、新中国時代においても証明されたとして、個人崇拝の伝統的雰囲気の中で、毛はますます神格化され、政策決定における集団指導体制は有名無実のものになっていった。

一九五三年のスターリンの逝去は、毛沢東にとっては、畏敬の念をもつ唯一の人間がいなくなったことを意味するものであった。一九五六年、ソ連が起こした個人崇拝批判が毛沢東に一時圧力を感じさせたのを最後に、それ以降、内外からの彼の強い個性に対する制約が一段と弱まり、独裁への傾斜が加速された。一九五〇年に彭徳懐が漏らした毛の参戦決定に対する不満は、一九五九年の廬山会議では毛への冒瀆として糾弾された。五〇年代後半からの個人独裁への傾斜に導いた原因は多々あるけれども、朝鮮参戦の決定プロセスにおける毛沢東の「勝利」は、その中の重要な転換点であったと思われる。

一九五〇年十月の中国の参戦決定は、苦慮の末のやむを得ぬ選択であったことは想像できる。国内の政治、経済問題が山積していたため参戦の余力はなかったこと、交戦相手が世界最強国の米国であることなどに鑑み、トルーマンとマッカーサーは十月十五日のウェーク島会談で、中国の大規模な軍事介入はあり得ないとの結論を導きだした。マッカーサーの判断に賛同する者は、実は、中国指導部内にも多数いたのである。大半の中国指導幹部は、この二つの理由から、不参戦か、参戦延期を主張した。歴史を熟知する多くの指導者の脳裏を、三百年前の歴史的教訓が掠めていたのかもしれない。一六四四年、中国共産党と同じように「農村から都市を包囲して」最後に明王朝の都北京を攻め落とした李自成の「大順」政権が、直後に、辺境防備の対応に失敗して満州族の侵入を招き、まもなく北京を追われ、敗北していった。したがって、新中国が樹立して一年未満で足元がまだ不安定なときに、最強国米国との直接衝突ないしその侵入の危険をぜひとも回避すべきだとし、彼らの目には、中国の参戦は不合理な選択にしか映らなかったのである。

しかし、毛沢東は、大きな犠牲を払おうとも、米国の「中国侵略意図」を打破すべく、党中央政治局に参戦決定を三たび採択させた。結果的に、国家の安全(参戦後、ソ連は空軍師団を中国各地に配備するなど、中国本土防衛に関する約束をより明確にし、また米国は戦後、中国との直接軍事衝突の可能性を慎重に回避しようとした)、国際的地位(わずか数年前の「東亜の病む人」中国が五四年、朝鮮・インドシナ問題に関するジュネーブ会議に、四大国の一つとして招待された)を獲得したことで、中国は少なくとも七〇年代まで、米国に挑戦した朝鮮戦争参戦の利益を享受した。中国の研究者は、これらの角度から参戦のメリットを分析し、各国の数多くの研究者も、参戦による中国の国際的地位の向上という結果を認めている。この意味で、マッカーサーが予想し、北京指導部内にも賛同者がいた、中国不参戦の利益についての認識は近視眼的なものであり、毛の主張は大所高所にたったものであると言うべきであろう。七〇年代初めまでの二大陣営対立の時代という背景を考えれば、毛の主張は合理性があり、筆者のこの研究も主に、この時代背景の中で分析を進めてきた。

しかし、冷戦構造が崩壊した八〇年代を経て、全世界が軍事的対抗の時代から、経済、科学技術分野の競争の時代へ移行する二十一世紀初めの世界にたって、五十年前の中国参戦の政策決定をもう一度振り返ってみれば、答えは果たして同じだったのであろうか。

もし、中国が朝鮮戦争に介入しなければ、米国は鴨緑江南岸まで制圧したことは間違いない。国民党軍の大陸への巻返し作戦を支援したことも予想される。しかし、毛沢東が一番懸念していた中国共産党政権の崩壊が直ちに起こっただろうか。内部から見て、新中国政府がそんなに簡単に崩れるとすれば、国民党政府にとって代わることもできなかったはずである。また、国際的条件から見て、東西両陣営が対峙する中で、仮に米国に中国侵略の計画があったとしても、新中国と同盟関係を結んだソ連の存在はそれに対する抑止力となるはずであった。

義勇軍参戦は、結果的に朝鮮戦争を五分五分の引き分けにし、中国の国家の安全を確保することになったが、もしマッカーサーが軍事的指揮の面で大きな誤りを犯さなかったら、戦況はどうなっていただろう。五一年春から国連軍が反撃に転じて以降の戦闘から分かるように、義勇軍は撃退されることはあっても、三十八度線まで戦線を押し戻すことはもはや不可能であった。五一年以降の戦場が三十八度線付近で膠着したのは、ソ連による武器装備の更新ができ、空軍支援もある程度得られたことに負うところが大きい。が、五〇年十月の時点ではそのような有利な条件はほとんどなかった。そのときの参戦は、相手に軍事作戦のミスがなければ、国連軍が鴨緑江付近まで進出する事実は変わらない上に、中国の行動余地がより狭められ、無駄に米国の対中敵対感情を激化させてしまうだけであった。その意味では、五〇年十月前半、スターリンと周恩来が合意していた介入しないという方針は東西対立のバランス、中国の立場を考えての結果であったとも言える。毛沢東の介入の主張は実はリスクの非常に大きい賭けでもあった。

中国は軍事介入を決意したとき、すでに米国の対中封鎖、ないし軍事干渉を予想していた。彭徳懐が言ったように、数年間経済建設を遅らせるつもりで米国との戦争に立ち向かう、という考えが参戦決定の背後にあった(29)。言い換えれば、中国は後の西側の封じ込め政策をある程度覚悟の上で参戦したのである(もっとも封じ込め政策が二十年にもわたって続くとは予想しなかったが)。参戦後、中国は全国民の参加を求める「抗米援朝運動」を発動する一方、国内反動勢力への取り締まり(「反革命鎮圧運動」)を強化し、党内の不正現象およびブルジョア階級に対する「三反・五反運動」と、知識人に対する「思想改造運動」を繰り広げた。この過程において、階級闘争重視、政治優先を特徴とする政治体制が確立されるにいたった。その後、経済発展の黄金時代といわれる六〇年代を、中国は参戦によって封じこめられた環境の中で、文化大革命をやって過ごした。また、数十年間にわたって、西側との対立を政策の中心に据え、世界の新しい思想、哲学、技術などの摂取を長く拒否し、朝鮮戦争勃発三十年にして、「経済改革、対外開放」の道を、あらためて歩み直すほかなかった。

当時の二大陣営対立の時代において、三十、四十年後の経済発展優先の時代を予測することを求めるのは酷であろう。しかし、これも別の言い方をすれば、毛沢東は、冷戦時代の中ではかなり遠いところを見越したが、冷戦構造がいつかは崩れることを考えることなく、結果的に、ポスト冷戦時代において、中国に一番「時代遅れ」の影響を残してしまったのである。鄧小平の改革・開放路線が中国を復興に導き、国内経済の発展や国民生活の向上をもたらしただけでなく、国際舞台でも空前の尊敬を獲得することになった。しかし唯一の超大国米国と正面衝突するリスクは依然残っており、台湾の一部の勢力は「一つの中国」の原則を有する北京をもっと挑発してくるかもしれない。冷戦後の時代において、いかに経済・文化・政治・外交など総合的な力を蓄積・運用して、また大多数の国々と協力して、自国の全面的発展を促進し、戦争や武力衝突の可能性を回避し、さらにアジアと世界の平和と安定を守るのに貢献していくか。これも第二次世界大戦と朝鮮戦争が終結して半世紀後、中国と関係諸国がともに常に復習しなければならない歴史的教訓であろう。

(1)　*Memorandum of Conversation by Sebald*, 14 November 1950, FR, 1950, VII, 1148–1149.

(2)　I. F. Stone, *op. cit.*, pp. 103–143.

(3)　Whiting, *op. cit.*, pp. 151–166.

(4)　前掲平松茂雄『中国と朝鮮戦争』、一四八頁。

(5)　神谷不二『朝鮮戦争　米中対決の原形』(中公新書、一九六六年)、一〇八頁。

(6)　中国のこの公式解釈は、最初に、『人民日報』社説「為什麼我們対美国侵略朝鮮不能置之不理」(一九五〇年十一月六日)に現れている。その後、基本的にこの社説と同じような解釈をしてきた。

(7)　中ソ論争が起こったとき、中国側は次のように朝鮮戦争介入の原因を説明した。「われわれは朝鮮の同志たちとともに、朝鮮での抗米戦争の中でも、……避けられない犠牲の重い負担はいつも自分で引き受け、社会主義陣営をまもる最前線に立ち、ソ連を第二線に置いてきた」「戦争と平和の問題での二つの路線——五たびソ連共産党中央委員会の公開状を評す」『人民日報』、雑

誌『紅旗』編集部論文、一九六三年十一月十九日(外務省国際資料部監修『中ソ論争主要文献集』日刊労働通信社、一九六五年、七三四頁)。

(8) 朝鮮戦争に関するソ連外務省の背景説明、一九六六年八月九日。沈志華『解密文件』(下)、一三四七頁。

(9) 『人民日報』一九九〇年十月二十四日と二十五日。

(10) Thomas Christenson, Threats, Assurances, and the Last Chance for Peace: The Lessons of Mao's Korean War Telegrams, *International Security*, 1992, Vol. 17, No. 1.

(11) Alexandre Y. Mansourov, *Stalin, Mao, Kim, and China's Decision to Enter the Korean War, Sept. 16–Oct. 15, 1950: New Evidence from the Russian Archives*, CWIHP Bulletin, 1995/1996, No. 6-7.

(12) Chen Jian, *China's Road to the Korean War: The Making of the Sino-American Confrontation*, New York, 1994.

(13) 以下の総括論文から引用。Kathryn Weathersby, Conference Report: The Korean War, An Assessment of the Historical Record, Korea-America Society, Georgetown University, July 1995.

(14) 沈志華「中国出兵朝鮮的決策過程」、北京『党史研究資料』(中国革命博物館党史研究室編)一九九六年第一号。

(15) Whiting, *op. cit.*, p. 155.

(16)　前掲『中国人民志願軍抗美援朝戦史』、一五―一六頁。
(17)　『文稿』第一巻、五九〇頁の注釈(2)。
(18)　同右、五七七頁。
(19)　『中国人民志願軍抗美援朝戦史』、一七頁。
(20)　『文稿』第一巻、五八八頁。
(21)　同右、六五三頁。
(22)　同右、六五七、六五八頁。
(23)　徐焰『較量』、五二頁。
(24)　『文稿』第一巻、六八九、七一九、七二二頁。
(25)　太田勝洪・朱建栄編『原典中国現代史　第六巻・外交』(岩波書店、一九九五年)、四二頁。
(26)　当時、ソ連顧問の通訳を務めた李越然によると、劉少奇が四九年七月秘密訪ソしたときの合意により八月から、二百余名のソ連政治、軍事、経済顧問が中国の中央政府から地方までの業務指導に派遣された、という。李越然『外交舞台上的新中国領袖』(解放軍出版社、一九八九年十二月)、四、一〇頁。
(27)　同右、一五頁。
(28)　沈志華「朝鮮戦争期間中朝高層的矛盾、分岐及其解決」、中国武夷山で開かれた冷戦史国際シンポジウム(二〇〇二年八月)に提出された論文。
(29)　『彭徳懐自述』、二五八頁。

岩波現代文庫版あとがき

一九九一年十一月に本書の単行本版を出版したことは自分にとっていくつかの象徴的な意義があった。まず、それは八六年十一月に来日してからちょうど五年経った後、日本で出した最初の学術専門書であった。本書の内容をベースに書いた学術論文が学習院大学で博士号(政治学)を取得した。そして社会的にも一応評価され、翌九二年、第八回大平正芳記念賞、毎日新聞社第四回アジア・太平洋賞特別賞を受賞した。今から見れば、まだ未熟さが残る本だったが、中国・ソ連(当時)・北朝鮮など旧社会主義陣営側がほとんど第一次資料を公表していなかった時代に、ひたむきな取材と資料調査が評価されたのであろう。

それは自分にとって中国現代史と中国現代政治を研究する出発点ともなったのである。中国では日本語、日本文学さらに大学院時代には国際関係論を学んだが、もともと歴史と政治問題が好きで、日本に来てから、中国で発禁とされていた多くの中国現代史関係の本と資料集を読みあさることができた。たとえば毛沢東のライバルだった張国燾の自叙伝、台湾で出版された共産党内部資料集、香港で編集された文化大革命資料集、文革中の紅衛兵が出した『毛沢東思想万歳』という毛沢東の内部談話集など、いずれもむさぼるように読み、そのたびに、心に衝撃を走らせながら、中国現代史と現代政治に対する理解が少しずつ立体的になり、深まっていったような感じがした。

ちょうどその間、ずっと謎に包まれていた中国の朝鮮戦争参戦の政策決定をノンフィクション風に書く「報告文学」作品『黒雪　中国の朝鮮戦争参戦決定秘史』が北京で出版され、自分は日本人の友人と一緒に、この本の日本語版の翻訳に携わった。翻訳に当たり、中国で関係資料の確認作業を行い、そこで、「中国と朝鮮戦争」に関係する中国の数人の生き証人や優れた研究者に出会った。それが自分にこのテーマでの研究を決意させるきっかけにもなった。

本書の単行本版を出版した後、中国現代史関連でいくつか出版物を出した。一九九三年、三五館で出版した『一九四五年　満州進軍——日ソ戦と毛沢東の戦略』(徐焰著、朱建栄訳)は今だから言うが、訳本の形でありながら、原著者の了解を得てその三分の一以上の内容は自分が執筆した。また、東京大学出版会から単行本『毛沢東のベトナム戦争』を二〇〇一年に、岩波書店から『記録と考証　日中国交正常化・日中平和友好条約締結交渉』(共編著)を二〇〇三年に出させていただいた。そこで本書単行本版の編集を担当してくださった林建朗氏の勧めを受けて、この十年余りにロシア、中国などで公表された朝鮮戦争関連の新しい資料や最新研究を踏まえて、大幅な補足と改訂作業を行い、この文庫版を出すことになった。

対外関連の中国現代史において、発掘不十分な地下資源はまだ豊富であり、一九六二年の中印国境戦争、一九六九年の中ソ国境衝突、そして一九七九年の中越国境戦争など、いずれも十分な真相解明が進んでおらず、学術研究の魅力的なテーマとしていくつも残っている。朝鮮戦争関係の研究を一段落し終えた後、いよいよ次のテーマへの挑戦を始めようかなと考えている。

本書は、資料収集の段階で、中国の多くの研究者と朝鮮戦争時期の生き証人からいろいろの形で協力していただいた。原稿をまとめる段階では、斉藤孝先生、小此木政夫先生、山極晃先生、毛里和子先生、田所竹彦さんならびに、その他の多くの先達と専門家にご指導とご教示を賜った。日韓文化交流基金の須之部量三前理事長(当時)などの方々のご厚意により、本研究を進める過程で、同基金から研究助成を受け、物価の高い日本での生活をあまり苦にせず研究に取り組むことができた。その後、和田春樹先生、下斗米伸夫さんはじめ多くの方に教えを乞いながら切磋琢磨して研究を進めた。二〇〇二年、アメリカのジョージ・ワシントン大学のアジアセンターに半年籍をおいた間、ウイルソン冷戦史研究センターなどを訪れて資料収集を一段と進めることもできた。単行本版出版にあたり、故・安江良介岩波書店社長のお世話になり、今回の文庫版の出版では十三年前と同様、兄貴のような林建朗氏が編集を担当してくださって、彼から多くアドバイスを受けた。併せてここで厚く御礼を申し上げたい。

時間が立つのが速いもので、初来日そして、妻智子との結婚は十八年近くとなり、長女夏穂は中学校二年生になり、次女慧も小学校二年生になった。二人とも中国語も勉強しながら元気に育っているのは頼もしいが、自分の髪の毛が白黒半分ずつになったことは感慨無量である。今後も家族との交流を大切にしつつ、学術面また社会面で日中両国間の相互理解・意思疎通さらに信頼関係の促進の架け橋になっていきたい。

二〇〇四年六月二十五日

朱　建　栄

本書は一九九一年十一月、岩波書店より刊行された。

わ 行

ま 行

や 行

ら 行

な 行

は 行

た 行

さ行

人名索引

人名の配列は，カタカナ表記の人名を最初に掲げ，漢字表記の場合は姓を日本語読みしたときの五十音順．姓が同音の場合には筆画数順．濁音は後置．

あ 行

か 行

毛沢東の朝鮮戦争

2004年7月16日　第1刷発行

著　者　朱《しゅ》 建《けん》 栄《えい》

発行者　山口昭男

発行所　株式会社 岩波書店
〒101-8002 東京都千代田区一ツ橋 2-5-5

電　話　案内 03-5210-4000　販売部 03-5210-4111
現代文庫編集部 03-5210-4136
http://www.iwanami.co.jp/

印刷・精興社　製本・中永製本

ISBN 4-00-600126-6　　Printed in Japan

岩波現代文庫の発足に際して

新しい世紀が目前に迫っている。しかし二〇世紀は、戦争、貧困、差別と抑圧、民族間の憎悪等に対して本質的な解決策を見いだすことができなかったばかりか、文明の名による自然破壊は人類の存続を脅かすまでに拡大した。一方、第二次大戦後より半世紀余の間、ひたすら追い求めてきた物質的豊かさが必ずしも真の幸福に直結せず、むしろ社会のありかたを歪め、人間精神の荒廃をもたらすという逆説を、われわれは人類史上はじめて痛切に体験した。

それゆえ先人たちが第二次世界大戦後の諸問題といかに取り組み、思考し、解決を模索したかの軌跡を読みとくことは、今日の緊急の課題であるにとどまらず、将来にわたって必須の知的営為となるはずである。幸いわれわれの前には、この時代の様ざまな葛藤から生まれた、人文、社会、自然諸科学をはじめ、文学作品、ヒューマン・ドキュメントにいたる広範な分野のすぐれた成果の蓄積が存在する。

岩波現代文庫は、これらの学問的、文芸的な達成を、日本人の思索に切実な影響を与えた諸外国の著作とともに、厳選して収録し、次代に手渡していこうという目的をもって発刊される。いまや、次々に生起する大小の悲喜劇に対してわれわれは傍観者であることは許されない。一人ひとりが生活と思想を再構築すべき時である。

岩波現代文庫は、戦後日本人の知的自叙伝ともいうべき書物群であり、現状に甘んずることなく困難な事態に正対して、持続的に思考し、未来を拓こうとする同時代人の糧となるであろう。

（二〇〇〇年一月）

岩波現代文庫[学術]

G109
韓国のナショナリズム　鄭 大均

韓国人は各地で文化摩擦を経験している。ロス暴動に関する韓国内の論調や反日論を分析し、韓国＝被害者という自己認識の再検討を促す。

G110
日本近代思想批判
―一国知の成立―　子安宣邦

内部の視線だけで成立する一国知的言説は、近代日本の学問にどのように現われるのか。『近代知のアルケオロジー』を大幅に増補。

G111
井上清史論集1 明治維新　井上 清

硬直した左翼史観、反動的な歴史学と闘い、科学的で血の通った近代史研究をめざした歴史家の単行本未収録の明治維新論集。(全4巻)
〈解説〉松浦 玲

G112
井上清史論集2 自由民権　井上 清

国会開設運動と自由党こそが自由民権運動の本質である。民衆の視点から確固とした史観で日本近代史に挑んだ論争的諸論考を収録。
〈解説〉松浦 玲

G113
井上清史論集3 日本の軍国主義　井上 清

戦後の再軍備反対闘争に呼応しつつ、著者は天皇制軍隊と軍国主義の本質を明らかにする研究を次々に発表する。主要な論考を集成。
〈解説〉木坂順一郎

2004. 7

G114
井上清史論集4 天皇の戦争責任
井上 清
中国侵略から敗戦に至る昭和天皇の役割を明らかにし、確実な証拠に基づいて、その戦争責任を追及した日本現代史研究の必読書。〈解説〉江口圭一、松尾尊兊

G115
源氏物語音読論
玉上琢彌
女房自身によって記された源氏物語の本性を、音読されるものとしての視点から鮮やかに解明。源氏物語研究の新境地を拓いた論考群。〈解説〉藤井貞和

G116
自己のテクノロジー
―フーコー・セミナーの記録―
M.フーコーほか
田村俶、雲和子訳
自己の問題へと向かっていたフーコーは、〈自己の統制〉の歴史を追いながら、どのような倫理に至ろうとしていたのか。貴重な講義録。

G117
果てしなき探求(上)
―知的自伝―
カール・R・ポパー
森 博訳
人文・社会・自然科学の諸領域に絶大な影響を及ぼした哲学者による知的自伝。上巻では、生い立ちから『探究の論理』を世に問うまでを語る。

G118
果てしなき探求(下)
―知的自伝―
カール・R・ポパー
森 博訳
『探究の論理』で絶大な影響を及ぼした哲学者による知的自伝。下巻では、第二次大戦後イギリスでの諸研究を概観、知識人との交流を回顧する。〈解説〉村上陽一郎

岩波現代文庫[学術]

G119
オリエンタリズムの彼方へ
―近代文化批判―
姜尚中

ウェーバー、フーコー、サイードらに依拠してオリエンタリズムの〈支配の知〉を解明し、近代日本の知識人のアジア観を検証する。

G120
歴史の教訓
―アメリカ外交はどう作られたか―
アーネスト・メイ
進藤榮一訳

第二次世界大戦、冷戦、朝鮮戦争、ヴェトナム戦争の時の為政者の判断の背景を検証。歴史を正しく把握し政策に結びつける手法を提示する。

G121
江戸人とユートピア
日野龍夫

五世団十郎、荻生徂徠、服部南郭らの構想したユートピアの実相を論じる。学問と文学の接触をめぐる著者独自の魅力的な論考。〈解説〉中野三敏

G122
新版 南島イデオロギーの発生
―柳田国男と植民地主義―
村井紀

山人論を放棄して、柳田はなぜ南島論へ転じたのか。近代日本における民俗学の成立と植民地主義との関連を徹底追及する新編集版。

G123
囲碁の民話学
大室幹雄

囲碁のさまざまなシンボリズムや民話に現われる碁を打つ童子・老賢者を考察し、中国の豊かな精神世界へと誘う歴史人類学の代表作。〈解説〉鎌田東二

2004.7

岩波現代文庫[学術]

G124
仏典のことば
—現代に呼びかける知慧—
中村　元

仏典が時空を超えて、現代人の心の悩みに呼びかけてやまないのはなぜか。碩学がわかりやすく説く、現代人のための仏典のエッセンス。〈解説〉前田專學

G125
アリストテレス倫理学入門
アームソン
雨宮　健訳

生き甲斐のある人生を送ることを追究した『ニコマコス倫理学』の重要な論点をわかりやすく解説した分析哲学者による最良の入門書。

G126
毛沢東の朝鮮戦争
—中国が鴨緑江を渡るまで—
朱　建　栄

朝鮮戦争最大の謎である中国の参戦過程を初めて解明。数々の事実を掘り起こし、中国参戦が及ぼした戦後世界への影響を考察する。